中传学者文库编委会

主　任： 廖祥忠　张树庭

副主任： 蔺海波　李　众　刘守训　李新军　王　晖
　　　　　杨　懿　柴剑平

成　员（按姓氏笔画排序）：

王廷信　王栋晗　王晓红　王　雷　文春英
龙小农　付　龙　叶　龙　刘东建　刘剑波
任孟山　李怀亮　李　舒　张绍华　张　晶
张根兴　张毓强　林卫国　郑　月　金　炜
金雪涛　周建新　庞　亮　赵新利　徐红梅
贾秀清　高晓虹　隋　岩　喻　梅　熊澄宇

中传学者文库

主编／柴剑平
执行主编／龙小农
副主编／张毓强 周建新

廿年探索 汇聚平台

黄升民自选集

黄升民 著

中国传媒大学出版社
·北京·

图书在版编目（CIP）数据

廿年探索　汇聚平台：黄升民自选集 / 黄升民著 . -- 北京：中国传媒大学出版社，2024.8.

（中传学者文库 / 柴剑平主编）.

ISBN 978-7-5657-3749-7

Ⅰ . G219.2-53

中国国家版本馆 CIP 数据核字第 2024V2M546 号

廿年探索　汇聚平台：黄升民自选集
NIANNIAN TANSUO　HUIJU PINGTAI: HUANG SHENGMIN ZIXUANJI

著　　者	黄升民
责任编辑	高卓毓
封面设计	锋尚设计
责任印制	李志鹏
出版发行	中国传媒大学出版社
社　　址	北京市朝阳区定福庄东街 1 号　　　**邮　编** 100024
电　　话	86-10-65450528　65450532　　　　**传　真** 65779405
网　　址	http://cucp.cuc.edu.cn
经　　销	全国新华书店
印　　刷	北京中科印刷有限公司
开　　本	710mm×1000mm　1/16
印　　张	21
字　　数	332 千字
版　　次	2024 年 8 月第 1 版
印　　次	2024 年 8 月第 1 次印刷
书　　号	ISBN 978-7-5657-3749-7/G · 3749　　　**定　价** 99.00 元

本社法律顾问：北京嘉润律师事务所　　郭建平

总　序

　　媒介是人类社会交流和传播的基本工具。从口语时代到印刷时代，再经电子时代至今天的数智时代，媒介形态加速演变、融合程度深入发展，媒介已然成为现代社会运行的基础设施和操作系统。今天，人类已经迈入媒介社会，万物皆媒、人人皆媒，无媒介不社会、无传播不治理。今天，无论我们怎么用力于信息传播的研究、怎么重视信息传播人才的培养都不为过。

　　中国传媒大学（其前身为北京广播学院）作为新中国第一所信息传播类院校，自1954年创建伊始，即与媒介形态演变合律同拍、与国家发展同频共振，努力探索中国特色信息传播人才培养模式、构建中国信息传播类学科自主知识体系，执信息传播人才培养之牛耳、发信息传播研究之先声，被誉为"中国广播电视及传媒人才摇篮""信息传播领域知名学府"。

　　追溯中传肇始发轫之起源、瞩望中传砥砺跨越之未来，可谓创业维艰而其命维新。昔日中传因广播而起，因电视而兴，因网络而盛，今天和未来必乘风破浪、蓄势而上，因人工智能而强。在这期间，每一种媒介兴起，中传均吸引一批志于学、问于道、勤于术的

学者汇聚于此，切磋学术、传道授业，立时代之潮头，回应社会需求，成为学界翘楚、行业中坚，遂有今日中传学术研究之森然气象，已历七秩而弦歌不断，将传百世亦风华正茂。

自新时代以来，中传坚守为党育人、为国育才初心，励精图治、勠力前行，秉承"系统治理、创新图强、交叉融合、特色发展"的办学理念，牢牢把握高等教育发展大势、传媒业态发展趋势，瞄准"智能传媒"和"国际一流"两大主攻方向，以世界为坐标、以未来为向度，完成了全面布局和系统升级，正在蹄疾步稳、高质量推动学校从传统高等教育向未来高等教育跨越、从传统传媒教育向智能传媒教育跨越、从国内一流向世界一流跨越，全力建设中国特色、世界一流传媒大学。

中国特色、世界一流，在于有大先生扎根中国大地，汇聚古今、融通中外；在于有大先生执教黉门，学高为师、身正为范；在于有大先生躬耕杏坛，敦品积学、启智润心。习近平总书记更强调，高校教师要立志成为大先生，在教书育人和科研创新上不断创造新业绩。中传广大教师素来以做大先生为毕生职志，努力成为新时代"经师"与"人师"的统一者，做真学问、立高品行，践履"立德树人"使命。

2024岁在甲辰，欣逢中传建校70华诞，学校特邀约部分学者钩玄勒要、增删批阅，遴选已公开刊发的论文汇编成集，出版"中传学者文库"，意在呈现学校在学科建设、科学研究、服务行业实践等方面的最新成果，赓续中传文脉，谱写时代新声。

文库汇聚老中青三代学者，资深学者渊渟岳峙、阐幽抉微；中年学者沉潜蓄势、厚积薄发；青年学者踌躇满志、未来可期。文库与五十周年校庆所出版的"北广学者文库"相承接，大致可勾勒中传知识生产薪火相传、三代辉映之概貌，反映中传在构建中国特色新闻传播类、传媒艺术类、传媒技术类学科体系、学术体系和话语体系方面的耕耘与收获，窥见中国特色信息传播类学科知识体系构建的发展脉络与轨迹。

这一构建过程，虽筚路蓝缕，却步履铿锵；虽垦荒拓野，亦四方辐辏。一批肇始于中传，交叉融合、具有中国特色的学科，如播音主持艺术学、广播电视艺术学、传媒艺术学、数字媒体艺术学、政治传播学等，从涓涓细流汇入滔滔江河，从中传走向全国，展现了中传学者构建中国自主知识体系的学术想象力和创新力。文库展示的虽然是历史，实则是呈现今天；看似是总结过去，实则是召唤未来。与其说这套文库的出版，是对既有学术成果的展示，毋宁说是对未来学术创新的邀约。

回首过往，七秩芳华。我们深知，唯有将马克思主义基本原理与中华优秀传统文化相结合，才能推动中华学术创造性转化和创新性发展，推动中国自主知识体系的构建。我们深知，唯有准确把握媒介形态演变的脉动、深刻认知媒介形态变革所产生的影响，才能推动中国信息传播类学科自主知识体系的构建与时俱进。

展望未来，星辰大海。我们深知，以人工智能为代表的产业和科技革命正迅疾而来，媒介生态正在加速重构，教育形态正在全面重塑，大学之使命与价值正在被重新定义；我们深知，唯有"胸怀国之大者"、面向世界科技前沿、面向经济主战场、面向国家重大需求，才能确保中传始终屹立于中国乃至世界传媒教育发展之潮头。

如何应对人工智能带来的深刻变革，对中传而言是一场要么"冲顶"、要么"灭顶"的"兴亡之战"。我们坚信，不管前方是雄关漫道，还是荆棘满途，唯有勇敢直面"教育强国，中传何为？"这一核心命题，奋力书写"智能传媒教育，中传师生有为！"的精彩答卷，才能化危为机，奋力开创人工智能时代中传智能传媒教育新纪元。

功不唐捐，芳华七秩；风帆正举，赓续创新。

是为序。

第十四届全国政协委员，中国传媒大学党委书记、教授、博士生导师

自　序

  2004年，笔者的论文集在复旦大学出版社出版，用了"史与时间"作为副标题。其实，笔者的本意是"史"与"实践"，从"叩问历史"为启端，展开实践的探索与回应。当年集稿时间急迫，将"实践"误为"时间"，阴差阳错只好将错就错。时隔二十年，再度受邀出版论文集，自然也受到时间维度的约束，从2004年至今正好二十年。十年前，龙思薇撰写过题为《十年探索，汇聚平台》的论文，内中详细地讲述了笔者与学生在新旧媒体间的数字化转型与产业化新生过程中的学术探索。一晃十年又过去，谓之廿年连续不断地探索，观察与思考，理文成集将相关成果一一呈现。与二十年前比较，这部文集有何新意？

  其一是文章的主题与侧重点之变。二十年前，笔者的文集四个主题："叩问历史""媒介经营与产业化研究""广告研究""学术随笔"。二十年来，作为广告营销与传媒产业的关注者与追踪者，笔者的这些观察维度仍在延续，但是聚焦的问题、探析的热点，却发生了显著的变化。数据化、融合化、平台化和智能化，是整个传媒产业的演进路径。笔者追随产业发展演进步伐，从媒介产业化到媒介国际化再到媒介区域化，从三网融合到平台机制再到智能媒体，没有错过任何重大的历史机遇且在产业转折的关键时刻提出独创的概念，如2009年的"平台论"，2010年前后的"内容银行"，2012年的"大数据营销"，2018年的"中国式品牌传播"，2019年的"全媒巨人"以及近年全面导入的与"数算力"概念相关的"智能媒

体""计算广告"系列。尤其值得自豪的是,笔者不只是率先提出理论概念,而且与研究团队一起实践检验这些崭新的理念。

其二是文章的作者与团队之变。二十年前,笔者的文集是名副其实的"个人集",所选文章基本为笔者个人学术发现与心得。二十年后,这本文集则是团队的心血、合作的成果。如前所述,二十年不间断地探索与实践,绝不可能孤军奋战,必须是团队作业形成学术作业平台。这个平台必须是开放的、平等的、互动双向的,在对产业问题进行探索与研究的时候,合作者既是笔者的学生也是同事,背后既有学术的传承也有学问的拓展。正如整个传媒产业进入平台化发展,从网络到终端,从国内到国际,从数字化到智能化,品牌广告经营产业从各自割裂到融为一体,涉猎范围之广,触及问题之深,紧跟变化之快,绝非一人之功。直面二十年巨变,苦心孤诣独孤求败只是抱残守缺的伪学者,信息的流动急速且巨量,知识的更新与淘汰在毫秒之间,个人必然融入团队,团队必然融入平台。因而,这本文集不是个人集,是多人集,团队集。

其三是文章的出处与平台之聚。二十年前,笔者的文集收录文章来源相对广泛,刊物发表、会议文章、《媒介》专栏,长长短短不一而足。二十年后,这本文集主要的来源是《现代传播(中国传媒大学学报)》。从北京广播学院到中国传媒大学,七十年的发展之路自然也见证了中国传媒产业的变革。《现代传播(中国传媒大学学报)》是新闻传播领域最重要的学术阵地之一,笔者之所以欣赏这个阵地、重视这个阵地,因为它的题材是丰富的,作者是多元的,包容开放且可以呈现崭新的发现和独特的观点,这正是笔者寻觅良久的学术平台。二十年内,笔者的学术论文大都发表于此,团队的学术成果也呈现于此。

2001年,《媒介》创刊;2002年,广告学院成立;2014年,广告博物馆实体馆落成。在笔者的学术道路上,两部文集之间的二十年,是笔者作为学者、教员,努力培育团队、发展团队的二十年,也是中国传媒产业迅速成长、不断转型、风云激荡的二十年。

因而,二十年探索不断,成果自然汇聚平台。是为序。

目 录

广告与品牌

社会意识的表皮与深层
  ——中国受众广告态度意识考察 ································· 003
消费重聚：多元分化过程的另一个侧面 ································· 017
大国化进程中广告代理业的纠结与转型 ································· 031
三网融合下的"全媒体营销"建构 ····································· 047
"大数据"背景下营销体系的解构与重构 ······························· 065
改革开放以来国家品牌观念的历史演进与宏观考察 ······················· 082
新中国七十年品牌路：回望与前瞻 ····································· 103

融合与发展

突围与重建：区域媒体经营新论 ······································· 133
三网融合：构建中国式"媒·信产业"新业态 ··························· 143
游走于市场需求和国家意志间的三网融合内在逻辑 ······················· 153
"媒介产业化"再思考 ··· 168
关于中国媒介产业转型的五个论点 ····································· 181

"互联网思维"之思维 …………………………………………… 190
颠覆与重构：中国媒介产业化二十年 ………………………… 203
融合媒体演进的四条路径 ……………………………………… 218

数字与智能

发展·冲突·创新
　　——解析中国广电数字新媒体的发展演变 ………………… 235
数字媒体时代的平台建构与竞争 ……………………………… 263
"全媒巨人"：智能融媒体发展方向理论构想 ………………… 283
重新定义智能媒体 ……………………………………………… 291
逻辑与场域：透视信息传播新秩序 …………………………… 308

广告与品牌

社会意识的表皮与深层*
——中国受众广告态度意识考察

广告日渐融入我们的生活，也时刻冲击着我们的视听。中国电视广告作为城市受众接触广告的最主要途径，作为每年广告市场份额的近四分之一强，正以它独有的方式影响着人们的消费，影响着人们的态度意识从而改变着城市生活。广告作为连接大众生产和消费的结点，所表现的是现代社会消费态度意识的方方面面，这是被许多社会学者长期关注的问题。在不乏个案解剖和枚举的同时，我们力求通过对近10年《IMI消费行为与生活形态年鉴》数据的整理，从宏观层面去把握中国受众广告态度意识的特征，而中国特殊的市场经济体制和社会意识形态又赋予我们对广告镜像更多解读和探讨的空间。

一、回顾：高速发展的中国广告市场与电视广告

（一）高速发展的中国广告业

根据国家工商总局发布的广告市场数据，2004年全国广告总额达到1264.6亿元，年增长率为17.2%。自1979年中国广告市场重建以来，广告活动由小到大，经历了一个带有鲜明发展特征的时期。广告市场的年营业额从20世纪80年代初的1亿元增长到2004年的1200亿元，增长速度相当惊人。

---

* 本文原载于《现代传播（中国传媒大学学报）》2006年第2期，与陈素白合作，收入本书时有改动。

其间，广告又经历了20世纪80年代的高速发展期和90年代之后的成熟平稳期。20世纪80年代中国广告的年平均增长率为40%～60%，远远超过GDP的增长速度；到了90年代中后期，逐渐稳定在20～25%；近几年在10%左右浮动，且日趋平稳。如今的中国广告市场已经成为继美国、日本、德国之后的全球第四大广告市场，广告收入约占GDP的0.9%（图1）。

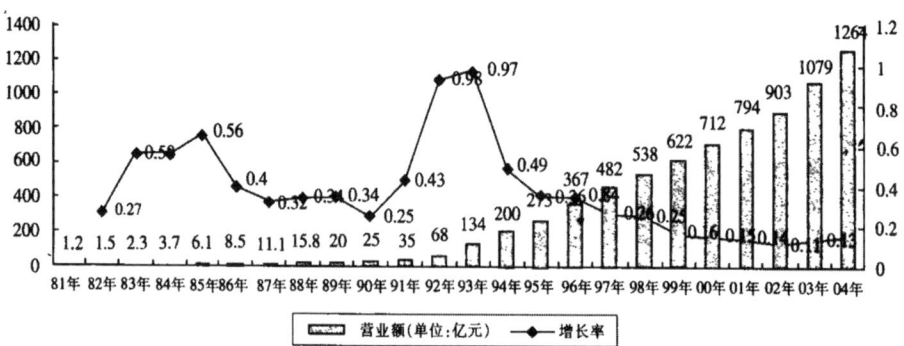

图1　1981—2004年中国广告年营业额和年增长率变化情况

资料来源：根据《中国广告年鉴》历年数据整理

（二）中国电视广告经营概括

1. 中国电视业发展情况

目前，中国是世界上最大的电视机大国，电视机生产量和拥有量均居全球首位。中国电视诞生于1958年，截至2005年底，全国共有电视台302座。[①] 改革开放以来，中国社会发展进入转型期，电视业适逢"生态环境"渐变的发展阶段，从1992年到2005年，中国电视无论从传输技术到节目制作都有了长足的进步。随着"村村通""西新工程"的落实推进，中国广播电视的覆盖在20世纪90年代大为改善，已经建立了无线、有线、卫星等多技术多层次混合的、现代化的、世界上覆盖人口最多的广播电视网。2005年全国

---

① 赵玉明. 中国广播电视年鉴2005[M]. 北京：中国广播电视年鉴，2005.

电视人口为 12.54 亿，电视家庭 3.68 亿户，居世界第一位。[①] 电视人口覆盖率节节攀升，由 1992 年的 81.3% 增长到 2005 年的 95.81%。[②]

2. 中国电视广告经营情况

1979 年 1 月 25 日，上海电视台成立广告业务科，1 月 28 日，中国电视史上第一条商业广告——时长 1 分 30 秒的"参桂养容酒"广告诞生。[③] 这是中国广告市场在 20 世纪 50 年代后逐渐消亡以来的第一条广告。同年 4 月，广东电视台开始播出商业广告；年底，作为国家电视台的中央电视台开始正式播出商业广告。自此，广告登上了中国的电视舞台，开始演绎它在电视节目中的独特角色。

2005 年中国电视广告营业额达到 397.13 亿元，增长率为 13.17%。而 10 年之前（1995 年）中国电视广告营业额仅为 64.98 亿元；20 年前（1985 年）中国电视广告营业额仅仅 0.69 亿元，可见在量的增长上，中国电视广告营业额的递增是相当惊人的。在每年的广告市场营业额中，电视广告所占的分量也较大，从 2000 年开始基本在全部广告市场营业额的 25% 左右徘徊（图 2）。

作为中国最大的电视媒体，中国中央电视台（CCTV）2005 年全年电视广告营业额达到 86 个亿，占全台总收入 124 个亿的近 70%。[④] 有"中国广告业发展晴雨表"之称的一年一度黄金段位广告招标也在经历过短时期的动荡和低谷之后重新豪门宴客，2005 年达到 58.69 亿元，虽然冲击 60 亿大关未果，但比 2004 年的 52.48 亿元增长了近 12%，且有宝洁以 3.49 亿元总标额蝉联"标王"桂冠。这一切都体现了企业界和广告界对电视媒体影响力的高度认可，体现了电视媒体业在推动中国产业经济发展方面正发挥着越来越大的作用（图 3）。

---

① 陈州，徐磊. 2005 年全国卫星电视频道覆盖变化和分析 [J]. 中国广告，2006（1）：138.
② 赵玉明. 中国广播电视年鉴 2005 [M]. 北京：中国广播电视年鉴，2005.
③ 杨伟光. 中国电视论纲 [M]. 北京：中国广播电视出版社，1998：276.
④ 中国中央电视台 2006 年会议台长工作报告 [R]. 北京：中国中央电视台，2006.

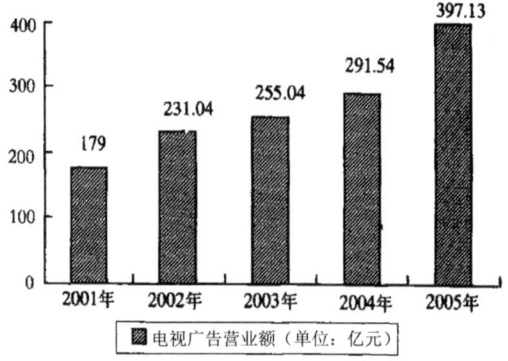

图 2　2001—2005 年中国电视广告营业额

资料来源：国家广播电影电视总局统计信息

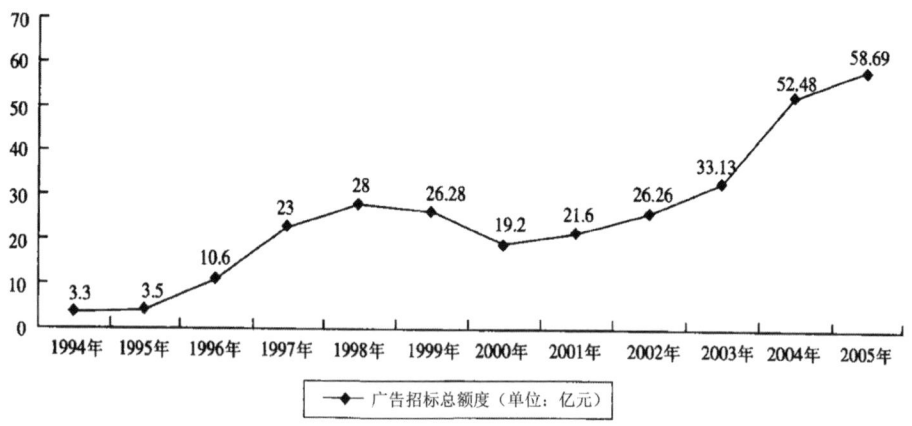

图 3　1994—2005 年 CCTV 广告招标收入

资料来源：人民网 www.people.com.cn.

二、中国城市受众广告态度意识现状

（一）中国城市受众电视广告接触情况

中央电视台广告播出时间从最初的每天 5 分钟不断增加。在部分地方电视台中，广告的播出时间还会高于这一数字。2002 年全国电视观众抽样调查对 33 类电视节目的电视观众接触程度进行调查，结果显示，观众对商业广告的接触程度排在第 28 位，虽然不及新闻、电视剧、综艺类节目高，但是位于动画片、探险类节目和旅游节目之前。[①] 收看电视广告已经和收看其他类型的电视节目一样，融入中国观众日常的收看行为之中。

（二）中国城市受众广告态度意识分析

由此可见，电视作为媒介阵营里最具传播威力的媒体，作为中国消费者接触广告的最主要途径，深刻影响着人们的广告态度意识。广告态度是消费者通过对日常生活信息的不断接受而相对固定下来的对广告总体表现的赞同或不赞同的倾向，它是由广告唤起的各种积极和消极的认知及情感的反映。[②] 广告态度是考量受众与广告之间关系的一个重要指标。中国传媒大学广告学院 IMI 市场信息研究所从 1995 年开始致力于中国城市消费者消费行为与生活形态的数据收集工作，迄今为止已经出版了近 10 年的《IMI 消费行为与生活形态年鉴》，其中包含的一系列关于广告态度意识的调查使我们可以从宏观层面整体把握中国受众广告态度意识特征。

1. 对广告较高的依存度

数据显示，受众对广告的依存度较高。受众对"广告中信息对购物决定起很大作用"的认同度较高。在认同度满分为 5 分的情况下，从 1998 年到 2005 年连续 6 年分城市数据显示，整体得分高于 3 分，普遍在 3.2～3.3 分。[③] 原因何在？一句话，广告即信息。广告威力何来？正因为它是消费决策信息的提供者。消费者离不开广告的原因就在于广告提供了人们需要的购物信息，指导人们购物，让人们在选择商品上节约了时间成本（表 1）。

---

① 张传玲. 增强观众意识 科学开发广告:2002 年全国电视观众抽样调查与相关数据分析 [M]// 程宏，王建宏. 中国电视观众现状报告. 北京：中国广播电视出版社，2003：219.
② 张红霞，王晨，李季. 青少年对广告的态度及影响因素 [J]. 心理学报，2004（5）：601.
③ 在《IMI 消费行为与生活形态年鉴》问卷中，受众对"广告中信息对购物决定起很大作用"的认同度评定采用李克特 5 级评分量表，1= 非常不同意，2= 比较不同意，3= 不一定，4= 比较同意，5= 非常同意。均值越趋向于 5，态度就越趋向于同意。

表 1　不同城市受众对"广告中信息对购物决定起很大作用"认同度均值变化
（均值，满分为 5 分）

	北京	上海	广州	重庆	武汉	西安	合计
1998—1999	3.20	3.25	3.13	3.17	3.29	3.24	3.21
2000—2001	3.28	3.29	3.11	3.23	3.28	3.27	3.24
2001—2002	3.16	3.25	3.17	3.15	3.15	3.19	3.18
2002—2003	3.17	3.37	3.12	3.05	3.17	3.21	3.18
2003—2004	3.28	3.33	3.14	3.13	3.31	3.27	3.24
2004—2005	3.25	3.35	3.27	3.08	3.25	3.25	3.24

数据来源：根据《IMI 消费行为与生活形态年鉴》历年数据整理

2. 对广告较低的信赖度

数据显示，受众对广告信赖度分值总体偏低，广告信赖度水平徘徊在较低水平。受众对"广告是可以信赖的"认同度得分整体低于 3 分，普遍在 2.7～2.9 分，且从时间跨度上来看，变动的差异不大，中国城市受众的广告信赖度处在一个偏低水平（表 2）。[①]

表 2　不同城市受众对"广告是可以信赖的"认同度均值变化（均值，满分为 5 分）

	北京	上海	广州	重庆	武汉	西安	合计
1998—1999	2.75	2.76	2.80	2.85	2.86	2.81	2.80
2000—2001	2.78	2.84	2.78	2.92	2.75	2.77	2.81
2001—2002	2.71	2.89	2.82	2.82	2.71	2.81	2.79
2002—2003	2.80	2.96	2.76	2.88	2.71	2.82	2.82
2003—2004	2.77	2.82	2.89	2.80	2.82	2.83	2.82
2004—2005	2.90	2.78	3.04	2.79	2.75	2.77	2.84

数据来源：根据《IMI 消费行为与生活形态年鉴》历年数据整理

为了考察受众不信赖广告的原因，2005 年 7 月 IMI 调研小组特地走访了北京、上海、广州三个城市，通过进一步实地入户深访，发现造成广告信赖度偏低的主要原因有如下几个方面：

第一，广告业自身的原因。随着中国广告业突飞猛进地发展，广告的表

[①] 在《IMI 消费行为与生活形态年鉴》问卷中，受众对"广告是可以信赖的"的认同度评定采用李克特 5 级评分量表，1=非常不同意，2=比较不同意，3=不一定，4=比较同意，5=非常同意。均值越趋向于 5，态度就越趋向于同意。

现形式越来越多样化,广告的数量也越来越多,这就必然存在良莠不齐的情况。尤其是一些制作简陋、内容不实的医疗保健品广告备受消费者指责。在很多地方电视台,增高、减肥、性病广告充斥屏幕,引起了人们对广告业的整体反感。目前"假、滥、多"的广告现象是导致消费者对广告信赖度降低的一个重要原因。

第二,媒体曝光频密。中国的媒体企业化经营之后,为了增加发行量,丑闻、秘闻和灾难性新闻日趋增多。无论是国内品牌还是世界知名品牌的负面消息越来越多,企业面临诚信危机,这也间接地影响了受众对广告的信赖度。

第三,消费者日渐成熟。随着年龄增长、阅历丰富,消费者日渐成熟。但他们对于广告的态度却很复杂,"被骗多了,经验多了,人成长了"是很多人的心声。在消费者看来,对广告信赖度的降低在很大程度上也要归因于在市场经济体制下自身消费意识的不断苏醒和独立。

由于大部分受众对广告持不信任态度,那些少数对广告具有较高信赖度的人群开始进入研究者视线。通过实地深访发现,信任广告的受众大致可以分为"低收入盲从者""高收入高消费者""包容性格消费者""面子消费群"四种类型(表3):

表3　中国城市受众广告信赖人群特征

	主要特征描述
低收入盲从者	原先大多来源于生活简单、商品匮乏的县城或乡村。作为大城市的移民人口,随着生活环境的改变,以及物质条件的改善,目前正处于对品牌、时尚等新鲜事物和观念的渴求和汲取中,主动或被动地迫切希望融入一个新城市中去。广告作为跟进时代、了解时尚信息的窗口,得到他们较高的关注和喜爱
高收入高消费者	有较高的消费热情,积极收集消费信息,在购物和消费中目的性较强且善于甄别,当看到广告信息时并不排斥,而是通过广告主动了解有关商品的情况。这类人群主要以广告发布的媒介来评估广告的可信任度,对权威媒体如中央电视台和全国性大报的广告信赖度比较高,对地方媒体和街头广告信赖度较低
包容性格消费者	自身就有一种宽容的处事态度,对广告持包容态度,首先从主观上乐于信赖广告。在接受广告的行为上,不会刻意排斥节目中插播广告,会考虑广告介绍的商品,并在需要的时候乐于尝试。总体而言个性包容的消费者,在对待广告上也显得平和客观
面子消费族群	区别于其他信赖广告的人群,注重"面子"的这类受众有着比较特殊的消费心态,他们相信广告,但信赖广告的出发点不是广告的信息是否真实,或者广告商品的品质是否足够优秀,而是依据"自我需要"和"交际需求"来判断广告,于是格外在乎广告商品是否有足够高的知名度。广告不自觉地在送礼行为中承担了"送礼指南"的角色

通过分析以上四种对广告具有较高信赖度的受众可以发现,受众广告态度其实是比较复杂的,自身的人口特征、个性以及消费的不同目的都会影响到对广告的信赖度。

3. 造成受众广告态度差异的因素

总之，中国城市受众目前的广告态度可以概括为"主观排斥、客观接受"。在广告的信赖度与依存度之间，受众是矛盾而复杂的。我们用广告的信赖度分别与人口统计指标（如性别、年龄、学历、收入等）做相关检验，对《IMI消费行为与生活形态年鉴》历年数据的验证发现，人口统计特点并不能对受众的广告态度意识差异作出很大程度的解释，数据分析结果并不像我们预期的那样整齐划一，受众在广告态度意识上的差异是复杂的，影响因素是多维的。

（1）商品类别因素

数据表明，商品类别对受众关注广告的程度有很大影响，化妆品、保健品和饮料同属于广告关注度比较高的商品，餐饮、服饰服装属于广告关注度偏低的商品，日用品、食品、家用汽车、家用电器是关注度处在中间地带的商品。同时我们也可以看到，不论是侧重于感性购买还是理性购买的商品，商品类别也同样影响着广告的关注度（图4）。

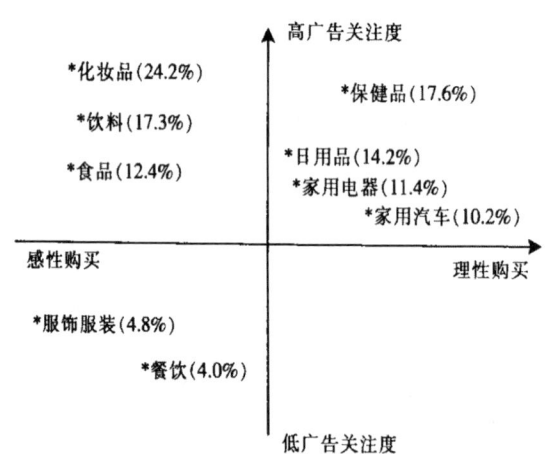

图4 受众选购不同类别商品时广告关注情况[①]

数据来源：根据《1997—1998年IMI消费行为与生活形态年鉴》数据整理

[①] 在《IMI消费行为与生活形态年鉴》问卷中本题为多选题，合计百分比超过100%。

从历年数据来看，在购买不同类别商品时，人们考虑广告的重要性程度也存在一定差异。在购买洗发水、巧克力、碳酸饮料和营养保健品的时候会把广告作为较为重要的考虑因素。其中，洗发水和营养保健品两类产品尤为突出，广告在购买考虑因素中排到了第三、第四的位置。在购买啤酒、奶粉等产品时，广告的重要性就稍微降低一些，排在购买考虑因素的第七到第九位这样一个比较靠后的位置。在中国，洗发水和营养保健品广告会如此重要地影响消费者的购买，和这两类商品近几年在电视媒体上的高强度的投放是不无关系的。根据CTR市场研究数据，2005年12月在电视媒体上投放额度排名第一和第二位的分别是化妆品/浴室用品和药品，广告花费分别为39.6亿元和31.7亿元。①

（2）城市区域因素

通过对历年数据的整理，我们发现不同城市受众对广告的态度意识存在差别，虽然这个差别不是十分明显。对比不同城市，上海的特殊性显得比较突出。上海消费者在购物时，对广告的重视程度要明显高于其他城市（如北京、广州、重庆等）。在购买各类消费品，如巧克力、奶粉、碳酸饮料、啤酒、洗发水时，广告作为购买考虑因素的排名都比其他城市排名靠前。上海在中国一直被作为时尚的旗舰标杆，在一个时尚指数较高的城市，浸淫其中的受众对广告的关注度和包容度也较高。这一结论与中国零点研究集团2004年发布的调查结果基本一致。②零点研究把广告态度概括为5个因素，即"消极性""活力性""可信赖性""和谐性""娱乐性"。研究发现在上海消费者的广告态度中，"和谐性"因素的影响很大，"和谐性""活力性""可信赖性"三者及其平衡关系，是上海人广告态度中最为重要的特色。此外，广州人对

---

① 中国市场广告投放月报［J］.中国广告，2006（3）：92.
② 零点研究调查于2004年7月在全国10个城市（北京、上海、广州、武汉、成都、沈阳、西安、济南、大连、厦门）同时进行，有效样本共3212人。被访者根据自己的喜欢程度，对多个形容词进行判断，评定采用李克特5级评分量表，1分代表非常不符合，5分代表非常符合。

广告"消极"的反应最为强烈，北京人广告态度没有明显的特征。①

（3）消费者个体差异

从消费者行为学的角度来看，在影响消费者的众多复杂因素中，消费者个体差异是一个不容忽视的因素。个性代表了一个人独特的心理性格，个性会直接影响消费者的价值观，而价值观代表了消费者生活和可接受行为的信念，正如前文所述的"包容性格消费者"和"面子消费族群"。除此之外，消费者特定的角色扮演也会影响到他们对广告的判断和关注。2004年IMI市场信息研究所组织的"中国城市家庭消费研究"就已经发现，不同家庭成员在广告角色认知上存在着较为明显的差异。②孩子是家庭中最不排斥广告的成员，他们更多地把广告作为日常生活中的一个玩伴，尤其是广告给他们提供了最前沿的时尚文化、最潮流的公共话题，所以孩子们更乐于把广告当作娱乐消遣的资讯，也比父母更愿意相信广告的真实性，他们的购物欲望也更容易受到广告的刺激。在同是成年人的丈夫和妻子身上，也可以清晰地看出男性和女性对待广告的差异：丈夫对待广告要比妻子表现得更为理智和冷静，他们的购物欲望和购物决策都不如妻子受广告的影响大，他们既是一个家庭中最不愿意相信广告的人群，同时也是对广告持敌对态度最鲜明的人群，把广告看成"无处不在的信息干扰者"的比例最高（24.0%）；而妻子是一个家庭中最容易从广告中获取消费信息的人群（42.3%），她们更愿意从广告中获取对持家有用的信息（表4）。

---

① 吴垠.广告态度的解构与区域及分群特征的研究［C］.2005年中国经济学年会论文集，2005.
② 陈素白.认准"靶心"：中国城市家庭媒介接触与广告关注［J］.现代广告，2005（5）：20-27.

表 4 不同家庭成员对广告角色的认识（单位：%）

	丈夫(男性)	妻子(女性)	孩子
时尚文化的引导者	10.1	13.3	27.7
购物欲的激发者	8.3	11.5	18.8
购物决策的影响者	16.8	19.8	22.3
促使您重复购买的说服者	1.9	3.1	7.1
无处不在的信息干扰者	24.0	18.7	19.5
公共话题的提供者	6.0	9.1	17.4
一种可以当作娱乐消遣的资讯	12.0	14.0	27.7
消费信息的传播者	34.6	42.3	34.8
其他	25.1	20.0	11.0
样本量	684	849	282

注：多选题，百分比之和大于100%，数据来源：IMI2004年"中国城市家庭消费研究"

三、社会意识的表皮与深层

（一）广告态度意识的镜像功能

在当今社会，一方面，广告承担着基本的信息功能，向消费者传递了品牌、企业的"情报"；另一方面，广告通过视觉符号和文字符号来传播信息，并因其符号功能成为这个变动社会的重要表征。广告就是时代镜像，对于广告的时代辨认从来都不是一件难事，从遣词造句到背景安排，可以真切感受到所谓"时代的烙印"，而这个"烙印"是动态的、深刻的且带有情绪反映的，所以广告史就是一部活生生的社会史。体味过中国数十年计划经济挤压之下物质生活极度困窘的滋味，就会明白广告在诞生之初受到喜欢的原因。当时的广告意味着对未来美好生活的期许、人性物欲的解放、文明开放的标志。20年后的今天，调查数据却显示，人们对广告的态度变得含混复杂，爱恨交加。消费者开始埋怨广告、讨厌广告，广告信赖度走低，越是在公众场合，人们越是表明自己对广告的厌恶之情。

学者何辉曾对中国报纸广告（1987—2001年）做过内容分析，研究发现在不同历史时期，广告作为镜像反映记录了各个阶段中国消费文化的变迁，如1988—1991年受到日本和美国等文化的冲击；1991—1997年是中国文化和欧美、日本文化的兼收并蓄与共生阶段；1997年以后，广告更多表现了中国人对多文化、多价值观念格局的重新审视和批判。① 同样以20年来中国的电视广告为例，广告的背景安排就是当时社会情形的客观反映，而它核心的诉求，就是社会价值观的表白。广告诉求与主流媒体的宣传是两码事，它比主流媒体更加真实地表露了社会大众内心深处的欲望追求。

（二）镜像背后的"碎片化"问题

在广告五彩纷呈的镜像背后，是多歧的欲望诉求，纷乱的社会情绪。大众的、分众的、平民的、精英的、平和的、暴力的，受全球化、网络文化的冲击，广告作品成为后现代消费主义与娱乐大潮席卷下的滩涂阵地。解构、拼贴、戏仿，各种创意表现屡屡突破甚至颠覆了原有的规则。

于是我们尝试用"碎片化"去解释镜像背后的问题。"碎片化"英文为Fragmentation，原意为完整的东西破成零片或零块，在20世纪80年代末常见于"后现代主义"研究文献中。在社会学领域，对现阶段中国社会结构变迁机制及阶层结构变化的分析、解释大致有三种，即陆学艺的"层化论"、李强的"碎片论"、孙立平的"断裂论"。② 李强认为，当今中国各个社会利益群体正在"分化"、"解组"和"重新组合"，他认为现阶段中国社会分化及社会分层结构呈现碎片化，尚未层化、定型。③ 在社会阶层分化的同时，各个分化的阶层内部又不断分化成社会地位和利益要求各不相同的群体。社会阶层

---

① 何辉. "镜像"与现实：广告与中国社会消费文化的变迁以及有关现象与问题[J]. 现代传播（北京广播学院学报），2001（3）：108-113.

② 中国社会科学院社会学研究所. 中国社会学年鉴1999—2002[M]. 北京：社会科学文献出版社，2004：33，35.

③ 中国社会科学院社会学研究所. 中国社会学年鉴1999—2002[M]. 北京：社会科学文献出版社，2004：33，35.

"碎片化"产生的直接影响是消费群体"碎片化"。与此同时，在阶层"碎片化"的基础上，品牌、媒介、生活方式也正朝着"碎片化"方向发生着相应变化。

随着社会的深刻变化，社会观念及文化意识也有"碎片化"的趋势。原有的社会阶层经由社会观念达到集体行动的逻辑发生了某种断裂，社会观念的利益化和个体化倾向明显。广告作为社会态度意识在消费领域的一面镜子，自然也开始呈现出多样化、复杂化特点。

（三）广告的泛政治化

从广告表现史来看，广告如同一个标志符号，反映社会变迁。开放改革之初，广告是商业经济的标志，与计划经济物质匮乏形成对照。广告所表达的，是一种生活理想，一种消费前瞻，是为多数人所接受的一个共同愿景。那个时期以及在改革开放最初的一二十年，政府对于商业行为更多的是鼓励和倡导，同时广告的播出量也没有现在那么大，所以广告没有引起受众太多的反感。

20世纪90年代后，中国社会急速发展，社会分化逐步显现，在营销经营者眼中，这是市场细分的机缘。不同群体登场，在具体物质商品和广告态度意识方面均有反映。

原本只是广告创意人很纯粹、单纯的艺术表现手法被赋予了更多元、深层的内涵，人们对广告文本解读的宽度和深度都扩大加深了。有社会学者为此批评这是广告人在误导受众，但责任可能是五五分，广告的诉求往往是受众的反馈，两者形成呼应。只不过这种反馈和呼应，有些时候是平和的，但也有很多时候是情绪化的。20年前围绕广告所发生的冲突，这两年也开始屡屡出现。2005年底新华社记者采写的一篇关于中国房地产广告语新现象的文章在社会上引起较大反响，一时间，"炫富"成为一个带有很强贬抑性质的词汇贴在广告身上，更有人认为广告破坏了和谐社会的主旋律。[①]

---

① 杨振昆."炫富""噪音"辨析[J].现代广告，2006（2）：123-124.

 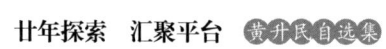

与此同时，民族问题在广告中也开始出现。立邦漆、丰田"霸道"余波未消，耐克"恐惧斗室"又惹事端，闹得沸沸扬扬，从符号的错用到最后导致民族间文化的冲突。随着经济的崛起和国力的增强，这种反映在广告表现的冲突会越来越多。越来越多的人把矛头指向广告，一时间，广告成为社会问题的替罪羊。

事实上当前出现的问题，早在20世纪80年代也出现过。其实，任何社会，追求共同和推崇差异的根本分歧都会存在，问题是随着社会气候的变化有所显现和有所潜伏。社会始终包含着不同态度意识潮流的暗涌和交锋，而广告作为一个风向标永远存在。

结　语

早在1917年，英国小说家诺曼·道格拉斯就曾断言过广告在全球的蓬勃发展："通过广告你可以发现一个国家的理想。"① 不管是作为商业艺术或者纯粹艺术本身，广告总是要呈现出一定时代人们的生存状态和精神追求。值得注意的是，在目前的中国，由于资本化运作还不充分，因此对广告等大众文化展开全面批判的时代尚未到来，分析应该多于批判。"消费并没有使整个社会更加趋于一致，它甚至更加剧了分化。"②

在中国社会面临急剧转型的特殊时期，发达国家所经历的"集中—分化—断裂"的漫长过程，浓缩在中国就是短短十年。我们从受众广告态度意识中反观到的或许仅仅是一点点社会态度意识光与影的镜像，"看到破碎，所以希望和谐；目睹分离，所以力求聚合"。在聚与和的社会态度意识博弈中，不论是广告本身的符号镜像功能，或是社会阶层结构的裂变，还是经济与文化的相互影响，都有很多研究等待我们去考证。

---

① 阿伦斯. 当代广告学：第7版［M］. 丁俊杰，等，译. 北京：华夏出版社，2001.
② 布希亚. 物体系［M］. 林志明，译. 上海：上海人民出版社，2001：88-89.

消费重聚：多元分化过程的另一个侧面[*]

近年来，关于我国社会多元化发展的研究层出不穷。社会转型带来社会结构的变化，催生了新的就业结构，造就了新的社会阶层。我国社会阶层、社会群体利益分化和多元化更为明显，基本趋势是从过去的巨型、整体群体，分化为多元利益群体。[①]"碎片化"正是社会阶层结构多元分化的极致体现。

"碎片化"这一概念最先是社会学学者用来分析当代西方社会在社会分层和观念、意识层面的新变化的，基本含义为人们的经济、政治、文化、生活等各领域的行为策略和社会态度，不再按照传统的阶级模式分野，而是根据具体的焦点问题产生不同的分野。[②] 消费领域中的"碎片化"是指同一阶层内部的消费者由于态度观念、生活方式不同呈现出"碎片化"趋势。[③] 从消费市场发展的角度来看，细致入微地刻画已经破碎的消费群体固然能使企业精确定位消费者，问题是这样无止境地细分导致企业经营者陷于困顿并产生朴素的疑问：分化难道就是消费的唯一趋势？如果认同分化的趋势，那么，企业经营的价值何在？也正是出于这样的一种疑问，作为研究者，我们不得不重新审视消费者的分化过程。在梳理消费分化的现象过程当中，我们发现了附

---

[*] 本文原载于《现代传播（中国传媒大学学报）》2007 年第 5 期，与杨雪睿合作，收入本书时有改动。

[①] 李强.当前我国社会分层结构变化的新趋势[J].江苏社会科学，2004（6）：93-99.

[②] 李培林.社会冲突与阶级意识：当代中国社会矛盾研究[J].社会，2005（1）：7-27.

[③] 黄升民，杨雪睿.碎片化：品牌传播与大众传媒新趋势[J].现代传播（中国传媒大学学报），2005（6）：6-12.

着在"分化"背面的另一个现象——"重聚"。

什么是"消费重聚"？它是如何发生的？本文将重点研究城市居民消费重聚的形成及其动力机制。

一、解释"消费重聚"

（一）消费重聚的含义

所谓重聚，其实是重新聚合的简称。消费重聚的含义体现在两个层面：其一，科学进步、技术更新、生产力发展逐步瓦解了大众消费市场，消费者由于地理因素、人口统计特征、心理特征、行为特征等方面的差异被划分为不同的消费群体，形成消费分化。就某一个特定消费群体而言，它其实就是拥有某种特征的消费者聚合体，消费分化的过程同时也就是消费重聚的过程。从这个角度来说，分化与重聚是辩证统一的。其二，在消费环境和媒介环境都已发生巨大变化的当今社会，生活方式对消费者的影响作用越来越显著。消费群体的形成打破了传统消费分化的界限，更多以某种生活方式特征为纽带。这种在生活方式的某些方面高度同质化的消费群体的形成就是一种消费重聚。从这个角度来说，消费重聚是消费分化的进一步提升。

（二）以生活方式为中心重新聚合消费者

在消费重聚的研究中，生活方式是核心概念。所罗门(Solomon)认为生活方式就是一种消费模式，它反映了一个人选择如何使用时间和金钱。人们会根据自己喜欢做的事、喜欢打发闲暇时间的方式，以及所选择的使用可支配收入的方式将自己归入不同的群体中。①可见，生活方式是一个综合考量消费者的指标，不仅包括消费状况，也涵盖了日常生活的诸多方面。消费环境和生活方式共同变化、相互作用的结果是：拥有相似生活方式的人逐渐聚集在一起，在消费行为、消费观念或者媒介接触方面有着显著特征。例如某些

---

① 所罗门，卢泰宏.消费者行为学：第6版（中国版）[M].北京：电子工业出版社，2006：194.

商品的消费状况会影响人们的生活方式：拥有私家车的群体在外出、休闲娱乐、消费行为等方面的趋同性较强；而数码相机在很大程度上则对旅游消费起到了刺激作用。

《中国的消费分层：启动经济的一个重要视点》一文较早提到了消费分层的问题，文中将国际上通行的衡量消费水平的恩格尔系数作为消费分层的划分依据，并划分了七个消费阶层，分别是最富裕阶层、富裕阶层、小康阶层、勉强度日阶层、绝对贫困阶层。① 从广义上来说，这一研究所做的消费分层就是消费重聚的一种表现。《断裂与碎片：当代中国社会阶层分化实证分析》一书根据家庭拥有家用电器和耐用品数量，计算出一个家庭耐用品指数，并将这一指数作为当前中国社会消费分层的标准，勾画当前中国消费分层的基本形态，描述各社会阶层在消费分层中的位置。这一研究所做的消费分层，也可以说是消费重聚的一种表现，是以家庭耐用品拥有状况为依据进行的消费者聚合。

以上两位学者在研究中提到的消费分层基本以单一指标作为划分依据。而《多种形态的中国城市消费者》一书则综合了多个指标进行人群划分。在2002年IMI消费行为与生活形态调查数据的基础上，根据人口统计变量和态度意识问题，利用聚类分析的方法可将消费者划分为七大消费群：平实型消费人群、潜力消费人群、消极消费人群、实力消费人群、中坚消费人群、弱势消费人群和经济型消费人群。各类人群的消费情况和媒介接触情况具有同一性，并且他们的消费特征与消费观念较为一致。从这个角度来说，七类消费群的划分正是以消费观念重新聚合消费者的结果。② 再如关于中国消费者分群范式（China-Vals）的研究根据态度意识的测量将中国消费者划分为十四大族群：经济头脑族、求实稳健族、传统生活族、个性表现族、平稳小康族、工作成就族、理智事业族、随社会流族、消费节省族、工作坚实族、平稳求

---

① 李培林，等. 中国社会分层[M]. 北京：社会科学文献出版社，2004：227-234.
② 黄京华，杨雪睿，吕明杰. 多种形态的中国城市消费者[M]. 北京：中国轻工业出版社，2004：135-137.

进族、经济时尚族、现实生活族、勤俭生活族。①

以上所列举的无论是依据不同指标进行的消费分层、消费人群划分，还是以某种消费特征为标志的消费族群，属于同一群体的人们最显著的特征不是人口特点，而是价值观和消费态度，以及在此影响下形成的生活方式。生活方式成为人们重新聚合的纽带。

二、不同层面的消费重聚

（一）传统消费市场中的重聚

消费重聚的形成是以市场细分为前提的。在传统市场营销中，区域、人口特征、心理特征、行为特征是进行市场细分的主要依据。例如年龄，消费者的需求与消费能力会随年龄而改变。通常说来，年轻消费者的消费观念比较超前、时尚，对于新产品、新事物的接受能力较强，购买欲望也较强；中年消费者收入比较稳定，购买力较强，尤其是耐用品的购买力最强；老年消费者的消费观念一般比较传统，对新产品的接受时间较长，购买需求相对较弱。以2001—2004年IMI消费行为与生活形态调查结果为例，对于MP3和数码相机这类个性化数码产品，16—24岁消费者和25—34岁消费者的拥有比例及未来打算购买比例均最高，35岁以上的消费者在这方面的消费需求较低，并且与35岁以下消费者的差距较大。手机在25—34岁消费者中的使用比例最高，35—44岁消费者、45—54岁消费者、55—60岁消费者的使用比例呈"阶梯型"分布，即年龄越大，手机使用率越低。2002年以后，16—24岁消费者的手机使用率大幅上升，并且超过城市居民使用的平均水平，与此同时，他们发送和接收手机短信的比例始终保持最高，是手机短信市场的"主力军"。不同年龄层消费者选购手机时的考虑因素也有很大差别，年长的消费者更注重价格，而年轻的消费者则更注重功能和外观样式。② 由此看来，不同

---

① 吴垠.关于中国消费者分群范式（China-Vals）的研究[J].南开管理评论，2005（2）：9-15.
② 此结论根据2001—2004年《IMI消费行为与生活形态年鉴》调查数据整理得出。

年龄层消费者的消费状况存在较大差别,同一年龄层的消费者拥有相似的消费特征。不同年龄层消费者之间是一种形式的分化,而同一年龄层的消费者又是一种形式的聚合。以年龄为依据划分消费者可以划分出年轻人这个群体,而新产品、新概念同样也可以成为消费群体的划分依据。反过来,年龄、新产品、新概念又可以作为消费者聚合的纽带。消费分化的理由同样也是消费重聚的理由。

总之,消费者由于地理特征、人口统计特征、心理特征、行为特征等方面的差异被划分为不同的消费群体,形成消费分化。而就某一个特定消费群体而言,它其实就是拥有某种特征的消费者聚合体。

(二)碎片化背景下的消费重聚

随着消费市场的发展,原来属于同一阶层的消费者由于态度观念、生活方式的不同逐渐呈现出"碎片化"趋势。社会学领域的"碎片化"主要是指阶层"碎片化",当社会阶层分化的时候,各个分化的阶层内部也在不断分化成社会地位和利益要求各不相同的群体。在阶层"碎片化"的基础上,消费、品牌、媒介、生活方式也正朝着"碎片化"方向发生相应变化。这是消费者追求自我、追求个性的必然发展方向,也是一种不可避免的社会发展趋势。[①]

在传统消费市场中,能够使消费者聚集的共同点相对稳定且明显,地理特征、人口特征、心理特征、行为特征都是最常用的进行消费者划分的变量。但是在经济环境和媒介环境都已发生巨大变化的当今社会,局限于传统指标进行消费者的分化与聚合已不足以适应市场发展的需要,将消费者生活方式某些方面的突出特征综合起来才能勾画出立体、生动、高度同质化的消费群体。这就是碎片化背景下的消费重聚。

下面将根据历年 IMI 消费行为与生活形态调查数据,以"重视价格者"

---

① 黄升民,杨雪睿.碎片化背景下消费行为的新变化与发展趋势[J].广告研究(理论版),2006(2):4-9.

为例，具体分析由心理特征和行为特征引起的消费重聚。在《多种形态的中国城市消费者》一书中，作者将 IMI 调查中涉及的态度与意识题目进行因子分析，得到八个因子，其中"重视价格"因子包括四道题目，分别是：对于有些想要的东西我会等到降价或特卖时才买；购买商品时我考虑的因素主要是价格；我认为节省开支比拼命挣钱重要；买东西时我经常货比三家。[①] 这里将"非常同意"和"比较同意"这四种态度观念的人视为"重视价格者"，而将持"不一定""比较不同意""非常不同意"态度的人视为"不重视价格者"。表 1 显示的是不同年份 IMI 调查中"重视价格者"和"不重视价格者"的样本量。

表 1　1998—2004 年 IMI 调查中北京"重视价格者"和"不重视价格者"的样本量[②]

年份	1998年	2000年	2001年	2002年	2003年	2004年
单位	（人）	（人）	（人）	（人）	（千人）	（千人）
重视价格者	140	141	119	139	655	632
不重视价格者	851	871	949	675	4061	4068
样本总体	991	1012	1068	814	4716	4700

注 1：2003 年和 2004 年 IMI 消费行为与生活形态调查执行完全采用随机抽样的方法，在分析中对原始数据按照各城市调查区域的人口统计量进行加权，因此文中引自《2003—2004IMI 消费行为与生活形态年鉴》《2004—2005IMI 消费行为与生活形态年鉴》的分析数据是加权以后的结果，被访者的数量和单位为人数（千人），是在样本的基础上推及的人数。

图 1、图 2、图 3 分别显示了 1998—2004 年 IMI 调查中北京"重视价格者"和"不重视价格者"购买彩色电视机时考虑价格因素的比例、拥有信用卡的比例、最近一年外出旅游过的比例。"重视价格者"购买商品时考虑价格因素的比例明显高于"不重视价格者"，表明"重视价格者"的消费观念与其实际消费行为有着较强的相关性。"重视价格者"拥有信用卡和外出旅游的比例明显低于"不重视价格者"，表明"重视价格者"的消费活跃程度较低。

---

① 黄京华，杨雪睿，吕明杰. 多种形态的中国城市消费者 [M]. 北京：中国轻工业出版社，2004：122-123.
② 数据来源：根据 1998—2004 年 IMI 消费行为与生活形态调查数据整理得出。

消费重聚：多元分化过程的另一个侧面

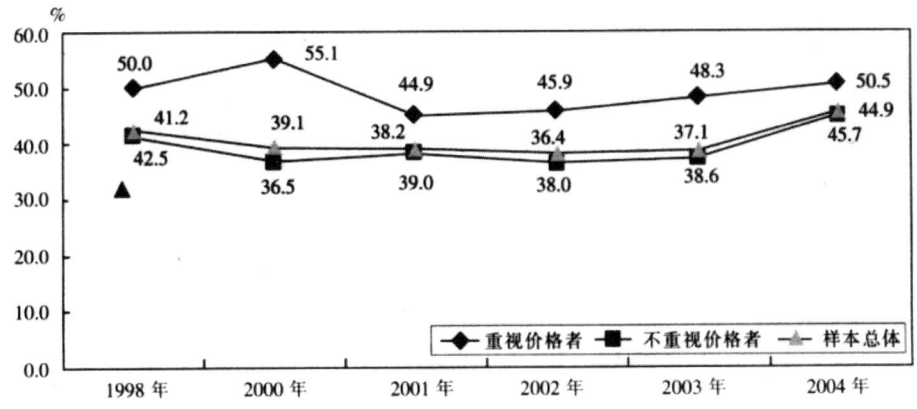

图1　1998-2004年IMI调查中北京"重视价格者"和
"不重视价格者"购买彩色电视机时考虑价格因素的比例[①]

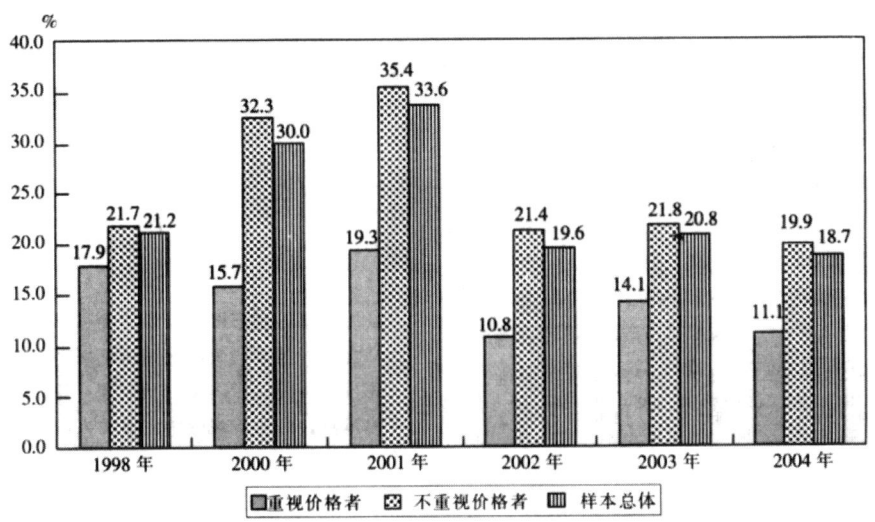

图2　1998-2004年IMI调查中北京"重视价格者"和
"不重视价格者"拥有信用卡的比例[②]

---

① 数据来源：根据1998—2004年IMI消费行为与生活形态调查数据整理得出。
② 数据来源：根据1998—2004年IMI消费行为与生活形态调查数据整理得出。

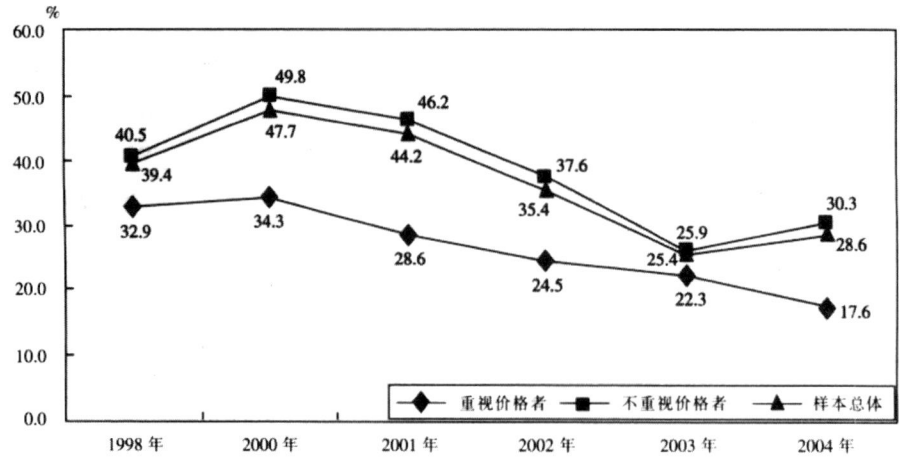

图 3　1998-2004 年 IMI 调查中北京"重视价格者"和
"不重视价格者"最近一年外出旅游过的比例①

表 2 以 2004 年 IMI 调查数据为例显示了北京"重视价格者"和"不重视价格者"的人口特征。性别方面，二者几乎没有差别；年龄方面，"重视价格

表 2　2004 年 IMI 调查中北京"重视价格者"和"不重视价格者"的人口特征②

类别	指标	重视价格者	不重视价格者	样本总体
性别	男	50.8	52.6	52.3
	女	49.2	47.4	47.7
	人数（千人）	632	4068	4700
年龄	16—24 岁	22.7	22.6	22.6
	25—34 岁	12.8	26.7	24.8
	35—44 岁	27.2	26.5	26.6
	45—54 岁	23.1	17.2	18.0
	55—60 岁	14.2	6.9	7.9
	人数（千人）	633	4067	4700

---

① 数据来源：根据 1998—2004 年 IMI 消费行为与生活形态调查数据整理得出。
② 数据来源：根据 1998—2004 年 IMI 消费行为与生活形态调查数据整理得出。

续表

学历	初中及以下	27.8	19.0	20.2
	高中/中专	46.4	47.3	47.2
	大学专科	15.7	18.6	18.2
	大学本科及以上	10.1	15.1	14.4
	人数（千人）	632	4067	4699
个人月收入	无收入	26.5	17.6	18.9
	500元以下	11.2	5.6	6.3
	501—1000元	21.0	22.3	22.1
	1001—1500元	15.8	19.6	19.0
	1501—2000元	14.7	12.5	12.8
	2001—3000元	8.5	13.9	13.2
	3001元以上	2.2	8.5	7.7
	人数（千人）	633	3979	4612

者"年龄在45—54岁和55—60岁的比例略高；学历方面，"重视价格者"学历为初中及以下的比例略高；个人月收入方面，"重视价格者"无收入和收入在500元以下的比例略高。

结合"重视价格者"的心理特征、行为特征和人口特征可以看出，这类人群对待商品价格的态度极为相似，受这种态度影响，他们的消费行为表现出某种相似性——重视产品价格，同时，消费活跃程度也明显低于不重视价格的人。"重视价格者"在消费态度和消费行为方面同"不重视价格者"存在较大差异，而二者在人口特征方面的差异却不明显。

从市场规模的角度来看，表3显示了1998—2004年IMI调查中北京"重视价格者"占样本总体的比例，历年的数据结果基本在15%左右。这15%的消费者消费心理趋同，由此带来的行为特征相近，可以作为企业在营销策略中寻找"价格指向型"消费者的主要依据和参考。

综上所述，在传统消费市场中，能够促使消费者聚合的因素相对稳定且明显，地理特征、人口统计特征、心理特征、行为特征都是最常用的市场细分变量；从另一个角度来看，每一个细分市场就是一种形式的消费者聚合。

随着消费市场的发展，消费分化的程度日益加深，碎片化的趋势越来越显著，局限于传统指标划分消费者已经不能适应市场的需要，将态度、行为等能够体现生活方式的各个方面结合在一起才能更加全面地把握消费者。消费者心理特征和行为特征二者的结合是在碎片化背景下重新聚合消费者的基础，而传统观念注重的人口特征所起到的作用逐渐减弱。企业在进行市场研究的时候，找到可以重新聚合消费的理由和指标，就可以掌握相对大的规模市场。

表3　1998—2004年IMI调查中北京"重视价格者"占样本总体的比例

年份	1998年	2000年	2001年	2002年	2003年	2004年
单位	（人）	（人）	（人）	（人）	（千人）	（千人）
重视价格者	140	141	119	139	655	632
样本总体	991	1012	1068	814	4716	4700
重视价格者占样本总体的比例	14.1%	13.9%	11.1%	17.1%	13.9%	13.4%

三、消费重聚形成的两大基础

碎片化背景下消费重聚的形成基础主要体现在两个方面，一是人们消费心理的变化，这是消费重聚形成的内因；二是人们所处的信息传播环境的变化，这是消费重聚形成的外因。

（一）消费心理的变化：从众消费—追求个性—寻找特定群体的归属

"从众消费"缘于中国人群体感强，注重规范，特别重视人与人之间的感情联系，强调良好的人际关系。反映到购买行为上就是以社会上大多数人的一般消费观念和消费行为来规范、约束自己的消费行为，消费时往往首先考虑别人的议论与评价。随着社会转型的加速，20世纪90年代以来，一方面，人们的价值观总体上发生了较大变化，尤其是个人意识得到较大程度提升，自我关注度明显提高。另一方面，商品的符号象征意义显著增强，对某些商品的拥有状况逐渐成为个人地位、身份、荣誉的象征，这在很大程度上刺激了个性化消费，追求个性成为消费的主流。

消费重聚：多元分化过程的另一个侧面

然而在社会生活中，人是不能离开社会群体的。尽管在碎片化时代，"权威"的坍塌与自我意识的崛起是最突出特点，但是对群体的需要是人的本性。追求个性化与寻求群体归属二者并不矛盾。如果说消费者在现实生活中寻求群体归属还要受到地缘、血缘、业缘的制约，那么以网络为基础的新媒体的发展则为消费者的群体归属提供了沃土。新媒体的背后其实是一张人际网络。虚拟社群、讨论群组、聊天室、ICQ不仅串起了人们新形式的社会关系，也串起了人类新形态的社会生活。从某种意义上讲，网上群体更能实现群体成员志趣相投的目标，更好地满足人们心理上的归属感。

另外，特殊事件也可以重聚相当的消费群。以2005年在全国反响巨大的《超级女声》为例，据AC尼尔森的监测结果，虽然"超女"的观众以年轻人以及女性为主，但总体来说观众群几乎横跨各年龄层次，且越到决赛吸引的观众年龄层次跨度越大。2005年《超级女声》年度总决赛播出时，45岁以上中老年观众的收视比重逐渐增加。在上海，15—34岁观众的比重保持在40%—65%。在广州，15—34岁观众的收视比重较大，但最后一期节目各年龄段观众的收视比重则均匀分散。由于其新颖的模式和巨大的宣传效应，《超级女声》还吸引了通常相对不太关注电视媒体的人群，如高学历观众群。[①] 也就是说，《超级女声》作为一个特殊的社会事件，因媒介的造势也好，舆论的关注也罢，在一段时间内聚合了大量的消费者，这些消费者的身份地位、人口特征可能相差甚远，但是对"超女"的关注成为彼此联结的纽带。

总的来看，人们在个性化消费时代寻找特定群体的归属是推动消费者重新聚合的内在动力。碎片化背景下重新聚合的消费者在生活方式的某些方面拥有相似性，彼此之间拥有对话的平台，可以进行交流，同时，其自尊心和自我表现的欲望也得到极大满足。这种重新聚合的消费者集合体是在个性化消费时代特定群体的集合，是消费者在追求个性化过程中寻找群体归属的必然结果。

---

① 数字见证"超女"收视热潮［EB/OL］. (2005-09-09). http://cn.acnielsen.com/news/20050909.shtml.

（二）信息传播环境的变化：信息传播途径多元化带来受众的分化与聚合

信息传播环境的变化首先归因于媒体的快速发展。对于受众来说，最早出现的新媒体形式是网络。经过近十年的发展，我国互联网网民人数飞速增长，截至2006年12月，网民人数已经达到13,700万人，而1997年10月时，网民人数仅有62万。互联网已经对我国社会和网民的生活产生了深远的影响。在工作和学习方面，数量众多的居民通过互联网寻求网上招聘、网络教育，目前大约有2500万人经常使用网上招聘，1500万人经常使用网络教育。在生活方面，网络电话和网上预订正在迅速兴起，目前分别有大约900万人和600万人在享受网络电话及网上预订带来的好处。在娱乐方面，截止到2006年6月份，在线影视收看及下载（在线电视）的规模已经达到4500万，在线音乐收听及下载（在线广播）也超过了4000万。①

网络的发展必然影响到人们传统媒体的接触情况。根据2001—2005年IMI消费行为与生活形态调查数据，以北京居民的媒体接触情况为例，人们接触电视和报纸媒体的比例仍然较高，接触互联网的比例呈现明显的上升趋势，从2001年的30.9%增至2005年的50.3%。除此之外，人们听广播、阅读杂志的比例也有所提高。

除网络外，消费者也开始接触其他新媒体形式。据《2007IMI城市受众移动生活形态与新媒体接触研究报告》，受众外出时看过公共交通工具上车载电视的比例在北京和上海已经分别达到87.7%和91.7%。由于接收终端、技术、资费等方面的限制，受众对于其他移动新媒体的接触比例并不高，但对于新媒体的接触意愿，受众则表现出较高的倾向性，北京和上海分别有22.1%和14.9%的人希望收看手机电视，分别有49.9%和40.8%的人希望收听数字音频广播，分别有44%和31.9%的人希望通过数字广播收看视频。②

总体而言，传统媒体的优势地位已经受到网络及其他新媒体的威胁。基

---

① 中国互联网络信息中心.中国互联网络发展状况统计报告（2006/7）[R/OL].(2006–07–19). http://www.cnnic.net.

② 黄升民，丁俊杰，黄京华.2007IMI城市受众移动生活形态与新媒体接触研究报告[M].北京：中国广播电视出版社，2007.

于网络和数字技术的新媒体的快速发展使目前我国媒体市场格局由单一媒体垄断转化为多种媒体并存发展。由新媒体发展引发的信息源的无限扩大必然影响到人们的日常生活。换句话说，现代社会传媒市场格局转变的根源是新媒体发展带来的信息传播途径多元化。信息传播途径多元化的结果则是受众的分化，同时，不同形式的新媒体也成为特定受众重新聚合的平台。

结语：消费重聚是透析消费者的必由之路

分与聚在社会发展过程中不可避免，体现在社会生活的各个方面。在消费领域中研究分化与重聚的根本目的在于把握和了解消费者，从而指引企业营销策略的发展方向。消费市场的成熟与发展带来消费的分化，企图用同一种商品或服务吸引所有消费者的时代已经过去，标准化所带来的规模效益逐渐减弱。大众消费市场的分崩离析一方面使消费者摆脱原来所属阶层的束缚，变得更加自由；另一方面也为企业重新认清消费者带来困难。消费重聚的本质在于在大众消费市场呈现碎片化的情况下将消费者重新聚集起来，既要紧扣消费者特质，又要形成相对的规模。因此，消费者在生活方式某些方面表现出的特性尤为重要，这些特性便成为重新聚合消费者的基础和纽带。

消费重聚形成的内因和外因分别体现为人们消费心理的变化和人们所处的信息传播环境的变化。追求群体归属是人与生俱来的特性。消费重聚是消费者在个性化消费时代再次寻求群体归属的结果。从消费者所处的信息传播环境来看，网络及其他新媒体的发展带来信息传播的变革，信息传播以到达特定受众为目的，针对大众的泛播逐渐转化为针对某一特定群体或个人需求设计的窄播。分众化趋势日益显著。

探讨消费重聚的重要价值主要体现在三个方面：其一，消费分化与消费重聚在市场发展过程中同时存在，二者是一种辩证统一，是在不同市场发展阶段分析消费者的两种途径。其二，随着消费市场的变化，消费分化与消费重聚的地位发生了明显变化，在传统大众消费市场中，强调"分"就是在数量众多的消费者中划分出具有明显特征的目标消费群体；在碎片化的背景下，强调"聚"是由于原来划分消费群体的指标逐渐模糊，必须寻获"聚"的指标才能重新把握消费者。其三，消费重聚就是将碎片化背景下各个分散的消费者通过某种联系重新聚合在一起，也是一种规模的形成，把握"重聚"的机会点，对于广告和企业经营具有十分重要的意义。

总而言之，在碎片化背景下重新审视消费者，就必须以消费者的生活方式为基础，从各个方面分离出消费者的特性，并将具有相似特性的消费者集合起来作为营销目标。这是企业在碎片化背景下透析消费者的必由之路。

[说明：文中提到的 IMI 消费行为与生活形态调查是中国传媒大学广告学院 IMI（创研）市场信息研究所从 1995 年开始至今进行的有关城市居民消费状况的调查，调查结果编辑出版为历年的《IMI 消费行为与生活形态年鉴》]

大国化进程中广告代理业的纠结与转型[*]

2010年第二季度，中国的 GDP 总额超越日本，成为全球第二大经济体，中国大国化进程不断加速。广告业是经济的传感器，是中国大国化的镜像。一方面，大国化激发了更多的广告需求；"大媒体"催生了新的广告平台和产品体系。另一方面，由于广告业本身存在着盈利能力逐渐丧失和业务基础严重动摇等问题，造成了广告业在应对大国化的变革之时存在着诸多纠结。以当前中国大国化进程为背景，未来的中国广告代理业的营销体系、传播体系和文化体系，都将迎来调整与重构。

一、大国化进程与广告业发展

2006年11月，一部名为《大国崛起》的系列纪录片在央视播出，激起了全社会对于中国大国化进程的关注和讨论。此后三年，中国经济迅猛发展，奥运、世博成功举办，国际影响力不断提升，加速了中国大国化的步伐，吸引着全世界关注的目光。

（一）解读中国大国化进程

历史上，对于中国大国地位的判断从来就不是一个新命题。从古代盛唐时期的万国来朝，到近代鸦片战争后崛起的东方大国理想，再到今天我们拥

---

[*] 本文原载于《现代传播（中国传媒大学学报）》2011年第1期，与王昕合作，收入本书时有改动。

有的960多万平方千米土地和超过13亿的人口规模，中国在世界舞台上的大国定位由来已久。然而，庞大的基数和规模并不能直接转化为国家的综合实力和国际影响力。中国的大国化进程，正是从单纯的规模"大国"向综合实力的世界"强国"转变的进程。2010年，这一进程主要体现在以下三个方面：

首先是整体经济体量的巨国化。2005年至2009年，中国GDP总额连续五年位居世界前五强。据商务部公告，2010年第二季度，中国凭借1.33亿美元的GDP总额，超越了日本的1.28亿美元，成为仅次于美国的世界第二大经济体。

其次是产业力量的国际化，中国公司在国际舞台上的作用日益彰显。英国《金融时报》的数据显示，2009年的世界500强中，以央企为代表的中国企业排名普遍提升，中石油首次超过美国埃克森石油公司，成为全球市值最高的企业，这是中国企业第一次位居榜首；中国工商银行和中国移动分列第四和第十。

最后是海外投资的规模化。根据联合国贸易和发展会议报告：2009年，直接投资量流入国家排名中，美国以1350亿美元居首位，中国达到900亿美元，由2008年的第六位攀升至第二位。而传统强国法国和俄罗斯分别下降36%和41%，仅为650亿美元和414亿美元。投资规模的不断增大，体现了国际资本对中国市场前景和投资环境的普遍看好。

综上，中国经济的成形、企业国际影响力的凸显以及海外投资规模的攀升，共同促进了中国大国化进程的不断演进和实现。

（二）大国化进程对广告产业的推动

广告是经济的传感器，1949年以来，中国广告业随经济低落而沉寂，随经济复苏而重生，随市场壮大而腾飞，折射出的是中国经济环境的开放、转型和繁荣。21世纪以来，广告是大国化的一面镜子，中国的大国化之路同时也是中国广告飞速发展之路。① 大国化进程中的欢愉和痛楚、喜悦和烦恼都映

---

① 国家工商总局发布的广告业统计数据显示，2001年中国广告经营额为794亿元，九年后的2010年，广告经营额升至2041.0322亿元，增长了1247亿元。

射在广告的点滴之中，留下挥之不去的时代烙印。大国化进程为中国广告业的发展提供了三个有力的支撑因素。

首先，在产业力量层面，中国在国际舞台上的竞争力已经升至第二十七位，中国企业也在世界 500 强中占据一席之地，从中国制造到品牌收购，中国企业的国际话语权不断提升。产业力量是广告业的重要支撑因素，作为广告信息的源头，企业直接决定了广告的市场需求。"大国化"的中国经济，为广告业带来了"大企业"的力量支撑。

其次，从媒体力量来看，媒体是当前中国最具活力和新鲜动力的行业。数字化、三网融合，媒体的组织调整、战略转型，催生了大量新兴的媒体资源，传统媒体和新兴媒体相互交融，塑造了"大媒体"的传播环境。

最后，就广告市场发展机遇而言，新的产业发展契机正在不断凸显。体现在以下几个方面：其一，国家已经把品牌建构放在战略高度；其二，本土的广告公司经过不断调整，通过融资上市等资本运作，开始了规模化运营的初步探索；其三，中国大国文化崛起为中国广告的文化体系提供了有力支撑。

二、大国化进程中广告代理业的矛盾和纠结

如果我们简单推断，在上述因素的强势拉动下，作为宏观经济镜像的中国广告产业理应保持高速发展。然而，近年来广告产业却显示出相当矛盾的现象。

（一）对于广告业发展状况的判读标准莫衷一是

据 CTR 发布的广告业统计数据，2009 年中国广告刊例价已经达到 5075.18 亿元，总投放同比增长 13.5%[①]，与中国宏观经济整体增长的态势相吻合，体现出广告业与宏观经济增速同步律动的特点。但是，从国家工商总

---

① CRT 市场研究.力克金融海啸 中国广告市场保持 13.5% 增长 [J].中国化妆品（行业版）.2010（3）：72-73.

局的统计数据来看，2009 年中国广告经营额为 2041.0322 亿元，增长 7.45%，比 2008 年 9.11% 的增长率下降了 1.66 个百分点，低于 8.7% 的 GDP 增速。广告经营额增长率滞后于 GDP 的增长速度，与当前蓬勃发展的宏观经济背道而驰。两组数据的差异，不仅带来了学术上关于广告数据应当取信何方的纠结，更表现出广告刊例价和实际收入之间的悬殊差距，折射出中国广告市场内在的复杂性。

（二）广告产业力量的市场信心差异较大

中国传媒大学广告主研究所 2010 年的调研数据显示，企业和媒体对广告市场前景持较为乐观的态度。其中，52.9% 的受访企业认为广告主是广告市场的主导力量，34.3% 的受访媒体认为主导广告市场的是媒体，而仅有 15.8% 的受访广告公司认为广告公司占主导地位。广告公司中普遍存在的悲观心态，折射出从业者对自身实力缺乏自信，对广告市场前景信心不足。

综上，大国化为广告搭建了崭新的空间和舞台，企业、媒体等"实力派演员"也纷纷粉墨登场。然而，广告业的走势却呈现出曲折和复杂的局面，来自不同口径的产业统计数据存在巨大差异，导致了判断广告产业发展态势的标准不清。企业、媒体乐观，广告公司悲观的市场态度，显示出产业力量发展的失衡。尤其值得关注的是，作为广告代理业的核心，广告公司并未在大国化的春风中汲取到成长的养分，在丧失市场信心的同时，广告代理业也面临着发展瓶颈。

三、广告代理业纠结和矛盾产生的根源

我们看到了中国广告业在大国化进程中的发展，也注意到了广告代理业在这一进程中出现的矛盾和纠结。关于这种矛盾和纠结的根源，大致可以从以下几方面中寻找一些可能性的答案。

（一）规模化与信息化对广告产业发展的影响

现代广告产业的发展脉络，可以归结为规模化和信息化两条路径。规模化的路径经历了从代理、综合服务到融资上市的发展流程。其中，大型媒介购买公司依托资本优势，集中媒体资源，形成"以量制价"的竞争优势，就是现阶段广告公司规模化发展的主要形式。

然而，片面追求规模化，将不可避免地导致广告核心业务受损。媒介购买公司"以量制价"，直接导致了代理费的大幅度削减，行业原本遵从的15%代理费比重不断萎缩，严重损害了传统广告代理公司的核心利润。资料显示，美国广告公司的酬劳结构已经转变为20%的代理费和80%的服务费制度。[①] 利润空间的压缩，迫使业界加快了关于"零代理""服务费"等新兴收费模式的探索，但目前国际范围内，对于服务费具体金额的设定还没有一个统一的基准。主流的服务费计算标准，主要以硬件为基础制定，没有充分考虑智力服务的价值。[②] 因此，真正可以替代代理费，实现稳定盈利的收费模式尚未构建。

广告承载的是经过加工的信息流，广告信息化路径强调的是广告的信息服务属性。广告公司依托营销理论，通过科学的手段，准确捕捉消费需求，进而提供有针对性的广告传播服务，具有精准、重复、可控三个要素。

然而，随着社会阶层流动性的不断加大，受众媒体接触的碎片化趋势加剧，原有的板块社会结构迅速瓦解，大规模的同质化消费群体不复存在，传统的数据收集和市场调研方法已经不能支撑广告信息系统的科学运作，广告公司的业务基础和知识体系面临严峻的考验。

（二）海外学者对广告代理业转型的研究

由于广告代理公司在盈利能力和业务基础层面出现了上述问题，在国际研究中，当前广告业的下沉已经成为不争的事实。海外学者一直在探讨广告

[①] 植田正也.面向2015年：广告业界的45个新潮流[J].国际广告，2007（10）：12-19.
[②] 植田正也.面向2015年：广告业界的45个新潮流[J].国际广告，2007（10）：12-19.

代理公司转型的可能和方向。日本学者植田正也的论文《面向2015年：广告业界的45个新潮流》对广告产业的规模化发展提出了质疑，认为"广告应该是质量的竞争，而不是规模的竞争。广告公司的兼并与收购应该以提高生存能力为目的"。因此，"在英语国家广告传播集团也许是有效的，在其他国家却不见得如此"。同时，广告业的发展将面临咨询业的挑战，"咨询公司的新形态应该是这样的：为广告主的新项目寻找最适合的广告公司，代替广告主对广告公司进行判定并给予意见"。由于"咨询业务越发受到重视，这可能导致广告公司最终将沦为处理具体流程的公司"。

IBM商业价值研究院2007年发表的论文 The end of advertising as we know it 对于网络媒体和互动广告引发的广告价值链变迁进行了分析，认为如果传统的广告产业力量不能完成面向消费者、商业模式的更新，就将面临淘汰。国际上对于"网络"和"互动"的关注，集中体现在全方位营销传播战略（Holistic Marketing Communications，HMC）的提出。HMC的主要目的是应对抽样调查失效的现状，强调应该以网络媒体为轴心，采用互动传播的手法，根据信息的内容来选择媒体，进行整合传播。从本质上来说，HMC的核心在于和消费者共建沟通平台，通过与消费者的交流来洞察消费需求，把握市场潮流变化。与传统的抽样调查的定量研究不同，HMC偏重于直接与消费者沟通，进行定性描述。虽然这一方法能够在纷乱复杂的环境下提供有一定价值的消费需求变化方向，但由于成本高昂，难以形成大规模的操作平台，短期内无法大规模应用于实践。

（三）中国广告代理业发展历程

中国广告业三十年的发展，是一个高度浓缩的过程，海外用了上百年来释放和解决的产业矛盾在中国市场短时间内的集中涌现，决定了中国广告代理业要以薄弱的产业根基应对复杂的市场环境。

20世纪80年代，随广告业复苏而出现的第一批本土广告公司秉承的是传统广告代理制度的运作方式，争夺的焦点在于代理权。进入20世纪90年代，大量的海外跨国公司开始进入中国市场，造成了对于中国广告公司知识体系的冲击，"土洋"公司之间的竞争与联合备受关注。尤其是中国加入WTO之后，在广告国际竞争领域，形成了两类不同的观点，一类观点对中国广告代理业的自主、安全提出了担忧，认为"在外资化、国际化浪潮的冲击下，中国广告产业的殖民化倾向日益凸显"（姚曦，2008）。另一类观点强调本土公司应积极向跨国公司学习，提出"国际广告公司既是我们的竞争对象，又是我们身边的国际窗口"；我们应当"学习如何向企业提供科技、信息、智力的更有效服务，进一步提升中国广告业的科技含量，建立市场竞争的新思维"（程士安，2007）。

但是，21世纪以来，广告代理公司的发展却出乎各方意料。一方面，国际广告公司并未在中国市场一统江湖，本土广告公司依然拥有着稳定、安全的发展空间。与此同时，国际广告公司迅速本土化，为适应中国市场进行了一系列兼并、收购活动，客观上改变了国内广告公司高度分散、良莠不齐的局面。另一方面，国际公司的进入，并未给本土广告代理公司带来从技术到人才的全面更新，中国传媒大学广告主研究所连续六年的广告生态调查结果显示，在企业、媒体和广告公司的三方关系中，无论是市场信心还是产业主导作用，广告公司的地位一直处于广告市场的最底层，随着大国化进程的不断加速，广告代理公司的影响力和主导地位却在日益降低。

（四）本土学者对广告代理业转型的研究

针对这种现状，本土学者更多地将视点集中在产业结构转型上，提出了很多对于广告业发展的思考和焦虑。有观点认为"低集中度与泛专业化正成为中国广告产业的两大核心问题"（张金海，2008）；也有学者将我国广告行业的整体发展瓶颈归结为"本土广告公司单位多、规模小、效益差、专业水平低的结构性问题"（程士安，2007）；更有学者将这些问题总结为广告产业的结构性焦虑，认为"结构性焦虑归根结底还是由于中国广告产业的结构问题所导致的内部不平衡和紊乱"（陈刚，2007）。

对于广告产业的转型路径，有学者强调产业的规模化发展，指出"本土广告业集团化成为我国广告业未来发展的必由之路"（陈培爱，2007）；"集约

 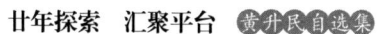

与整合的目的是顺应广告业的未来发展趋势，同时，赢得规模效应也是战略扩张的重要目的"（程士安，2007）；"解决广告公司的低集中度和缺乏规模效应问题的根本途径就是资本运作"，"要实现高速度、超常规发展，需要大资本的介入，进行资本运作"（张金海，2008）。

同时，也有学者注重产业创新升级和核心竞争力提升，认为"中国广告业面临两个转型：一个是市场升级的转型，一个是全球化广告服务模式的转型"（陈刚，2007）；"广告产业转型的实现途径是广告公司价值链的集聚和张大"，"广告产业应当直接进入企业的决策层面真正参与企业决策，进而提升整个广告产业的核心竞争力"（廖秉宜，2009）。

上文列举的学术观点，虽然视角各异，但都表现出了近年广告学术界的焦虑和担忧。这些观点以总结表象问题为主，或聚焦一点，或择要而谈，单独来看，每个观点都具有一定的合理性和导向作用，但如果从产业层面来审视，我们还需要结合大国化进程的时代背景，进一步挖掘广告代理业纠结的深层次根源。

（五）关于广告代理业纠结根源的思考

笔者认为，现阶段中国广告代理业的纠结，本质上是外在的大国化背景与广告产业内生矛盾对撞的产物，应该从四个层面去分析和理解。

从外在背景角度来看，广告活动的舞台，存在着"大国"和"小国"的纠结。中国整体的宏观经济规模和国民生产总值已经步入了世界前列，是当之无愧的大国，但是我们的人均消费水平、基础设施和人均资源占有量水平并不高。因此，"强而不富"是现阶段中国经济的主要特征。广告信息直接服务于终端的消费市场，在很大程度上受到宏观经济的规模化与人均消费能力增长滞后矛盾的制约，从而面临"大舞台，小角色"的尴尬。

从广告产业内生矛盾分析，当前困扰广告代理业的有三个主要矛盾和纠结。

其一，从广告代理公司的传播工具来看，存在着新旧媒体之间的纠结。媒体是广告公司的重要工具，当前，广告公司熟悉的传统媒体处于分崩离析的状态，依靠传统媒体，已经难以获得有效的传播效果。而新兴媒体的变化则日新月异，其功能、业务、特点都与传统媒体大相径庭，习惯于使用传统媒体的广告公司在短时间内还未能掌握新的媒体工具，导致了广告公司面临缺乏有效工具来完成传播任务的尴尬。

其二，从广告代理公司把握需求的方法来看，存在着定量和定性之间的纠结。方法决定了广告公司对受众需求把握的准确性。传统上，广告公司可以通过对消费者数据的收集、分析等定量方法准确把握市场，建立科学的信息系统。然而，随着数据采集系统的崩溃，传统的定量方法难以为继，而以全方位营销为代表的定性方法由于成本、操作等问题很难大规模使用，造成了广告公司缺乏科学的方法来准确把握消费需求。

其三，广告代理公司对市场的判断存在分和聚的纠结。一方面，从分化到碎片，市场的破碎化程度在不断加剧，对市场规律和潮流的把握似乎越来越难；另一方面，中国市场具有"分聚共时"的特点，分化的同时，市场的重聚也在进行，广告公司面临着如何在迅速分化、迅速聚合的过程中，把握新的群体特征、实现有效沟通的崭新课题。

上述矛盾在大国化背景中不断对撞，加剧了广告产业内容成长逻辑与中国大国化进程的不协调，带来了诸如广告产业结构发展失衡，本土广告公司专业化、规模化程度较低等引发学术界焦虑的表象问题。从深层次上来看，中国广告业纠结的核心是广告代理公司在知识体系、操作系统和自身角色定位等方面出现的偏差。由于无法准确地把握消费需求，广告信息配合需求、适应需求、创造需求的功能就无法实现，广告代理公司的发展面临瓶颈。长远来看，由此形成的恶性循环势必导致广告代理业核心竞争力的不断弱化。

四、大国化背景下广告代理业的转型思考

中国广告业的纠结来自需求把握不清导致的信息加工环节失效。与国际广告业相比，中国广告业的转型，要面对大国化带来的矛盾，需要思考、面

 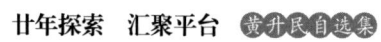

对的问题非常复杂。其中，既有传统向现代的转型、低级向高级的转型；也有对内和对外的转型、功能和文化的转型。因此，中国广告转型所产生的震荡也将比国际市场剧烈。广告转型，就是要探索有效解决这些矛盾的路径。具体而言，应当结合大国化进程带来的环境变迁，完成三个关键体系的构建。

（一）构建新的营销体系

如前文所述，营销体系是广告业的专业技能和导航系统，直接决定了广告公司准确把握需求的能力。在大国化的背景下，应对复杂的市场环境，重新建立科学的营销体系，准确把握消费需求，是广告业更新专业技术、实现产业转型的关键环节。构建新营销体系的核心在于确立科学的受众研究方法，掌握行之有效的市场调查手段。要实现这一目标，需要着眼于当前消费者生活方式的变化，进行深入思考。

1. 人人皆上网

今天，网络已经全面覆盖了我们的生活空间，无论是以互联网为核心的虚拟网络，抑或以广电网、通信网为代表的物理网络，都为我们提供了新的信息处理方式。无论身处何方，我们都可以通过与这些网络连通的终端设备完成信息交换。所以，除了实际居住的房屋、行走的街道等物理空间之外，我们每个人都生活在由网络创造的虚拟空间之中。

传统媒体时代，人们接触电视、广播和报刊的时段较为固定，其余时间基本与媒体隔绝。随着网络全面进入我们的生活空间，我们的生活时段不可避免地完全被媒体切分。一方面，以网络为基础，衍生出的手机、电脑、数字电视等多种媒体形态，塑造了无缝衔接的信息生活，我们无时无刻不进行着信息交换和沟通；另一方面，原本未被媒体覆盖的空白时段完全被填补，手机成为每天陪伴我们十个小时以上的个人信息终端，数字电视搭建了面向家庭的多功能信息平台，而互联网、户外电视等社区媒体的数字化已经提供了城市信息平台的雏形。

未来，"云计算"带来的信息服务，物联网塑造的"智慧地球"，将进一步加剧信息无处不在的状况，未来将没有人能够生活在网络之外。可以预见，由于流动性加强而崩溃的社会板块，将在网络中实现重构，在传统调查方法中我们失落的信息将被网络重新捕获。只要与网络有联系，受众的数据就全部储存在网络数据库之中。

2. 受众透明化

随着媒体功能的日益丰富，受众研究的方法也发生着深刻变化。新兴媒体环境中，媒体智能化程度不断提高，可寻址技术的出现和广泛应用，使得对受众行为的持续性分析变得简单易行，基于搜索引擎关键词、注册信息、邮件内容等信息的精准定位，所有网络受众的行为都变得可追踪、可描述、可掌握，受众将会变得越来越透明。互联网领域，Google 将用户行为特征定位技术广泛应用于实践，开展了从搜索引擎关键词到邮件内容的关联分析和持续监测，由此描述用户的消费偏好，进行有针对性的广告投放。

由此可见，新的媒体技术为我们提供了行之有效的受众研究方法，一些活跃的新媒体广告公司依托技术优势，已经开始了这些技术的实践应用。广告代理公司的转型，就是要尽快学习、熟悉、使用这些方法，完成自身知识结构的更新和升级。

3. "三位一体"的海量数据库

传统广告信息系统依托的数据库，主要以抽样调查的样本库为主。这种方法适用于社会流动性不强，受众的媒体使用行为较为简单的环境，已经不能适应当前社会板块破碎，受众行为分化的状况。网络的出现，为海量样本、海量信息的监测提供了可能。

近年来，基于网络媒体，进行海量样本的海量资讯管理，可以被看作广告业新营销体系构建的一种尝试。这种方式的核心在于以家庭信息平台、个人信息平台和城市信息平台重新建构服务终端，建立"三位一体"的海量数据库，管理、描述消费群体，进而利用数字传播技术来描述和掌握消费需求，开展数据库营销。

随着媒体技术的发展和应用，互联网、手机、数字电视的海量数据库已经初步建立。对于广告代理业而言，未来广告公司接近、打通、利用这些数据库，进而针对营销需求，建立属于自己的消费者数据库，将是重新构建广告营销体系的核心。

（二）统合新的传播系统

在中国广告三十年的发展历程中，广告活动主要围绕着传统媒体开展，长期以来，四大媒体就是广告的信息载体。频率、频道、版面等媒体资源的价值就是广告的定价方式。媒体覆盖的广度就是广告资源质量和广告传播效果的评价标准。

然而，互联网、数字电视、手机等新媒体形态的井喷式发展，大大拓展了媒体这一概念的内涵和外延。以四大媒体为主的媒体环境被打破，"大媒体"格局开始成形。对于广告而言，需要关注以下三个关键动向。

1. 广告资源的海量化趋势

媒体资源的外延决定着广告资源的边界。在传统媒体环境中，媒体资源是由传输技术决定的，电波媒体的频率、频道，印刷媒体的版面、位置都是不可分享的独占资源，广告只能在这些资源中选择自身的发布空间。

在"大媒体"格局中，媒体渠道大大拓展，传统媒体资源带来的限制被轻松突破。以手机报为例，传统报纸的日发行量极限约为 500 万份，而中国移动 2009 年中期业绩显示其手机报付费用户规模已达到 4524 万人，增长率高达 12.4%。从我国互联网媒体的内容情况来看，目前各类网站总数已经超过 323 万个[①]，形成了各种各样的互联网应用，如网络音乐、网络新闻、搜索引擎、即时通信、网络游戏、网络视频、博客、电子邮件、社交网络、网络文学、论坛及 BBS、网络购物、网上银行、网上支付、网络炒股、旅行预订等。

传播渠道的扩展，搭建了多元化的受众沟通渠道，广告可选择的信息载具趋于丰富。传统媒体资源贬值，广告效果和广告资源价值的评估标准面临进一步调整。

---

① 中华人民共和国工业和信息化部. 2009 年中国互联网产业数据 [R]. 北京：工信部，2010.

2. 三网融合

"融合"是近年来媒体领域发展的关键词，网络融合、业务融合、终端融合等主题都是当前学术界热议的话题。其中，网络融合是媒体融合的基础，从 2010 年开始，中国三网融合进程全面加速，带来了媒体产业格局的重构。对于广告业而言，这种重构的意义在于平台化的传播方式和新的广告分类标准。

传统的广告分类标准是媒体形态。例如，基于电波媒体的电视广告、广播广告以及基于印刷媒体的报刊广告。三网融合带来的平台化传播渠道，将模糊传统的媒体形态分类，未来受众将成为广告活动的分类标准。根据目标受众的不同，个人信息平台、家庭信息平台和城市信息平台将分别承担不同的广告信息流，与目标人群进行沟通，所有的媒体形态，都将根据传播需要进行统一选择和应用。三网融合后，以信息平台为标准的广告投放行为将成为主流。

3. 崭新的媒体业务系统布局

新媒体业务体系的构建正在逐步成形，以互联网领域为例，网络视频市场规模已达 13.2 亿元[①]、网络游戏市场超过 271 亿元[②]，而网络购物市场激增至 2483.5 亿元[③]。值得注意的是，这些处于上升期的业务体系经过与广告顺畅对接，形成了 NGA 广告、电子商务广告、视频嵌入广告等崭新的广告形态，共同构成了当前 200 亿元规模的网络广告市场。

媒体新业务系统布局，为广告的产品体系拓展提供了空间。从数字电视和互联网等新媒体的发展历程来看，新业务和新广告形态的伴生关系非常显著，而现阶段，新媒体领域的业务体系还处于全面构建期，随着构建的不断深入，广告产品形态也将不断趋于丰富。

4. 如何统合传播体系

在传统媒体环境中，广告的传播系统非常简单，可以概括为"高传播效

---

① 艾瑞咨询. 2008—2009 年中国网络视频行业发展报告 [R]. 艾瑞咨询，2009.
② 艾瑞咨询. 2009—2010 年中国网络游戏行业发展报告 [R]. 艾瑞咨询，2010.
③ 艾瑞咨询. 2009—2010 年中国网络游戏行业发展报告 [R]. 艾瑞咨询，2010.

率+低传播成本"。即关注媒体的传播广度，采取一次投放，在一段时间内持续传播的方式。

在"大媒体"格局中，数字传播技术赋予传播者精准控制信息流向的能力。广告主可以完成与个体、家庭、城市等不同受众群体的信息沟通。因此，广告的传播能力得到了提升，广告主可以根据自身需要，选择传播渠道，完成营销目的。从这一层面上来看，广告的传播成本将趋于可控，广告传播的范围逐渐缩小。

未来的广告活动，将面临一个混合的传播体系。在这一体系中，我们既不能忽略传统媒体的存在和优势，也不能忽视新媒体带来的新的信息处理方式。如何统合这种"混媒"的传播体系，达到传播的最优化，是中国广告业需要解决的问题。

在可以预见的未来，传统大面积铺开的传播方式还会继续存在，而基于新媒体平台的各种探索，为广告增加了很多补充性的传播方式，广告传播将日趋"立体化"。多媒体、多渠道的信息传递，带来的另一个变化就是受众的信息统合管理，即以受众为核心来统合各种媒体资源，使各种信息来源最终发生在一个受众身上。这种统合的结果将集中表现在内容上、传输网络上和接收终端上。

（三）再造新的文化体系

"通过广告，可以发现一个国家的理想"，文化体系是广告创意和表现手法的支撑与依托。大国化进程带来的"大国文化"，将在很大程度上更新中国文化的内涵，进而带来广告文化体系的变化。

1. 大国化中的文化重塑

首先，大国化需要在全社会范围内形成新的国家认同，即中国的大国化进程，是从一个落后、贫穷的人口大国向一个强大、富庶的世界强国迈进的过程。改革开放以来，以海外流行趋势为标准建立的时尚观念、消费观念面临重塑。中国自有的市场潮流和使用需求将逐渐占据主流。

其次，大国化需要建立新的文化纽带。在文化系统中，具有代表意义的文化符号发挥着纽带作用。例如，孔子、功夫、瓷器等都是中国文化的象征。世界各地的中国人都会认同这些文化符号，并以此为纽带形成文化归属感。在大国化进程中，传统的文化符号已经不能够完全代表今天的中国主体文化，新的文化纽带亟须建立。

最后，大国化呼唤新的国家形象。国家形象代表了个人、家庭和国家等不同群体形成的文化认同，包含着在世界观、自然观等方面的思想共性。在大国化进程中，如何概括中国的国家形象是大国文化体系建构的关键问题。

2. 广告创意趋势的变迁

创意是广告作品的核心。关于大国文化带来的广告创意变迁，最初，中国元素是作为设计元素出现的，包含着一定程度的猎奇色彩，然而，近年来广告作品的创意趋势显示，中国元素的地位已经从单纯的设计元素上升为背景元素，成为广告设计中必须考虑的环境因素。中国元素的来源是具有中国特色的审美。中国元素进入创意空间表明广告人注意到老百姓的审美意识与销售量的关系。

然而，现阶段的广告创意对于中国元素的使用还仅局限于中华文化的符号和表征，例如可口可乐广告中的"青花瓷可乐罐"、百威啤酒中的"万里长城"，都选取了传统文化的标志性符号，而对于大国化进程中藏于民间、富有时代气息的"草根化"中国元素挖掘甚少。而这些元素，也许更能贴近民间的审美兴趣，更能激发百姓的心理认同。

3. 如何再造文化体系

广告创意需要以完整的主体文化为依托，如果主体文化支离破碎，广告创意也会表现得支离破碎。同理，社会价值观念的支离破碎，也必然导致广告表现的失焦和散漫。

在大国化进程中，大国的文化符号、国家精神都将在广告创意中有所体现，从国家形象的角度而言，中国从落后挨打的国家发展为屹立于世界的强国，广告也应当体现出中华民族对于集体主义的重新认知。

现阶段的中国文化，正在经历文化主体的重塑。大国的文化符号、文化纽带和国家形象，都需要在这一过程中完成重塑，这一过程将是复杂而漫长的。在重塑完成之前，广告创意将有很长时间处于混沌状态。

总之，大国化进程，为广告业带来了新的时代命题，从大国经济催生出的大企业、大市场环境、大国文化影响下的创意新思想，到技术革新驱动下的大媒体格局，中国广告代理业迎来了新的发展机遇和空间。然而，前途光明、道路荆棘，广告产业定位、营销体系调整、传播体系统合、文化体系再造等大国化带来的烦恼也不可回避地摆在中国广告人面前。正视这些问题，解决这些纠结，推动广告业的深刻转型，将是广告业下一个三十年需要面对的宏大课题。

三网融合下的"全媒体营销"建构[*]

2010年,我国"三网融合"战略正式启动并迅速成为全社会热议的话题。无论是传媒学界还是实务界都无法回避这个发展趋势及其带来的影响。关于三网融合的走势,我们于2009年曾经最早提及"平台竞争与3+1"[①]的可能,2010年4月又提出了关于"媒·信业态"[②]的构想。随着三网融合的不断加深、加快,融合后的商业模式构建也被提到议事日程之上。由此,本文将讨论与之相关的三个议题:

第一,建立在"3+1"基础之上的三网融合最可能的走势应该是"融而不合"而非三网合一的局面,基础网络的"分治"和业务层面的"融合"可能会成为持续相当一段时间的一种常态。第二,在这个常态之下,融合的力量将怎样突破,融合会频繁发生在哪个层面,谁是推动融合的主导力量?第三,面对"融而不合"的局面,广告、媒体等运营方新的商业模式应该如何建构?

一、"融而不合"局面的形成

(一)国际三网融合的发展模式

从国际上网络融合发展的历程来看,美国应该是起步最早的国家。在美

---

* 本文原载于《现代传播(中国传媒大学学报)》2011年第2期,与刘珊合作,收入本书时有改动。
① 黄升民,谷虹.数字媒体时代的平台建构与竞争[J].现代传播(中国传媒大学学报),2009(5):20-27.
② 黄升民.三网融合:构建中国式"媒·信产业"新业态[J].现代传播(中国传媒大学学报),2010(4):1-4.

国联邦通信委员会（FCC）的多番努力和主导之下，1996年电信法出台，从而彻底打破了美国信息产业混业经营的限制，正式掀开了美国三网融合的大幕。2003年，英国成立新的通信业管理机构Ofcom，融合了原有电信、电视、广播、无线通信等多个管理机构的职能，极大地促进了网络融合的产业发展。加拿大也已经建立了融合的管制机构CRTC，对融合业务进行管理。日本、法国等国家的网络融合也多半从法律、机构等方面入手，推动产业之间的融合发展。从多国经验来看，如果有统一的制度管理的监管机构的话，三网融合在产业层面的实际推动会更易进行，但是这对于中国来说却是较难借鉴与实施的。

（二）"3+1"的不融局面

1. 从争议、搁置到重提三网融合

中国的三网融合发展历史需要追溯到20世纪末。1998年3月，以原体改委体改所副所长、时任粤海企业集团经济顾问王小强博士为首的"经济文化研究中心电信产业课题组"，公布《中国电讯产业的发展战略》研究报告，随后展开了"三网合一"还是"三网融合"的大辩论。隔年9月，国办第82号文出台，明令禁止广电与电信行业之间的业务互营，三网融合的议题由此被搁置。2001年3月15日，"十五"计划纲要第一次明确提出"三网融合"的议题，在此之后，通信行业进行了较大规模的重组和发展，广电行业也在积极进行网络的升级改造与数字化转型。2010年1月13日，国务院总理温家宝主持召开国务院常务会议，决定加快推进电信网、广播电视网和互联网三网融合，三网融合被提到了前所未有的高度，并且拥有了明确的时间表和路线图。2010年6月，三网融合试点方案出台，12个城市被纳入试点规划中并就此展开实践。也因此，2010年被称为三网融合的启动元年。

2. 三网融合在制度与管理层面遇阻

虽然三网融合在政策层面获得了一定的保障和有利的推动条件，但是在具体实践和操作上仍然遭遇了较大的困难，而最大的阻力在于"如何融合"，"谁来融合谁"。也就是说，我国的三网融合缺乏统一的主管机构和统一的运

营主体。

我国对于三网融合的定义是电信网、广播电视网、互联网在向宽带通信网、数字电视网、下一代互联网演进过程中，其技术功能趋于一致，业务范围趋于相同、网络互联互通、资源共享，能为用户提供语音、数据和广播电视等多种服务。从技术和业务上看融合已经成为现实，然而三大运营主体想要实现融合却是阻力重重。广电、通信以及互联网三大行业已经形成了各自的产业链和运营模式，广电代表着媒体与内容，通信代表着网络与渠道，两大行业的管理方式、政策法规、资源范围均存在着极大的差异，"融合"对于这两大行业来说显得尤为不现实。

3. 三条理想化道路均无法实现

那么，根据三网融合的定义和构想，结合我国的实际国情，大致有三条道路是较为理想地实现三网融合的方式。第一条道路是根据各个行业的主营业务进行资源的分拆、合并，即广电主要负责内容生产、监管与提供，通信行业主要负责网络建设和渠道改造，剥除广电行业的网络业务，并划归至通信行业。十年前我国就曾经尝试过这条道路，但以失败告终。因此，这条道路并不可行。第二条道路是进一步推动通信行业的媒体化转型，然而一旦要进入媒体领域的话，通信行业就需要从现在的工信部管理中剥离出来，划归国家广播电影电视总局管理，与现有广电媒体行业接受同样的管控，这显然也充满了阻力。第三条道路是借鉴国外经验，成立一个责权统一的机构，对三网融合进行全权管理，同时管辖通信、广电和互联网三大行业。但是在我国目前的社会发展中，稳定是最为基本和重要的诉求，因此，这种大的变革举措很难实行，第三条道路无法实现。

当这三条道路都由于各种原因无法实现之时，我国的三网融合才产生了"3+1"的发展局面，三网融合不是三网合一，也不是网络的相互替代，而是演变成在每个网络上都能开展多种业务。"融而不合"的局面就此诞生。

4. 广电行业在三网融合中暂获优势

从2010年6月6日国家三网融合工作协调小组会议通过的三网融合试点方案第六稿内容来看，IPTV集成播控平台的建设管理将由广电负责，电信部门负责传输，同时国家广播电影电视总局下属单位有权开展有线互联网、IP电话等业务。而电信前几稿试点方案中坚持要求获得"集成播控权"的想法，仍未获得明确肯定。这其实与我国对于三网融合要实现传输内容和网络的安全可靠，可管可控的目标是较为一致的。在一定程度上而言，现阶段广电行业暂时取得了三网融合发展中的政策优势，通信行业略处下风。

在"融而不合"的基本局面之下，几大力量的博弈不可避免地展开，基础网络的"分治"和业务层面的"融合"会成为持续相当一段时间的一种常态。

二、终端对于融合的推动与影响

前文提到"融而不合"局面的形成，但事实上我们也能够感受到融合实际的发生，各种手机媒体业务、移动业务、数字电视业务、IPTV业务、互联网电视业务等其实都是业务层面的融合，而智能手机、电子阅读器、平板电脑等终端也正是融合业务的重要承载和表现。媒体发生作用的几个重要环节包括内容、渠道（网络）、终端和受众。虽然融合是大势所趋，但是在我国的实际情况下，广电与通信行业博弈的直接后果就是融合在内容和网络两个层面都无法发生。于是，媒体发展要求融合的这股内在力量最终在管控还相对宽松的终端领域爆发出来。这也是本文的第二个观点：在三网融合成为"融而不合"的局面时，终端其实是推动着三网融合在业务层面的实践和进一步发展的重要力量。

（一）混媒终端成为融合的重要承载

所谓混媒终端，是指较为智能的，能够同时承载多种类型媒体业务的媒体介质。目前较为典型的混媒终端主要包括以 iPhone、黑莓、Android、诺基亚等为代表的智能手机，以 iPad 为代表的平板电脑，以 Kindle 为代表的电子阅读器，以谷歌 TV 为代表的互联网电视机以及数字电视产业中的双向互动机顶盒、一体机等。这类终端的出现使得受众可以通过单一终端完成多项媒体业务的接触和使用，并且被随时随地地连接在网络之上。视频播放、图文资讯阅读、移动互联网接入等多种业务在混媒终端之上的整合颠覆了原有单一媒体介质的承载能力和表现形式。也正因此，混媒终端充分地体现了三网融合发展对于未来媒体业务双向互动、多元整合的规划和目标。

一方面，媒体业务的融合在混媒终端上是最为直接的体现；另一方面，这种终端由于日益获得消费者的青睐，并且逐渐加深了对于受众的控制，因而开始改变整个营销传播环境，改变了媒体内容生产和商业模式，从而进一步推动三网融合的发展。

（二）混媒终端对于三网融合发展的推动

三网融合改变的是内容的生产、集成方式，改变了网络传输和内容传输方式，也会改变受众的信息接触、媒体使用方式。而混媒终端对三网融合在这几个方面都有极大的推动作用，并且最终促进产生了新型商业模式建构的需求。

1. 混媒终端对于营销传播环境的巨大改变

在三网融合的大背景下，混媒终端的出现和发展进一步加速了营销传播环境的改变。施拉姆在其《传播学概论》中对于传播的双向性做过很详细的论述，也对大众传媒在传播中的功能做过界定："大众媒介既是了不起的信息增值者，也是信息的很长的输送管……还成了信息所走的道路上权力很大的把关人……能很快增值和被极其广泛地利用，以至使控制和扩散信息的能力出现了量变，聚集了人们的注意力。"[①] 然而，混媒终端所强调的个性化、互动性和对于受众主动性的极大鼓励促使媒体碎片化和受众的碎片化同时发生，大众媒介无法再像以往那样轻松地聚集人们的注意力，低成本的大面积覆盖无法再通过传统的营销传播方式来实现；传播的双向性特质也日益明显，受众开始利用手中的终端成为信息、内容的生产者，"人人媒体、处处传播"的局面出现。

---

① 施拉姆，波特. 传播学概论 [M]. 陈亮，周立方，李启，译. 北京：新华出版社，1984：17.

SNS社区、微博的诞生，iPhone以及iPad等移动多媒体终端的出现，终端媒体业务的不断丰富都在持续提升受众的传播主动性和积极性。他们能够更主动地使用传播工具进行信息的交换和索取，也能够更明确地表达自身的需求，更加及时地进行信息反馈，并且在传播与信息中形成了社区的概念，混媒终端完成了传统营销传播向着三网融合之后新型营销传播环境的转变和转型。

2. 混媒终端对于内容生产、集成方式的改变

混媒终端在改变传播环境的同时，对于内容生产、集成等方面的影响也日益明显。三网融合将会带来一个受众实时在线，固定网络与移动网络相结合的时代。而目前的混媒终端已经实现了将受众连接在物理网和虚拟网之上，让他们无法离开新型的传播，让他们因为终端的便利性和便捷性而产生极大的依赖。

传统媒体运营方直接接触受众是非常困难的，而现在的终端却能够轻松地接触受众，因此媒体也开始朝终端靠拢，开始适应终端对于内容的需求，适应传播的新特性。例如，苹果开始向媒体合作方定制特殊内容，在内容集成上也更加注重受众自制内容的使用等。在用户内容提供上也更加注重对于用户选择权的尊重，对其个性化的满足等，这正是三网融合发展所规划的重要特征。

而当内容生产、集成和提供、表现形式都发生变化之时，新的商业模式建构的需要也就日益明显了。

（三）融合迫使原有的营销、广告模式转型

在菲利普·科特勒的《营销管理》一书中，营销被定义为包括分析、计划、执行和控制的战略管理过程，是透过交换过程满足消费者需要和欲求的活动，强调营销资讯系统在营销管理中的重要性。而作为营销传播的重要环节，广告活动承载着传递并控制信息，说服消费者，诱发消费者潜在需求等多项任务。广告之所以被称为科学的营销手段，乃是因为它能够控制信息，捕捉到用户的需求，同时也能够低成本、大规模地科学实施。

但是，正如上文所述，由于融合趋势带来的混媒终端已经改变了传播、

营销与广告的环境，这一结果从三个方面导致了传统营销与广告的失灵。第一，在碎片化的媒体和受众环境中，传统的广告营销方式无法再利用大众媒介低成本地覆盖尽可能多的受众，也就无法完成有效的信息传递任务；第二，传统的广告与营销将大样本的受众调查作为重点，这是一种较为单纯的量化研究方式，但是目前的传播环境以及受众变化使得关注内心"洞察"的方式更加受欢迎，但这种研究手段包含很多的经验性和主观性因而无法实现大规模的复制；第三，因为无法再利用传统的方法和渠道来获取受众信息、了解受众的需求，所以也就无法再作出正确的市场预判，传统的营销与广告在混媒终端的冲击下失去了原有的价值，三网融合的发展亟待新型商业模式的建立。

三、三网融合环境下的全媒体营销

（一）对于全媒体概念的研究与实践

正是因为上文所述种种现实和原因，对于新的营销方法的构建、商业模式的建立，学界与业界都在不断探索。在这种探索之中，双方都不约而同地注意到了目前三网融合带来的全媒体环境，也就是本文之前所述的混媒终端给传播和媒体带来的极大改变。这个特殊的环境，我们称之为全媒体。"全媒体"这一概念最初来自业界，尔后学界也开始归纳和总结，试图建立起一个较为完整的理论体系。但是目前来看，这种探索和尝试都还没有与实际的营销方法相结合，因此在商业模式建立的实践和指导上还存在一定的空白。

1. 业界的全媒体探索

我国全媒体概念的提出和探索，最先来自报刊行业。其中，烟台日报传媒集团 2008 年开始在全国率先实施全媒体战略，组建全媒体新闻中心，通过建立完善的多种媒体形态的组合，形成崭新的"全媒体框架"，再造内容生产流程，按媒体内在传播规律制作和发布产品，以求实现从"营销报纸"到"营销内容"的转变，在全国报界引起了强烈反响。烟台传统报业要想扭转新媒体不断冲击的被动局面，就要有新的考量。烟台日报传媒集团的总编辑郑强在接受记者采访时曾就全媒体概念的提出做过这样的解释:"就如今信息技术日益全球化、社会化的现实背景来看,传统报业不可能与新的媒体形态、技术手段、传播渠道等'势不两立',必须融入其中,否则,就会与时代相逆。而要实现'融入',纸质媒体内部传统的生产方式、运行方式、传播方式首先需要实现自我转型,从传统报业独立作战向各种新旧媒体整合运营转变,进入以互联网为中心进行整合传播、整合营销的新的媒体时代。鉴于此,我们提出了'全媒体'的概念。"事实上,烟台日报传媒集团的全媒体实践也确实在多种媒体渠道的使用和组建上作出了有益的尝试,将媒体触角延伸到报刊、网络等多种媒体领域之中(表1)。

表1 烟台日报传媒集团全媒体布局构成一览表

类型		名称	定位
传统报纸	日报	《烟台日报》	定位于机关、职场,致力于树立主流政经大报的品牌形象
	晚报	《烟台晚报》	平民化的家庭报纸
	晨报	《今晨6点》	年轻、时尚、前卫的都市报
	行业报	《华夏酒报》	中国酒业唯一经国家新闻出版总署批准、公开发行的酒业财经周报
杂志期刊		《37°女人》	以都市成熟女性为受众的情感杂志
		《优格》	定位中高端市场的新锐杂志
网络媒体		水母网	烟台地区第一新闻生活城市门户网站
		光速资讯网	城市公共视屏新媒体
		黄海数字出版网	黄海数字出版社的官方网站
		中国酒业新闻网	华夏酒报官方网站
数字报纸		移动报	手机报、iPhone 银钮、手机 SP 业务
		电子纸读物	电子纸报-E媒介、电子杂志
		数字报纸	旗下各个报纸的网络版
出版社		黄海数字出版社	图书出版、音像制品

"全媒体"即"omnimedia",源自美国一间名叫 Martha Stewart Living Omnimedia(玛莎·斯图尔特生活全媒体)的家政公司。这家成立于1999年的公司,拥有并管理包括杂志、书籍、报纸专栏、电视节目、广播节目、网

站在内的多种媒体,通过旗下的所谓"全媒体"传播自己的家政服务和产品。限于当时的科技水准,玛莎·斯图尔特生活全媒体公司的"全媒体"显然并不全,然而,这个具有超前意识的"omnimedia"却在无意中道破世界传媒业发展的玄机。

我们发现,业界敏锐地注意到了全媒体这样一个环境,也对这个环境之下的传播模式以及经营方式做了一些探索,但是目前业界的改变多数还处在对于多种媒体渠道的占有和使用上,是一种对于自身内容分发和传输的改变,更加强调传者。然而,营销却应该强调传者与受者的关系,正如全方位营销理论所言,应该建立起一种共创的价值平台。在这一点上,我国业界对于全媒体环境下的营销探索是有所欠缺的。

2. 学界的全媒体概念讨论

在学界中,对于全媒体这一概念的首次正式提出是 2009 年 7 月中国人民大学新闻学院彭兰教授的《媒介融合方向下的四个关键变革》[①]一文。彭兰在文中指出,全媒体是指一种业务运作的整体模式与策略,即运用所有媒体手段和平台来构建大的报道体系。她强调,从总体上看,全媒体不再是单落点、单形态、单平台的,而是在多平台上进行多落点、多形态的传播。报纸、广播、电视与网络是这个报道体系的共同组成部分。同年 11 月,南京政治学院军事新闻传播系的周洋则撰文表示,"全媒体"的概念来自传媒界的应用层面,是媒体走向融合后"跨媒介"的产物。

当然,我们也看到目前学界对于全媒体环境出现之后如何营销也尚未作出解释,讨论的更多是全媒体概念本身,这也正是本文要对全媒体环境下如何借鉴全方位营销的理念来进行新型营销方式建立和商业模式建构这一问题进行解答的原因。

(二)对全方位营销的重要借鉴

就在学界与业界纷纷为有效营销模式建立、各方新型商业模式建立而苦

---

① 彭兰. 媒介融合方向下的四个关键变革 [J]. 青年记者,2009(2):22-24.

恼的时候，我们将目光转向了海外的全方位营销。

1. 菲利普·科特勒全方位营销概念的提出

全方位营销（Holistic Marketing Concept）指企业针对个别客户的需求，整合企业的全面关系网络，通过掌握客户占有率、顾客忠诚度和客户终生价值来达到获利性的成长。全方位营销观念与传统营销观念最大的不同在于：其起点是个别客户的需求，重心是客户价值、企业的核心能力和合作网络，手段是资料库管理、可联结协力厂商的价值链，结果是通过掌握客户占有率、顾客忠诚度和客户终生价值来达到获利性的成长。

最初涉及这一概念的是菲利普·科特勒，他在《营销动向：利润、增长和更新的新方法》（中文版译为《科特勒营销新论》）一书中打破其创立、传播并给其带来国际声誉的经典范式，提出了营销的新范式，即"全方位营销"的动态概念。他认为，互联网、全球化和超竞争，正戏剧化地重塑市场并改变企业的运作方式，而目前的问题是营销没有跟上市场的步伐，所以，传统的营销方法需要被解构、重新定义、扩展，以反映这一现实情况。"……公司将创业资源的安排、供应链的管理和客户关系管理等信息能量整合在一起，以换取市场上的更大成功。"[1]这就需要利用互联网、企业内部网络和外部网络，组合成合作网络以取得发展，它将是全方位的，因为市场营销不再被看作是以各个部门为单位、不相往来的活动，它还必须成为"企业中供销链和合作网络的设计师"。市场营销必须成为商业活动的中心，它的重点必须在客户身上，"在一个产品泛滥而客户短缺的世界里，以客户为中心是成功的关键"[2]。

这一理论非常强调客户的重要性，全方位营销这个词被放在整合营销、企业内部营销、社会责任营销、关系营销的中间（图1）。虽说是全方位，但实际上各要素的相互联系和系统说明还不够清晰，具体如何整合应用也还存在较多问题。因此日本的小林保彦与嶋口充辉等人在这之后将这一概念做了进一步的深化和拓展，尤其嶋口充辉根据全方位营销的理念提出了"共创价值的平台"的理论，对信息、价值的创造以及整合利用的营销新方法做了补充。

---

① 科特勒.科特勒营销新论［M］.高登第，译.北京：中信出版社，2002.
② 科特勒.科特勒营销新论［M］.高登第，译.北京：中信出版社，2002.

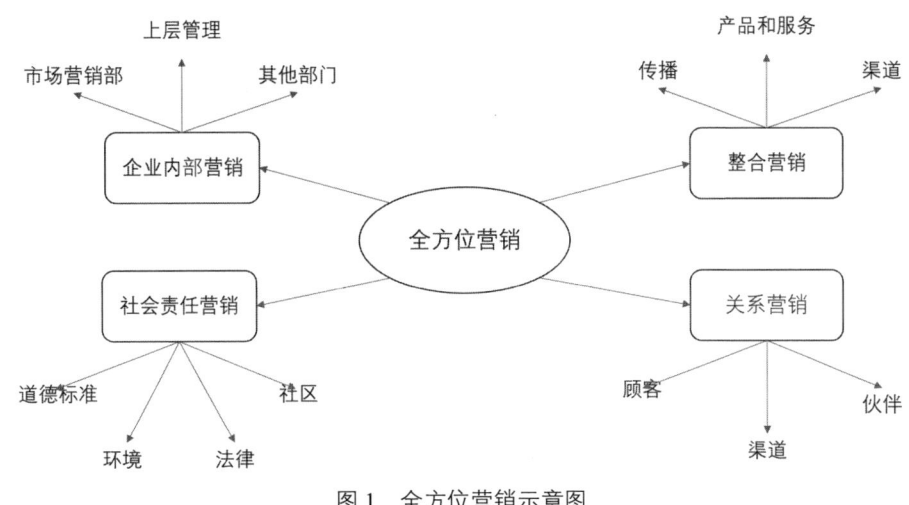

图 1　全方位营销示意图

来源：《营销管理（第 12 版）》（科特勒&凯勒，2006）

2. 嶋口充辉"共创价值的平台"理论

在嶋口充辉的《全方位营销的开展：面向 IMC 的发展》一文中，全方位营销被定义为："组织以顾客为中心，从整个公司的长期视点出发，有机、整合性地展开市场营销活动的过程或是思考方法。"[①] 在嶋口充辉的理论范式中，全方位营销的根本要点是建造一个"共创价值的平台"，即在数字化时代，企业要将顾客放在一个对等的层面上，作为价值持有者来对待，企业以探索价值为目的进行市场调查，运用 4P 来发现价值、创造价值。然而，交换存在一个前提，那就是卖方要理解买方的需求。但是，现实生活中消费者行为越来越复杂，意识也愈加高明，卖方难以发现买方的价值。也就是说，卖方明白买方的行为结构和消费心理、理解其需求的这一前提已经不存在了。

因此，嶋口充辉的理论也认为，要实施全方位营销，必须抛弃卖方能了解买方需求这一前提，向顾客推出所有的产品和服务价值，将顾客方产生的偶然性假说机制作为信息来获取，一边重新调整企业价值，一边将改良后的价值传达给买方，逐步创造出双方认同的"共创价值"。嶋口充辉是这样更详

---

① 嶋口充辉.全方位营销的开展：面向 IMC 的发展 [J].日本 AD·STUDIES, 2006.

细地论述共创价值的:"在建构卖方和买方关系的时候,首先要以卖方不能获取购买者需求为前提,向消费者推出以自身价值观或理念目的为基础的想法。这就是'营销活动的诱导'。推出之后,买方应该会有各种各样的反应,大多数都属于偶然性事件。巧妙地引入这些偶然反应,一边调整自身的想法,一边通过下一个活动进行引导,渐渐地达到卖方和买方都认同的相互愉快点。这个愉快点就是'共创价值',也可以叫作正当化价值、品牌价值。"(图2)

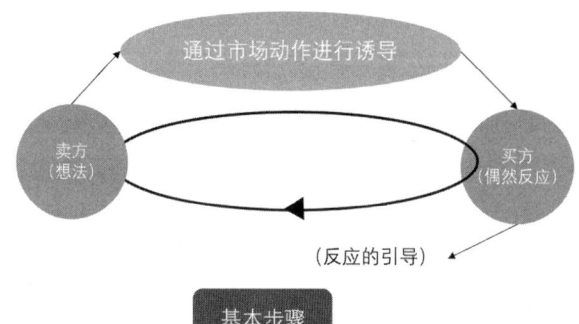

图2 被诱导的偶然性过程

其实,这种全方位营销理论的提出揭露的正是数字化、媒体融合时代受众信息的重要价值以及对于企业营销的重要性。在三网融合的背景下,要使广告和营销更加有效,就得建立一个能够与消费者共同交换信息、创造信息,从而了解受众内心需求,通过产品与服务来准确满足这种需求的平台。但是,全方位营销认为这种需求的了解和适应带有极大的偶然性,更多的是依靠"洞察"的方式来获得的,而且具有较多的偶然性因素,这也就意味着这种营销方式会带来较高的成本和经验性、主观性以及不确定性,难以大规模地复制和使用,而这就成为全方位营销模式的一个弊端。

于是,针对全媒体的环境现实以及学界、业界目前探索和讨论的一些不足，本文希望能够借鉴全方位营销之中的一些有效理论，重构全媒体营销的概念和理论支撑。

（三）全媒体营销的理论构建

三网融合带来的全媒体环境已经日益清晰，针对这种媒体环境，同时借鉴全方位营销的概念，本文提出了"全媒体营销"的新型营销模式。在传媒与广告圈内的各方应该以这样的营销范式为基本进行适合自身的、能够迎合三网融合发展要求的新型商业模式构建。

关于全媒体营销的概念，我们做了这样的界定：以三网融合的媒体网络和技术为基础建立起一个海量数据信息库对受众和消费者信息进行大规模的客观普查，再以网络社区的概念对受众进行信息反馈的主动引导和互动讨论，从而形成客观信息与主动反馈的有效结合。以这种结合作为基础的营销是为全媒体营销。而这一理论的构建，由以下两个非常重要的方面组成，一是理论基座，二是操作表现。

1. 全媒体营销的两大理论基座

（1）海量信息数据库

在三网融合的发展规划中，广电制定了 NGB 发展战略，互联网及通信行业则将沿着 NGN 的发展方向前进，两者相同的是将建立各自的网络平台和信息平台。虽然受众的碎片化成为事实，但是被业界忽略的另一个事实是，实时在线的受众在网络上被重新聚集起来，这个网络可能是以互联网为核心的虚拟网，也有可能是广电、通信所组成的物理网络。而受众在网络上的重聚带来的直接变化就是传统营销无法完成的海量信息数据库的建立。

海量信息数据库包含两个方面的重要内容。第一是用户人口信息数据的海量收集，由于数字电视、IPTV、互联网电视、手机等终端能够接触的是真实受众和家庭，因此也为传者搜集清晰、精确的用户数据提供了极大的可能。例如，有线数字电视利用广电安全、高速的宽带网络进入各个家庭，从而建立起一个完善而庞大的家庭信息数据库；而手机则通过通信网直接接触个人用户从而建立起一个精准定位的个人信息数据库。第二，在进行人口信息数据精确搜集的同时，这些终端还可以帮助传者详细、全面地监测终端使用者全天的使用行为，如数字电视可以从开机到结束持续监测家庭受众的电视收视、使用行为，互联网也同样可以实时监测用户的网络行为。在这方面，诸如百度和谷歌这样的搜索引擎的云计算、云搜索其实都是基于自身的庞大受众数据库来完成的。这就形成了一个巨大的受众信息数据库，并且这个库中的所有信息都可以实现真实寻址，可以与具体的受众身份相对应。

建立起这样的海量信息数据库之后，营销者完全可以根据受众的人口信息、行为特征来判断其基本需求和喜好，完成信息共创的第一个步骤。

（2）双向互动平台

要在全媒体的环境中实现营销的共创价值，另一个重要的基础就是双向互动平台的搭建。这一互动平台可以建立在许多媒体之上，例如互联网、手机、数字电视等，只要能够实现传者和受众之间的互动，使得双方可以在这个平台上进行对话，进行信息的交换，形成信息的共创即可。在这个平台上，传者可以向受众提问：是否喜欢这样的广告，对该产品及服务有怎样的看法，是否有意购买广告中的产品及服务等；受众可以利用在线、互动的混媒终端随时将内心需求与想法反馈给传者。同时，受众也可以向传者提问：我需要的这些产品或服务能否被提供，能够以怎样的方式来提供等。这就完成了一系列的供需双方的信息交流和互动，而传者获取了这样的信息之后即可实现按需生产。这也是全媒体营销与传统营销方式的根本区别之一，更是其在碎片化了的社会环境以及融合的大潮之下能够行之有效的重要基础。

2. "社区"是全媒体营销的重要承载形式

讨论完全媒体营销的两大基座之后，我们还需要了解这种营销方式的另一个重要特点，即"社区"的构建。"社区"可以分为广义社区与狭义社区，可以是地缘上的，也可以是概念上的，本文根据营销需求分为以下两种。

第一种是地缘集合社区。所有受众都不可避免地生活在大大小小的社区之中，形成了一定的生活圈。生活圈中的受众会有各种各样的消费需求，在社区之中会形成独特的供需信息交换。营销者需要从最基层的社区开始进入消费者的生活，从而全面地了解其需求，从物流、渠道等各个方面为满足这种需求做工作。

第二种是需求集合社区，这也更加接近互联网上常见的社区概念。受众在各种网络上主动或被动地根据各种指标对自身进行了分类，比如人际关系、兴趣爱好、消费品牌等，这些受众会就共同的话题展开各种讨论，其中当然包含了大量营销者所需要的信息。如果能够在前文所提及的双向互动平台之上主动或者引导性地构建社区，引起消费者的关注，引发相关性的讨论，那么，营销者就能够更加精准地圈定自身的目标消费人群，获取更多的反馈和需求信息。

以上是全媒体营销的理论基座和实践途径，可以帮助全媒体环境下的营销重新获得进行海量的、大样本近似普查的科学监测和行为分析的可能性，同时也通过互动平台的构建实现了低成本、可复制、大规模的消费者内心洞察。以此，定性与定量的市场研究得以结合，并且适应了整个三网融合发展下的技术与媒体、传播与受众特征。根据受众的基本信息进行市场预判，实时洞察消费者需求进而实现按需生产，再根据消费者的反馈进行及时的调整，一个新的消费营销环形链就形成了（图3）。

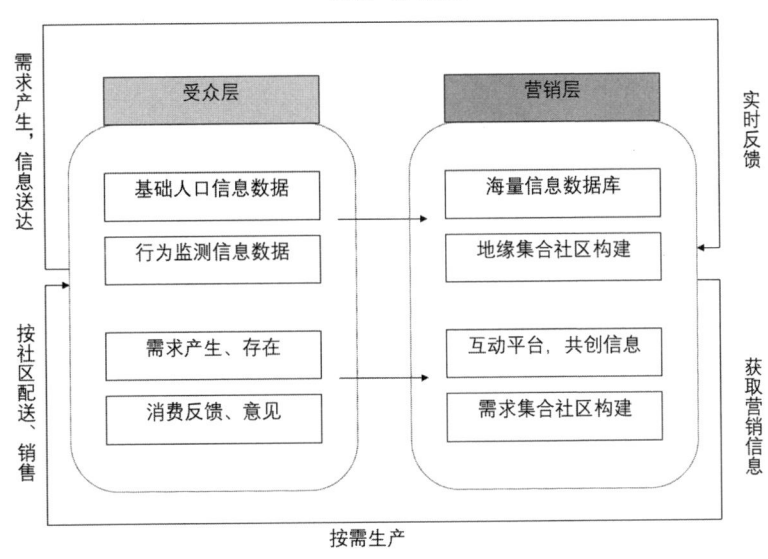

图3　全媒体营销链

（四）全媒体营销建构的实践

当然，以上关于全媒体营销的理论论述也是建立在一定的实践基础之上的。从笔者所在的研究团队实践来看，数字电视广告是目前最佳的全媒体营销案例。

1. 家庭信息平台的形成

所谓家庭信息平台，是指基于数字电视系统，以家庭用户信息数据库和数字内容库为基础的，为家庭用户提供各种信息服务，以满足家庭用户信息需求的系统，其核心是可控的实时互动的家庭信息的获取及处理。

这个平台可以实现三种形式的信息交流。第一是家庭与家庭通过平台构建者或者中介式的平台进行信息交流，从而实现信息共享，影响平台和媒体的议程设置，以公共舆论反信息控制。第二种是家庭与市场的交流，包括家庭与平台构建者之间的交流，如服务和业务等；家庭与企业营销者之间的交流。第三种是家庭与社会的交流，基于数字信息技术实现"以家庭为中心的社会生活"，如时间自由、在家办公和受教育等，类似功能在互联网上已经实现，而家庭信息平台可提供更便捷的方式。

因此，数字电视以机顶盒或者一体机作为终端，进入受众的家庭，记录和监测用户的基本信息与行为信息，同时起到一个信息交流平台的作用，也就是达到了传者与受者之间信息交流互换、价值共创的目的。

笔者在 2005 年前后初次提及家庭信息平台概念，此时也正是嶋口充辉提出"共创价值的平台"理论的时期，可以说这两个概念和理论是同时诞生的。数字电视的家庭信息平台概念解决了海量信息搜集和行为监测的问题，但是如何利用从受众那里获得的信息进行商业模式的建构，进行营销却是缺失的。而菲利普·科特勒的全方位营销理论以及嶋口充辉的"共创平台"正是这一方面的有益弥补。因此，我们借鉴这一理论，结合自身的探索实践，提出了适合于数字电视家庭信息平台的商业模式建构和广告经营方法，并与业界合作，开展了数字电视广告的营销实践。

2. 数字电视广告的营销实践

在最基础的广告资源拓展之外，从长远来看，数字电视广告更大的价值在于信息的无限拓展和服务平台的深化。当数字电视逐渐发展成家庭中的综合性、多媒体信息平台时，家庭信息平台上的广告经营将突破传统硬广的经营理念，向着全方位营销转变。

同时，家庭信息平台可以为家庭用户提供非常有针对性的信息服务，而不只是单向的大众广告投放，这时，就可以形成定向的面向家庭和社区的服务平台。在这个社区，用户可以方便地订购小区周边的各种餐饮，可以浏览美容美发信息，可以下载购物优惠券，可以浏览小区发布的公告，小区居民还可以相互交流，从而形成一个针对性非常强的电视服务社区。如此一来，那些无法在大众媒体上进行公告投放的社区小店，就有了一个高效的投放媒体，用户也有了一个方便快捷的生活服务平台，运营商也可以争取到更多的客户资源，实现社会效益和经济效益的双赢（图4）。杭州华数已经推出了"社区是我家"这一针对社区的服务平台，各个小区的居民都可以在里面看到自己小区的专属信息，虽然目前还是以公共信息服务的方式提供给用户，日后却完全可以在商业开发上进行一些探索。

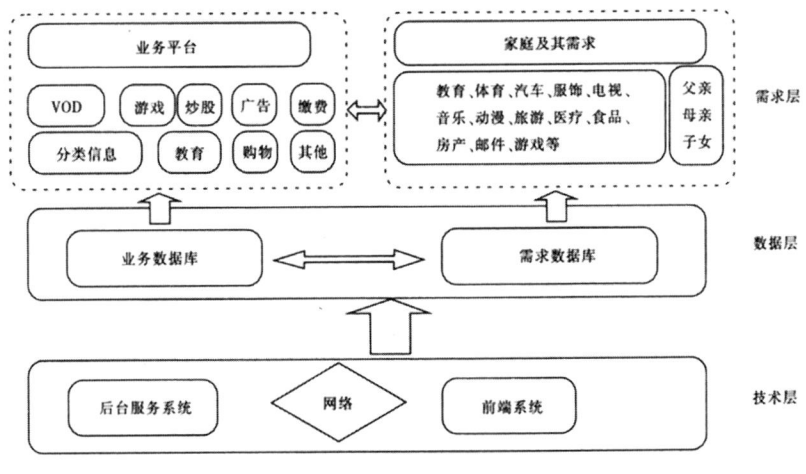

图 4　家庭信息平台的系统架构

有效的营销能够针对受众的需求提供相应的产品和服务，实现按需生产，而利用数字电视的信息平台整合用户所需要的各种信息之后，运营商就可以进行全面有效的营销拓展了。以房产类信息为例，运营商建立起房产服务平台之后，可以把后台开放给各房地产商、房产中介或广告公司，成为他们信息发布的平台。而随着平台价值的不断提升，市场对运营商经营房产信息有了更高的认可之后，运营商可以参与房产营销的更多环节，比如组织房展会、团购等。这些收入又可以反哺平台的建设，从而形成一个内容建设和运营良性循环的过程，在帮助企业进行精准营销的同时不断提升平台的价值。

结　语

本文针对当下的三网融合形势提出全媒体营销的理论架构和实践方向。

我们认为在将来 NGB 与 NGN 的规划之中，信息平台的构建和利用都将是非常重要的组成部分。信息平台的构建因为能够较为精准地获知受众的个人信息，监测受众的行为，因此能够进行客观的、科学的、大规模的操作，为三网融合下的全媒体营销提供了一个非常重要的数据与"硬件"基础。接下来的第二步是在这些信息平台上构建社区，主动设置议题，引导受众的讨论，从而实现信息以及需求的反馈，让营销者通过科学的手段获得其内心的主观诉求，同样形成信息数据库加以利用。客观的海量数据监测与观察，加上大量主观、及时、互动的需求反馈，共同增加了三网融合下全媒体营销实现并成功的可能性。

在这样的理念指导和体系构建下，营销可以重新实现科学化、大规模的信息搜捕与控制，同时也可以获得全方位的消费者信息反馈，这就是全媒体营销成功的关键。一个能够拉动受众参与从而解决需求信息不透明性的平台放在了广告主、媒体以及广告公司的面前。而在此基础上的营销终极目标是达到需求、产品、服务的和谐交换。

"大数据"背景下营销体系的解构与重构*

除了"物联网"和"云计算",IT业最近又出现了一个新名词——大数据(Big Data)。它在成为物联网和云计算的内在不可或缺的关键要素时,也影响着社会生活的方方面面。对于营销与广告来说,大数据扮演着重要的角色,一方面解构了传统的体系,另一方面又重构了全新的可能。

"营销管理是艺术与科学的结合——选择目标市场,并通过创造、交付和传播优质的顾客价值来获得顾客、挽留顾客和提升顾客的科学与艺术。"[②]其中,"科学"的部分有赖于数据搜集与分析和各种营销数据库的建立。可以说,数据的使用贯穿整个营销过程的始末,对于营销的效果起着至关重要的作用。本文将重点探讨大数据背景之下营销体系解构和重构的内在逻辑及形成趋势。

一、"大数据"时代的到来

(一)从"数据"到"知识"

最早提出"大数据"时代已经到来的机构是全球知名咨询公司麦肯锡。2011年,麦肯锡在题为《海量数据,创新、竞争和提高生成率的下一个新领域》的研究报告中指出,数据已经渗透到每一个行业和业务职能领域,逐渐

---

* 本文原载于《现代传播(中国传媒大学学报)》2012年第11期,与刘珊合作,收入本书时有改动。
② 科特勒,凯勒.营销管理:第13版[M].王永贵,等,译.上海:上海人民出版社,2009.

成为重要的生产因素；而人们对于海量数据的运用将预示着新一波生产率增长和消费者盈余浪潮的到来。

维基百科对于"数据"一词的定义是："数据（Data）是载荷或记录信息的按一定规则排列组合的物理符号，可以是数字、文字、图像，也可以是计算机代码。对信息的接收始于对数据的接收，对信息的获取只能通过对数据背景的解读。数据背景是接收者针对特定数据的信息准备，即当接收者了解物理符号序列的规律，并知道每个符号和符号组合的指向性目标或含义时，便可以获得一组数据所载荷的信息。亦即数据转化为信息，可以用公式'数据+背景=信息'表示。"数据与信息的区别在于：数据是对信息数字化的记录；信息是指把数据放置在一定的背景下，对数字进行解释、赋予意义。在进入信息时代之后，人们趋向于把所有存储在计算机上的信息，无论是数字还是音乐、视频、图片，都统称为数据。①

正因为数据承载着信息，所以在应用过程当中，这些数据就不再仅仅是对客观现象的记录或纷繁无序的数值，而是带着特殊意义和价值。人们通过对这些数据的交换、整合、分析，来解释各种现象背后的原因，同时预测事物的发展趋势，这样一来，数据就成为"知识"，可以说，数据正是知识的来源。当下的政府、医疗卫生、公共安全、环境气象、交通道路等各个领域都在利用数据指导决策、预测趋势。

（二）从"数据库"到"大数据"

涂子沛所著的《大数据》用专门的章节讲述"商务智能的前世今生"，并梳理了近年来人类社会活动当中数据搜集、处理和分析行为的发展过程。

1970年，IBM的研究员埃德加·科德发明了关系型数据库，成为软件发展历史上的一个跨越性的里程碑，也是大数据处理技术最为原始的起步。1992年，被称为数据仓库之父的比尔·恩门出版了《数据仓库之构建》，将数据仓库定义为：一个面向主题的、集成的、相对稳定的、反映历史变化的数

---

① 涂子沛.大数据[M].桂林：广西师范大学出版社，2012.

据集合，用于支持管理中的决策制定。再之后，"联机分析"出现，人类开始把分离的数据库相联系，进行多维度的分析。于是，以关系型数据库为基础的运营式信息系统出现。联机分析是对数据仓库中数据信息的一种挖掘与运用操作，是将数据转化为信息和知识最主要的手段。

如果说联机分析是对数据的一种透视性的探测，数据挖掘的主要目的则是发现潜藏在数据表面之下的历史规律和对未来进行预测。21世纪之后，数据可视化成为数据挖掘的另一项结果性要求，把复杂的数据转化为直观的图形，并呈现给最普通的用户，使之成为浅显易懂、人皆可用的工具和手段。

在不断发展与演变的基础之上，云计算和大数据出现。大数据是指那些大小已经超出了传统意义上的尺度，一般的软件工具难以捕捉、存储、管理和分析的数据。人类对于数据的计量单位已经从位、字节、千字节、兆字节、太字节走向了泽字节甚至尧字节。麦肯锡全球研究所认为，我们并不需要给"什么是大"一个具体的尺寸，因为随着技术的进步，这个尺寸本身就在不断增大，而且对于各个不同的领域，"大"的定义也不尽相同，无须统一。[①]自从人类有印刷术以来，过往上千年所有的印刷材料只相当于200PB；而在2011年全球数据使用量已达到了1.8ZB（1ZB约为1PB的100万倍）。据市场研究公司IDC的统计，全球数字信息在未来几年将呈现惊人增长，预计到2020年总量将是现在的44倍，全球数据使用量将达到大约35.2ZB（1ZB=10亿TB）。大数据技术正是从海量的、多样化的数据中，快速获得有价值信息的能力。

（三）"数据"与营销的"科学性"

人类所有的知识，可以划分为三个大类：自然科学、社会科学和人文艺术。其中，自然科学最为"精确"；社会科学研究的是社会现象，探讨的是人和社会的关系，在追求精确的同时又因为关系到个性化极强的"人"和变化无穷的"心理"影响而常常出现"测不准"的现象，因此也被称为"准科

[①] 涂子沛. 大数据[M]. 桂林：广西师范大学出版社，2012.

学"；人文艺术则主要包括文学、艺术和哲学，并不强调精确。而营销属于社会科学的大范畴，广告又与人文艺术相关联，因此广告才被称为科学与艺术的结合，是一门交叉性的学科。

2007年，雅虎的首席科学家沃茨博士在《自然》上发表了一篇题为《21世纪的科学》的文章，认为得益于计算机技术和海量数据库的发展，个人在真实世界的活动得到了前所未有的记录，这种记录为社会科学的定量分析提供了极为丰富的数据。由于能够测得更准、计算得更加精确，他认为社会科学将脱下"准科学"的外衣，真正走进科学的殿堂。对于营销来说，也是同样。一直以来，营销的科学性正是因为运用了自然科学中的数据收集手段，严谨地记录、搜集和分析消费者的各项数据和行为轨迹；同时又采纳了社会心理学的方法，透过现象去解释人的内心世界。这种主客观的结合让营销能够无限接近真实地推测市场需求的方向，让生产者与消费者能够达到和谐交换。因此，数据与营销之间存在着密不可分的关系。

当联机分析、数据挖掘出现之后，人类获取知识的手段也有了跨越式的发展。营销与广告学科也在此时能够综合运用各种数据与信息进行交互式的分析，日臻成熟。然而，大数据给社会科学、营销学带来巨大全新可能的同时，也使得原本营销体系和理论模型的有效性出现了崩塌。

二、全媒体环境下，既有广告及营销体系的失效与新营销可能的诞生

1969年，互联网的雏形诞生并在之后的数十年内迅疾发展，进一步推动了传媒产业融合化的趋势。这种传媒产业的发展格局对于传统广告与营销体系产生了巨大的冲击，此后的一系列连锁反应正逐渐让传统广告与营销体系失效。

（一）传统营销广告测量体系失效，新的模式和方法亟待建立

通过近百年的努力，广告与营销的"科学性"逐渐建立，并在20世纪

80 年代达到了全面的成熟。其科学性主要通过三个层面来建立，其一是能够帮助营销者实现有效地控制信息，并对这些信息进行相关的包装、策划；其二是能够精准地瞄准受众，利用恰当的媒体渠道以及营销手段直达目标受众，实现最终提升销售的目标；其三是这些手段、方法能够重复进行。基于这三项基础，传统的广告与营销一直试图通过科学的手段探知受众并把握其需求，作出市场预判，并通过大众媒体进行有效的、低成本的传播，最终帮助生产者进行适销对路的生产，同时满足消费者的各种需求，实现生产与需求之间的匹配。这种科学性最终表现为能够大量地进行，并以数据信息为核心给予媒体和企业一定的决策支撑，将营销决策的过程从"经验"转变为"科学"。

在这样的过程中，探知需求、了解市场无疑需要建立在大量数据分析的基础之上，市场调查与分析也成了营销的重要组成部分。于是，在整个营销流程中，各种相关的数据调查和数据库纷纷出现。例如索福瑞的电视收视率和广播收听率，CTR 的广告投放监测数据、消费行为调研，AC 尼尔森零售研究、新生代消费行为研究，电通和奥美的消费者深度洞察等。这些数据库的建立以及数据分析的工作帮助传统的广告与营销体系实现了最大限度的科学化。

大量的广告与营销机构、咨询公司由最开始的普查、抽样，到建立起自身的信息系统和数据库，然后制定一系列决策系统，并形成多样化的工具及软件用以服务相关的企业和机构。例如，国际知名的广告公司电通运用和自建的数据库包括广告作品数据库、广告发稿量及费用统计数据库、电视家庭收视率数据库、电视个人收视率数据库、广播个人收听率数据库、消费者生活意识及实态数据库、媒体接触数据库、广告效果数据库等。基于这些数据库，电通建立了 CSP 模式，这是作为更有效地制定媒体计划方案的工具而开发的一种计算机模式，从而与广告效果的判定相对应（图 1）。

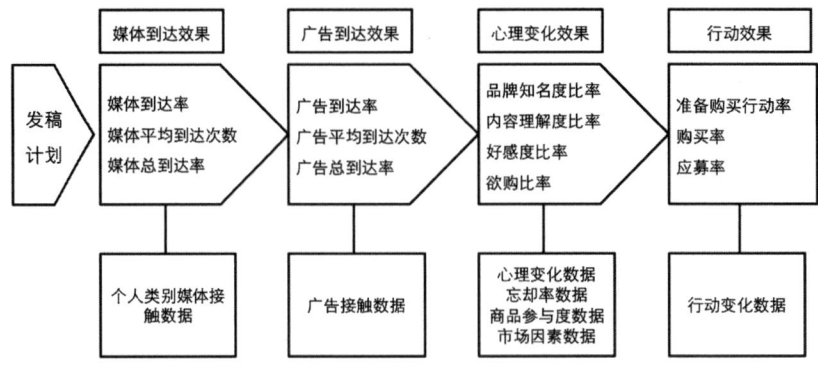

图1 电通的CSP模式

在这些相关机构的探索与推动下，数据与营销之间的关系变得牢不可破，也证明了只要有合适的数据收集方法、正确的数据处理方式，就可以帮助营销者建立起更加科学、有效的营销方式。然而，类似电通CSP模式这样的工具只有在社会结构相对稳定时才能够发挥最大的作用，当社会结构出现不稳定的碎片化时，当传播渠道平台化时，这些工具、软件也就失灵了：受众的碎片化让原本的消费者研究方式无法保持应有的真实性，无法再利用这些方法来捕获受众的真实需求与欲望；社会结构的改变使得日臻成熟的抽样调查面临艰难的抉择，维系原来的抽样设计难免误差失控，扩大样本数量无疑可以控制误差但导致成本抬升而难以为继；虽然质化的洞察手段在此时出现，但是却因为无法大范围推广和复制而不能推及全体；再加上目前各类户外媒体、网络媒体还没有在业界获得公认的权威性的效果测量体系和工具……

因此，在全媒体时代的整个营销体系中，媒体到达效果、广告到达效果、受众心理变化效果以及行动效果都无法再用传统的手段和方式来获知，既有的营销与广告体系也因此而崩塌了。

（二）受众的碎片化与重聚

"碎片化"是近年来社会学领域的一个关注焦点，在消费领域同样也存在这样的碎片化趋势。大众品牌影响力的下降和大众媒体接触的减少是大众市场碎片化的两大特征。2006年，黄升民与杨雪睿撰写的《碎片化背景下消费行为的新变化与发展趋势》一文也曾经描述过："在阶层'碎片化'的基础上，消费、品牌、媒介、生活方式也正朝着'碎片化'方向发生着相应变化。从研究者的角度来看，这是一种不可避免的社会发展趋势。从消费者的角度来看，这是追求自我、追求个性的必然发展方向。从生产者的角度来看，这是未来产品宣传、品牌定位、媒介选择的主要依据。"① 这种碎片化所带来的受众变化表现在媒体接触上就是"将消费者原有的媒介接触时间、接触习惯完全打破，单一媒体垄断转化为多种媒体并存发展，'权威'坍塌而自我意识崛起"②。随着互联网以及新媒体技术的不断向前、社会生活质量的不断提升、受众心理的不断成熟，这种碎片化的趋势在当下愈演愈烈。信息技术的进步无疑也会让受众碎片化的速度不断加快。

2012年7月19日，中国互联网络信息中心发布了《第30次中国互联网络发展状况统计报告》。这份统计报告对我国网民对于各类网络应用的使用率做了一次较为详细的统计和调查。调查结果显示，网民较常使用的网络应用包括即时通信、搜索引擎、网络音乐、网络新闻、博客/个人空间、网络视频、网络游戏、微博、电子邮件、社交网站、网络购物等近20项。③

表1　网民网络应用使用情况

应用	2012年6月		2011年12月		半年增长率（%）
	用户规模（万）	网民使用率（%）	用户规模（万）	网民使用率（%）	
即时通信	44,514.9	82.8	41,509.8	80.9	7.2
搜索引擎	42,860.5	79.7	40,740.1	79.4	5.2
网络音乐	4,106.0	76.4	38,585.1	75.2	6.4
网络新闻	39,561.7	73.0	36,686.7	71.5	6.9

---

① 黄升民，杨雪睿．碎片化背景下消费行为的新变化与发展趋势［J］．广告大观（理论版），2006（2）：4-9．
② 涂子沛．大数据［M］．桂林：广西师范大学出版社，2012．
③ 中国互联网络信息中心．第30次中国互联网络发展状况统计报告［R］．北京：中国互联网络信息中心，2012．

续表

应用	2012年6月 用户规模（万）	网民使用率（%）	2011年12月 用户规模（万）	网民使用率（%）	半年增长率（%）
博客/个人空间	35,331.3	65.7	31,863.5	62.1	10.9
网络视频	64,999.5	65.1	32,530.5	63.4	7.6
网络游戏	33,105.3	61.6	32,427.9	63.2	2.1
微博	27,364.5	50.9	24,988.0	48.7	9.5
电子邮件	25,842.8	48.1	24,577.5	47.9	5.1
社交网站	25,051.0	46.6	24,423.6	47.6	2.6
网络购物	20,989.2	39.0	13,395.2	37.8	8.2
网络文学	19,457.4	36.2	20,267.5	39.5	－4.0
网上银行	19,077.2	35.5	16,624.4	32.4	14.8
网上支付	18,722.2	34.8	16,675.8	32.5	12.3
论坛/BBS	15,586.0	29.0	14,469.4	28.2	7.7
团购	6,181.4	11.5	6,465.1	12.6	－4.4
旅行预计	4,257.5	7.9	4,207.4	8.2	1.2
网络炒股	3,780.6	7.0	4,002.2	7.8	－5.5

数据来源：《第30次中国互联网络发展状况统计报告》

一方面，这样的统计结果让我们看到当下媒体受众对于各类网络应用的兴趣与需求是多样而分散的；另一方面，也让我们得以发现在这种分散和庞杂之中，受众正在通过一定的需求和兴趣爱好自然地重新聚合在一起。六年前我们就曾预判，受众在不断碎片化的同时，营销者其实也可以在数据和信息愈加透明的今天重新清晰地勾画出目标消费者的轮廓，今天，这种可能性变得更大。与此同时，这些研究也真实地揭露了当下受众对于"互动"的要求。互联互通的时代，受众接受互动、渴望互动，想要接触受众，了解他们真实的需求，获得他们即时的反馈，互动就是重要手段。

所以，虽然碎片化的社会大众被各种媒体、各种信息无限分割，营销者与广告主很难再通过某一单一媒体全面覆盖各种目标人群，营销成本逐年上升，让业界开始怀疑广告的有效性，传统模式中可以实现低成本、可复制、大规模地掌控受众需求、预判市场走向、覆盖目标受众的"科学的广告体系"被解构；但是，受众的重聚也正在进行当中，网络化的媒体将受众的各种信息数据都暴露在网络之上，他们的行为可被监测，他们的需求可以通过互动的平台洞察，他们正在因兴趣和需求重聚，成为全新的营销体系诞生的基石。

（三）全媒体：丰裕、互动、平台，改造传媒产业链

我们在2011年的《三网融合背景下的"全媒体营销"建构》一文中曾经提出，当下的媒体环境不仅仅是"融合"可以概括的，这是一个内容无限丰裕、传播渠道高度互动、数据信息平台化的时代，这三点共同组成了"全媒体"的核心要素，并改造了整个传媒产业链。

从传统角度来看，传媒产业主要有三个环节：第一是生产环节，第二是传输环节，第三是终端服务环节。在互联网诞生之后，"信息爆炸"的时代到来，传媒产业链条的三个环节也随之被颠覆，稀缺被丰裕所取代：传者与受者的界线及身份都开始模糊，内容生产者数量剧增，信息的传播者与接收者实现了即时沟通，超大型传媒机构出现，用户生成内容崛起，内容从稀缺走向丰裕；在传输环节中，网络融合带来庞大的网络，这些网络和媒体强调的就是互动；在终端服务环节，一个巨大的市场正在形成，平台化成为信息沟通、交流、获取和生产的全新模式。

传统营销体系的科学调查基于抽样，并对抽样数据进行分析和推断。然而，当社会环境处在急剧变动，出现了前所未有的传播平台之后，既往的抽样方法应对如此复杂的环境显得力不从心，再也无法进行精准的推断和预测。所以，我们说这种全媒体的变革给媒体方、营销者带来了新的挑战。

三、大数据赋予营销体系参与者的新力量

在营销体系中,大数据带来的影响不仅是数据量几何级的增长,还有从量变到质变的颠覆性变革。大数据从媒体、消费者、广告与营销战略策划、效果评估四个层面影响了传统营销体系,也给营销体系参与机构赋予了新的力量与可能。

(一)数据成为媒体生存与发展的基石

在互联互通的网络支撑下,任何受众在接触媒体时都会留下痕迹,其行为都可以被监测,这些数据都与该媒体的受众息息相关,所有的数据也都来自受众。这是互联网环境下媒体生存的基石,也是大数据时代营销重构的基础。

例如,Facebook 在全球拥有 9 亿用户,其中日常活跃用户达 5.26 亿。每天新增 25 亿条分享内容、32 亿条评论、27 亿条"赞"、3 亿张照片,每天会采集到 500TB+ 的数据。亚马逊的独立用户数量达到了 2.822 亿,位居全球第一;开放平台上的第三方卖家超过 200 万,采用 FBA 业务的卖家在亚马逊的仓储物流中心预备了超过 100 万件商品。我国的淘宝网最高单日独立用户访问量超 1.2 亿人,注册用户数量超过 4 亿,在线商品数量达到 8 亿,页面浏览量达到 20 亿规模,每天产生 4 亿条产品讯息,每天活跃数据量已经超过 50TB。百度公司每天会抓取 3000 亿个中文网页,数据量大概是 10—50 个 PB;日志的数据量达到 100 个 PB 以上……诸如这样的案例多不胜数,大数据对于媒体的重要性不言而喻。

(二)基于海量数据的数据服务公司诞生

在数据服务公司层面,海量数据也催生了全新的业务范畴和调研手段,让所有数据得以展现新的营销可能。例如,尼尔森网联已经可以利用从机顶盒回传海量数据提供百万户级普查以及万户级的样本收视行为测量。艾瑞可

提供基于超过 20 万中国网民样本的网络行为监测数据，覆盖 3000 多家网站和 1000 多个软件。Bluefin Labs 提供关于超过 1.1 万个电视节目的评论信息，统计的评论信息超过 50 亿条。GNIP 则可以提供社交网络 API 聚合，通过多个 API 将数据聚合成统一格式，为 Twitter、WordPress、Facebook、YouTube、新浪微博等网站挖掘数据。这些事实已经明显地证明，互联互通的网络环境下，所有媒体、受众的数据都可以被有效地记录、监测和搜集整理，通过对这些数据的挖掘和分析，大数据时代的营销体系完全可以重新构建。

（三）利用大数据帮助品牌提升营销效果的广告营销机构出现

目前，易传媒大平台的核心引擎 AdManager 每月覆盖 5.10 亿互联网网民，2.75 亿移动网民，在线调研平均每月投放量达到 20 万份。MediaV 开发的营销工具 AdViva 每天都在对超过 4 万个在线电子商务订单提供全程营销观测和效果优化计算，对超过 100 万次网上营销行为提供全程观测和标识，对超过 1 亿次网络广告曝光提供定向判断决策。秒针系统日均处理数据超过 2TB，拥有日均处理 1000 亿条广告请求的数据处理能力，累计存储、处理数据超过 2PB，拥有近 500 台服务器和 160 多名专业研发人员。

这些实证案例表明，媒体数据以及第三方的监测数据已经开始被运用在广告与营销策略的执行当中，并且切实地提升了广告与营销的效果，为互联网环境中的全媒体营销提供了可供参考的范例。

四、大数据基础上全媒体营销构建的可能

当媒体融合带来混媒与终端革命，全面改变整个媒体产业，结构传统受众接触与传播范式的同时，也在将受众重聚在网络之上，并且使得受众的反馈更加及时、信息更加全面，形成海量数据的聚集。大数据也在这个时候重构了营销体系，让全媒体营销的构建成为可能。我们曾在 2011 年的《三网融合背景下的"全媒体营销"建构》一文中提出，全媒体营销体系的构建基于两大基石，一是海量数据库，二是共创性的传播平台。依据这两大基石，受

 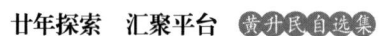

众被重新勾勒轮廓,并且根据兴趣与需求被重新分类,在虚拟网络上得以重聚,并根据社区信息实现了虚拟与物理的匹配。全媒体营销在提升营销精准性、科学性的同时,也带来了全新的盈利模式与可能。

(一)信息平台的构建:数据信息与营销的匹配

2005年,我们的研究团队在研究数字电视和手机媒体的过程中,注意到了数字化和网络建设两大因素在影响媒体产业链条、引起信息量的巨变、引发受众媒体使用行为全面改变等方面的重要作用。在这一条研究线索上追踪下去之后,我们进入了对于信息平台的全新研究领域,也发现了大数据所带来的新的可能。

这种新的可能主要表现在四个方面:第一是数据量的增加已经实现了从量变到质变的转换;第二是这些数据包含大量由互联网络技术带来的接近实查行为记录,受众所使用的这些终端就相当于一个记录仪器,将其所有真实行为连同真实信息都一一记录下来;第三是技术的变革使得通过这种接近实查的抽样获得数据的成本极为低廉;第四是这些数据也包含了大量来自用户主动发布的信息,是互动的数据。海量的数据、互动的沟通方式、平台化的传播,我们将之归纳成为"信息平台",并完成了个人信息平台和家庭信息平台方面的初步研究。

在实际的营销体系中,信息平台所担负的正是将数据信息与营销相匹配的工作。例如,在以有线数字电视互动双向网络为支撑、以数字电视终端为介质的家庭信息平台建设中,数字内容库与用户数据库形成了并行的两大营销资源,前者为营销者提供各种营销资源和广告平台;后者则提供了可寻址的、真实的各项用户信息、行为及反馈信息。那么,根据用户的真实人口统计信息以及通过数字电视终端和网络得来的用户行为与反馈信息数据,营销者就可以获取无限接近真实的用户需求。如果进一步对这些数据进行挖掘和处理,营销者即可实现有针对性的营销、广告推广,完成精准营销。

个人信息平台的操作原理也与此相同,只是更加精准地将营销目标锁定为个人。利用以智能手机为代表的个人媒体终端构建起个人移动数据库,通过记录使用者的各类信息搜索与使用数据并对这些数据进行分类和打包，结合电子商务平台向广告营销机构、广告主以及媒体输出，让后者可以有针对性地为这些个人提供适配的广告信息、媒体内容以及产品服务信息，从而有效地提升营销的精准性。

社区信息平台构建于"社区"这一概念之上。除了互联网社交媒体上的"社区"之外，更有现实生活中的"社区"。一个1000户家庭的小区即意味着巨大的需求集合，健康、教育、医疗、餐饮、购物等无所不包，如果能够围绕这样的社区建立起一个双向互动的信息平台，同时针对不同的需求提供精准的营销服务，结合物联网以及物流配送体系，一个直接、有效的营销闭环也就形成了。

个人信息平台、家庭信息平台和社区信息平台的交互利用及其带来的营销突破的可能，正是全媒体营销的重要价值。

（二）大数据与全媒体对抽样的"重塑"

当我们说全媒体时代强调的是平台化的传播方式，强调的是能够与受众互动，意识到受众能够主动"发信"的可能性时，其实也是探析在这个时代、这样的环境中，大数据的技术是如何"重塑"抽样的。

一直以来，因为考虑到成本问题，人们用科学的抽样来代替普查。然而大数据的出现颠覆了传统的抽样是因为平台化的传播方式和碎片化的社会结构让抽样难以"准确"，再难以用"样本"体现"全部"，难以具备足够的代表性。我们并没有否认抽样本身的科学性和可操作性，只是认为需要通过新的方式和手段重塑抽样。

营销的核心理念是激发需求、掌握需求和满足需求，抽样与普查的出发点就是通过数据了解需求，然后去激发和满足需求。以往，我们通过抽样的数据来推断、预判需求；现在，我们利用互动平台、利用大数据技术清晰地获得需求的信息，而不是去推论，因此其精准性也得到了极大的提升。可寻址技术、物联网又将这些数据与实体相连接、相匹配，让需求以个人、家庭、社区的形式出现，并被记录、鉴别、挖掘、设计和营造，同时其成本又相当低廉。可以说,这是大数据与全媒体对"抽样"的重塑。

(三)数据信息得以向数据产品过渡

在大数据改变整个营销体系构建基础、提升营销体系精准性的同时,全新的盈利模式也应运而生。这种盈利模式的重要表现就是,数据已经可以直接形成产品。按照上文的逻辑推理,在互联互通的网络条件下,用户在各类信息平台上会留下海量的数据,而这些数据又可以在大数据处理技术之下进行不同的分类整理和重新聚合。这些聚合性的数据信息包含极高的商业价值,并且具备了销售的可能。

例如,淘宝网在采集和存储了海量交易数据之后,自建云存储系统 Ocean Base,实现数据的产品化,从而实现从交易平台到"生态圈"基础服务提供商的角色转变,完成由平台销售向数据销售的盈利模式的转变。目前,通过专业的海量数据挖掘,淘宝已经形成了面向进驻商家的多项数据产品。此外,利用淘宝开放数据平台所产生的第三方的数据开发产品还包括:可以为非淘宝的其他电商网站提供的数据产品及软件,可以为各类网站及社区提供的社会化电商的解决方案,可以为淘宝卖家提供的各类优化工具,可以为消费者提供的各类优化工具等。

因为数据所描述的正是"需求",所以如果能够利用数据构建需求与销售之间的桥梁,全新的商业模式也将随之诞生。

(四)营销体系各个环节都面临着挑战以及新的空间

具体到营销体系的各个环节,不同的机构也已经开始基于全媒体营销以及大数据处理带来的新要求获得了新的发展空间。

一方面,大数据对于营销体系中的相关机构提出了全新的要求:数据服务公司需要能够掌握实时/海量数据检测技术,具备构建大数据挖掘模型的能力,增强大数据分析能力;媒体机构需要能够记录信息痕迹,建立海量数据库,能够运用大数据分析和优化自身的内容、产品与营销服务;广告营销机构需要能够以多样化的手段追踪广告效果,应用大数据分析媒体的广告价值，优化广告营销服务；第三方技术公司则需要能够提供大数据的采集、存储和分析的技术支撑，同时提供大数据挖掘技术的解决方案。总的来说，数据挖掘能力和应用能力是全媒体营销时代各机构必备的能力。

另一方面，在适应了新时代的营销要求之后，这些机构也逐步通过大数据提升自身的营销价值。例如，目前世界最大的社交网站 Facebook 利用用户的基本属性、粉丝、兴趣来找出潜在的用户群，基于这样的广告模式，Facebook 的广告投放系统也基本上以自助式为主。自助广告投放先由自定义受众开始。Facebook 提供三种方式：第一，根据 11 个维度的人口统计特征来定义受众的基本属性；第二，根据粉丝页进行筛选；第三，根据用户设定的兴趣进行筛选。广告主需要提交广告活动的总预算和每天的预算额。系统会根据广告主设定的受众条件，运算出目标受众群的人数，然后根据广告主选择的广告方式（CPM/CPC）给出建议费用的范围。通过后台数据，广告主可以在广告投放系统上了解数据动态，随时更改策略。

（五）全媒体营销涉及的隐私问题同样亟待解决

如上文所述，大数据的处理和营销体系重构，不可避免地会涉及受众个人的信息，随之而来的就是这种信息安全、隐私信息保护的严峻问题。不可否认，可寻址技术、物联网技术在给我们带来高度真实的受众信息的同时，也存在伦理道德方面的问题。

据相关媒体报道，从全球范围来看，目前已有 50 多个国家依靠法律形式规范个人信息数据的管理与使用。如美国通过了一批保护个人信息的法律，包括《隐私权法》《信息保护和安全法》《防止身份盗用法》《网上隐私保护法》《消费者隐私保护法》等；加拿大制定了《隐私保护法》《个人信息保护及电子文档法案》；英国制定了《数据保护法》；日本制定了《个人信息保护法》；欧盟先后制定了《关于涉及个人数据处理的个人保护以及此类数据自由流动的指令》《关于个人数据自动化处理之个人保护公约》等。

我国目前尚未出台相关的法律政策对个人信息数据库进行统一保护，因此，关于受众信息数据与营销的探索反而更容易进行，然而这样的发展方式也带有事物萌芽粗暴发展的印记,最终面临的仍然是管制和规范化。下一步,全媒体营销的构建以及大数据处理技术的应用,也必然需要考量受众信息以及隐私保护的相关问题。

结　语

作为需求研究和调整的学问——营销学的学理逻辑起点就是使用科学的方法还原需求的"真实",如前文所举的日本电通的CSP模型,可谓大型广告公司和咨询公司在建构"科学的营销体系"时的一个范本:通过对消费者行为进行持续的大量的监测与记录,建立完整的消费行为数据库,同时,使用多种方法对消费者进行深入的系统的心理活动分析研究,在多个数据库的基础之上对两者行为进行对照匹配,从而准确地把握消费者的需求和行为。但是,在新的环境和因素的影响之下,用传统方式进行的数据搜集以及数据库建立出现了问题,也就导致了判断的偏差,营销的科学性难以为继。从理论上来说,使用实查的方式可以弥补抽样所带来的误差,从而维系营销系统原来的"科学性",让其能够与需求的"真实"相吻合。但是,从商业机构运营的角度来看,实查所带来的成本是无法承受的,在实际的运作过程当中,不得不容忍误差,与一贯标榜的"科学性"渐行渐远。这就是科学的营销体系被解构的过程。

而全媒体的环境、共创性的信息平台和大数据处理技术让传统的数据分析工具逐渐被海量级的数据的搜集、存储、管理、分析、挖掘与运用的全新技术体系所替代;沟通与传播方式转化为互动化的信息平台。因此,我们离"实查"相当接近,并可以用来替代产生偏差的"抽样":互联互通的网络上积累了海量的、实时更新的、可互动沟通的受众数据,形成了一座由需求信息聚集而成的"金矿",大数据技术让这个"金矿"的开采得以进行;与此同时,这个"金矿"也不是被动地等待开采的,受众的互动性、参与性和主动性让这个"金矿"具备生命力,可以配合、参与开采。再加上三大信息平台上几乎可以实现实名匹配的数据信息,就共同形成了长久以来营销业界梦寐以求的状况——全媒体和大数据让"低成本"的普查得以实现,并且无限接近真实。从另外的角度来看,这也是营销科学性的重构。

在重构的过程里,第一自问是否建立了必备的基础?海量的数据搜集以及交互式的共创平台,两者必不可少。第二追问各项数据怎样连接?在互联互通的条件之下,即便没有实名制,信息数据与真实个体之间的匹配也已经逐渐实现,所以我们拥有的不仅仅是海量的数据,更是海量的真实数据,大数据处理技术提供的正是数据连接的可能。第三思考消费者有了哪些转变?在传统的传播学理论中,受众是沉默的、被动的,然而平台化的今天,受众不但可以接收信息,更可以自主"发信",其于海量信息中搜集信息、在互动平台上展开讨论、在互联网络上发出反馈时,都是在"发信",消费者的这种主动性需要营销者倍加关注。第四发问消费者的信息满足方式是否发生了变化?我们也应当注意到其需求的多样化和个性化,所以无论是信息提供还是商品、服务提供都更加应当趋向于"定制",这是决定全媒体营销能够成功的另一项核心所在。

大数据处理技术形成的海量数据库加上共创性的信息平台形成了互动信息平台,大数据挖掘和分析技术在这一平台上对营销需求进行分类、聚合与匹配,提供了新的营销可能,全媒体营销的理论模型得以印证并实施。然而,我们如此接近"上帝",却也如此容易跌落"地狱";我们似乎找到了真知,但是又发现这真知很有可能变为毁灭性的武器。如何平衡与规避负面影响将是接下来我们关于大数据时代全媒体营销研究的另一个主题。

改革开放以来国家品牌观念的历史演进与宏观考察*

改革开放以来，中国品牌实现了历史性的发展。在中国品牌快速发展的背后，除了市场因素，政府因素同样不可忽视。随着国内国际环境的变化以及改革开放的推进，我国政府的品牌观念也从模糊走向清晰。党的十八大以来，政府对于品牌的理解走向新的高度，国家的品牌发展逻辑日臻完善，为品牌发展提供了强劲的推动力。

一、问题的提出：为何要从宏观视角考察"国家品牌观念"

2014年，习近平提出了"三个转变"的重要指示，即"推动中国制造向中国创造转变、中国速度向中国质量转变、中国产品向中国品牌转变"。2016年，《国务院办公厅关于发挥品牌引领作用推动供需结构升级的意见》由国务院发布，强调"品牌是企业乃至国家竞争力的综合体现，代表着供给结构和需求结构的升级方向"。这是我国在中央政府层面第一个以品牌为关键词的正式文件，在我国品牌发展中具有里程碑式的意义。2017年，国务院批复设立"中国品牌日"，标志着"发挥品牌引领作用"上升到了前所未有的高度。从"三个转变"的提出到"中国品牌日"的设立，国家品牌观念日渐成熟。从近

---

* 本文原载于《现代传播（中国传媒大学学报）》2018年第3期，与张驰合作，收入本书时有改动。

几年的重大政策变化方向中可以发现我国政府对于品牌前所未有的重视以及扶持其发展的决心。

在国家发展战略的层面高度重视品牌，已经成为世界先进国家的一种潮流。品牌不仅在国家经济和企业发展中有重大作用，而且，品牌对于提升国家软实力也有着深远的影响。21世纪以来，各国政府不断强化对于品牌的扶持和引导。如韩国2009年成立国家品牌委员会，通过构建国家品牌的方式推动韩国整体品牌实力的提升；日本则出台相关的产业政策，协调产业之间和产业内部的关系，推动企业的发展，进而促进品牌的提升；德国政府则在尊重市场和企业的前提下，适当介入管理，保障自由竞争，支持企业技术创新，进而促进本国品牌的发展；美国政府则以立法、建立经济秩序等内在制定游戏规则的方式给美国品牌以巨大的保障和发展空间。[1]可以看到，国际上处理品牌问题较为成熟的国家均在通过不同手段管理和促进品牌的发展。

那么，我们把视点转向中国，首先着眼于政府的品牌观念变化。改革开放以来，在中国从计划经济走向社会主义市场经济的这一经济体制的根本性转轨的巨变下，中国品牌的发展与政府的品牌观念更是有千丝万缕、无法斩断的关系。国家意志对于我国的品牌发展具有重要的影响。

另一个宏观视点就是从历史的阶段性考察国家的品牌意识演进。那么，我国政府的品牌观念的发展与变化脉络是什么？过往的研究往往局限于市场经济的范畴，将品牌放在微观经济中的竞争手段或者产品售卖策略的视野下进行研究，研究的视角过于微观和中观。考察中国的品牌发展，则必须加入宏观叙事的角度。改革开放以来中国品牌经历了一个从无到有、从小到大、从弱到强的发展历程。在这个历程当中，中国政府的品牌观念也经历了一个从无到有、由弱渐强的过程，政府对于品牌的理解越来越深刻和成熟。本文从四个阶段来分析政府品牌观念的形成过程。在这四个阶段，政府的品牌观念是逐步成熟的，国家意志的大小强弱也是不一样的。

---

[1] 钱明辉，谭新政.2016中国品牌发展报告：中外百年品牌发展比较[M].北京：知识产权出版社，2016：44-73.

二、作为标识和商标的品牌——商标战略阶段

这一时期主要是1979—1992年。这一阶段，中国开始逐步从计划经济转轨到市场经济，品牌初步发展了起来。然而这一时期国外的品牌理论还没有大规模引入国内，中国政府对于品牌的认识非常基本，只是意识到了品牌的标识功能。政府将品牌视为具有差异性的标识，并用法律保护其发展，以政府认定或评价的方式促进其发展。相应地，作为政府品牌观念的具体化，这一时期的品牌战略带有非常浓厚的摸着石头过河和实用主义的色彩。这一阶段政府在品牌管理的实际操作中从商标的保护开始，带有模仿西方国家做法的特点。

（一）政府恢复商标管理工作，制定商标法保护品牌发展

品牌的发展催生了商标的保护，商标的保护反过来又能够促进品牌的发展。囿于当时的政治和历史环境，我国政府对于品牌的认识最早停留在作为企业经营层面的商标的阶段，并且在接触西方国家的过程中意识到商标保护的重要性。这一时期的政府的品牌战略多围绕着商标做文章，目的是保护企业商标，促进企业质量建设和重视商标价值，进而促进品牌的发展。

政府率先恢复商标管理的主要原因有两个。首先，企业在实际发展过程中的客观需求。在十一届三中全会召开之前，市场的解冻其实已经开始，在品牌恢复的过程中，最先出现的是中国的老字号品牌恢复商标的行为。在十一届三中全会召开前几日，1978年12月4日，《人民日报》刊登了题为《恢复商标维护名牌信誉》的文章，谈及了当时产品上没有商标，给消费者购买造成了困难，进而引发企业恢复商标。文章提出"人们强烈要求尽快在纺织品上标上厂名，恢复商标，而且要求各厂固定商标，专厂专用，以维护名牌信誉"[1]。在消费者需求的驱动下，企业也开始行动起来。全聚德、吴裕泰、内

---

[1] 吴复民.恢复商标维护名牌信誉[N].人民日报，1978-12-04（04）.

联升等老字号品牌在 1978—1979 年前后恢复了商标。市场上企业恢复商标的行为客观上必然要求国家对于商标的管理。

其次，我国政府对于商标的管理具有一定的历史经验，商标管理较为容易入手。国家对于商标的关注可以追溯到新中国成立之前。[①] 新中国成立之后，也曾有过商标管理的经验。[②] 但是在改革开放之前，只有极少数地方恢复工商局，如上海、天津、黑龙江等地着手办理地方注册，但无法解决商标混同问题。商标依然处在无人管理的状态。"十年动乱"以后的两年内，商标使用状况仍然十分混乱。[③]1979 年政府正式恢复了中断近 14 年之久的全国商标统一注册工作，商标工作进入了一个新的历史时期。[④] 由于过往的商标管理政策已经无法适应市场的需求，1982 年 8 月全国人民代表大会常务委员会审议通过了《中华人民共和国商标法》，并决定从 1983 年 3 月 1 日起施行。同月 10 日，国务院又颁布了《商标法实施细则》。学者普遍认为，《中华人民共和国商标法》及实施细则颁布是我国真正意义上在国家层面推动品牌发展的标志性事件，我国开始了以注册商标为标志的品牌发展历程。[⑤] 颁布商标法的核心目的，就是以法律的形式确保商标，亦即品牌的独特性。[⑥] 除了完善国内商标保护法律法规，我国也积极加入或者签署与商标有关的主要国际组织和条约，并学习国外商标保护的做法。如我国在 1980 年加入《建立世界知识产权组织公约》，1985 年加入《保护工业产权巴黎公约》，1989 年加入《商标国际注册马德里协定》。我国商标保护的国际化水平不断提高。

---

① 早在 1946 年 4 月 13 日，苏皖边区人民政府就发布实施了《商品商标注册暂行办法》。
② 1950 年 7 月 28 日中华人民共和国政务院颁布《商标注册暂行条例》。这是新中国成立后的第一部商标法规，也是新中国颁布的第一批法律之一，标志着新中国商标工作的新纪元的开始。"文革"之前，国家也多次颁布商标相关的管理办法。"文革"期间，商标管理工作基本中断。1975 年商业部发出通知，要求各地自订注册办法，管理当地商标。
③ 中国商标发展里程碑［EB/OL.］(2015-07-21). http://blog.sina.com.cn/s/blog_9b45f8da0102vnzs.Html.
④ 安青虎. 驰名商标和中国的驰名商标保护制度［J］. 中华商标，2004（11）：7-10.
⑤ 汪同三. 中国品牌战略发展报告［M］. 北京：社会科学文献出版社，2016.
⑥ 舒咏平. 品牌传播教程［M］. 北京：北京师范大学出版社，2013.

（二）颁发著名商标证书，"以评促建"带有强烈的计划经济色彩

在恢复商标管理的同时，国家也通过认定和评定商标的方式促进品牌发展，以此引导企业重视商标的作用和价值，开始了"以评促建"的品牌建设路线。1979年7月10日，国家经委颁发了《中华人民共和国优质产品奖励条例》，从当年开始颁发国家质量奖。此后，国家金质奖、银质奖、省优、部优成为引导企业品牌建设的标准。企业也经常以此为宣传点，广告中"金奖银奖满天飞"的现象屡见不鲜。1980年11月，国家工商总局对1979年获得国家质量奖的129个商标颁发了《国家著名商标证书》，同时，各地工商局也先后对2000多个商标颁发了《地方著名商标证书》。这对当时鼓励工业企业不断提高产品质量，努力生产优质产品和提高社会商标意识起到了一定的作用。① 以颁发《中华人民共和国优质产品奖励条例》和《国家著名商标证书》为标志，我国政府正式开启了改革开放后品牌建设的"以评促建"之路。

但是随着实践的发展，金质奖、银质奖、省优、部优等逐渐退出了历史舞台，取而代之的是国家优质产品奖。1987年国家经委颁布了《国家优质产品评选条例》，设立国家优质产品奖，对达到国际先进水平的优质产品颁发国家优质产品奖证书和标有"优"字的奖牌，同时废止1979年发布的《中华人民共和国优质产品奖励条例》。1991年，国家工商总局与消费者联合评选出了首批中国驰名商标，茅台、凤凰、青岛啤酒等11家企业商标上榜。驰名商标一经推出，引起巨大反响，从此成为政府评价品牌的主要手段。随后在1994年，《国家优质产品评选条例》废止。

虽然这一时期行政评比的方式有一定的弊端，但金质奖、银质奖等奖项是参照企业的历史、质量和声誉来确定的，是遵循着品牌的发展规律的。然而行政化的评比手段却又带有强烈的计划经济色彩，因此改革开放初期中国品牌的发展实际上是市场和计划两条腿走路。虽然这一时期的品牌评比不是从市场和消费者出发，但这种评比的方式在某种程度上迫使人们重视质量和

---

① 安青虎.驰名商标和中国的驰名商标保护制度［J］.中华商标，2004（11）：7-10.

商标的价值，对于早期的品牌发展而言具有积极的意义。

这一阶段是我国政府品牌意识的初步形成期，政府对于品牌的认识停留在商标层面，意识到了品牌的差异化功能，其促进品牌发展的手段也多围绕着商标开展。首先是商标管理工作的恢复和《中华人民共和国商标法》的颁布。其次，政府用评价和认定的方式引导企业关注质量，促进了企业质量意识的觉醒，也成为往后多年政府推动品牌建设"以评促建"思路的发端和逻辑起点。这一时期品牌建设的"以评促建"手段带有强烈的计划经济色彩，这也是改革开放早期社会背景的一种反映。

三、作为资产和溢价的品牌——名牌战略阶段

这一时期主要是 1992—2001 年。1992 年，南方谈话再一次解放了人们的思想，十四大确认了社会主义市场经济体制的改革方向，中国经济从 1989 年以来的三年整肃中逐步恢复，进入一个带有经济重启意味的发展时期，市场经济迎来了飞速的发展，为品牌的发展奠定了良好的基础。此外，这一时期供需结构发生转换以及大规模外资开始进入，直接加剧了国内市场的竞争激烈程度。国外的品牌知识和理论相继进入中国，中国一方面学习外资企业的品牌经营经验，另一方面通过学习国外先进的品牌知识和理论来升级自身的品牌经营能力。激烈的竞争更是加速了这种学习的进程，名牌迅速成为企业和政府解决现实挑战的着力点所在。这一时期国际贸易的增长和国际贸易中的极度不平等情况让政府意识到了技术与品牌的价值，具体表现就是政府对于技术的日益重视和对品牌的追逐。这一时期中国政府对于品牌的认识超越了单纯的商标或标示的含义，开始更加强调名牌的概念。伴随着品牌资产的概念传入中国，政府也开始意识到品牌能够带来附加价值，认识到了品牌是一种无形资产，具有溢价的能力。

（一）首个政府层面的名牌战略的提出和整体推进

1992 年 1 月，邓小平在南方谈话中指出："我们应该有自己的拳头产品，

创出我们中国自己的品牌，否则就要受人欺负。"邓小平同志最早提出了创自己品牌问题，并把创自己品牌提到免受别人欺负的战略高度。①邓小平提出的名牌问题更多强调的是名牌的"产品"，这与当时的社会背景有关。1989年经济整肃，国企经营困难，政府认为这与经济发展的效益低关系很大。于是同年召开的党的十三届五中全会和1990年召开的十三届七中全会，均强调了"提高经济效益"。1991年是国务院决定的"质量、品种、效益年"，同年的5月16日国务院颁布了《关于进一步增强国营大中型企业活力的通知》，其核心是要解决提高经济效益的问题。1993年国企确定了现代企业制度的改革方向。

然而与大部分国企面临经营困境不同，在1991年首次获评驰名商标的企业在经营上效益良好，这也让其他在困境中的企业以及政府看到了品牌的力量。此外，部分外资依靠品牌迅速抢占市场也加速了人们对于品牌的认知。"创名牌"由此成为国企走出困境和改革推进的一个重要支点。

我国确立社会主义市场经济体制的改革目标之后，外企大规模进入中国市场，数据统计显示，1979—2000年外商直接投资的95%以上发生在1992年之后，1992年和1993年外资直接投资的增速均达到了150%左右，形成了外商投资的一个浪潮。②进入20世纪90年代，我国供求逐渐趋于平衡，甚至出现了结构性供大于求的情况。外资的大规模进入和供需结构的转换直接加剧了这一时期中国市场的竞争，中国企业感受到了强烈的生存危机，也在市场竞争中感受到了品牌的力量。随着复关谈判的加快和中国国际贸易量的增长，如何在国际市场上与对手竞争、如何获取更高的品牌溢价同样成为政府和企业关注的问题。正是在这种背景下，邓小平南方谈话之后，无论是政府还是企业都将名牌视为救命稻草，名牌甚至与地方政府的政绩挂钩。

在邓小平南方谈话精神的直接推动和中国企业发展的深层次需求下，名牌成为往后一个使用频率很高的词汇。1992年，中国新闻界和国家主管部门

---

① 郭占恒.中国拥有知名品牌的战略意义和政策取向［J］.商业经济与管理，2007（3）：9-15.
② 根据国家统计局历年FDI数据计算所得。

联合评选出十大驰名商标。1993年,一些地方政府提出了名牌工程,制定了名牌扶持与奖励办法。1994年,一些省份推出该省的第一批名牌产品。1996年,全国大部分地区开始实施名牌战略。

为了实现"九五计划"关于提高我国产品质量、工程质量和服务质量总体水平的目标以及当时国内发展现状的需要,国家除了在1993年颁布了《中华人民共和国产品质量法》之外,还在1996年颁布了《质量振兴纲要》,指出要"实施名牌发展战略,振兴民族工业。鼓励企业生产优质产品,支持有条件的企业创立名牌产品。国家制订名牌发展战略,鼓励企业实行跨地区、跨行业联合,争创具有较强国际竞争能力的国际名牌产品"。这是国家首次在政府文件里面正式提出名牌战略,这是一个具有里程碑意义的文件。

此外,一些党和政府的领导也纷纷发表意见鼓励并支持企业创名牌、生产名牌产品。1994年,江泽民同志在视察福建时指出要"精心组织和培育一批在全国乃至世界同行业中具有较强竞争力和明显发展前途的名牌产品"。同年在视察苏南企业时他提出,"在国际市场打响中华民族的优秀名牌","要立民族志气、创世界名牌"。朱镕基在1994年提出,"宣传企业信用和名牌战略的重要性,探索市场竞争的正确途径,也是有重要意义的","牌子就是企业的信用,是企业赖以生存的基础,是社会主义市场经济中企业竞争能力的综合表现"。

从此,实施名牌战略成为各级政府振兴民族工业的重要任务,相关政策法规不断出台。1997年1月10日,国家经贸委、国家技监局发布《关于推动企业创名牌产品的若干意见》;国家质检总局2001年颁布了《中国名牌产品管理办法》,还在同年成立了"中国名牌战略推进委员会",每年举办一次"中国名牌产品"评选。2000年3月14日,国家质量技术监督局制定了《产品免于质量监督检查管理办法》,对具备完善的质量保证体系,生产经营符合国家法律法规和国家产业政策的要求,经济效益在本行业排名前列等企业的产品授予免检资格,"国家免检"也成为政府品牌建设的一部分。国家政策的积极倡导与大力支持极大地推动了中国企业明确品牌意识,提升了品牌建设的热情。

（二）配合名牌战略的推进，首次出台保护"驰名商标"的法律文件

1992年后中国经济再次步入高速发展阶段，商标的注册量急剧上升。1993年商标注册年申请首次突破了10万件，达到了13.2万件，累计注册总数达到了42.5万件，是1979年恢复全国统一注册时的13.1倍。① 伴随着名牌热，商标保护越来越重要，商标注册的现实情况也已经与1983年相比发生了巨大的变化，与激增的商标注册量相对应的是商标管理难度的增加和商标侵权案件的增加。1983年制定的第一部商标法已经难以适应现实需求，为了适应市场经济对保护商标的实际需要，1993年2月第七届全国人民代表大会对商标法进行了第一次修订：将服务商标纳入商标法的保护范围，简化商标注册申请手续，增加撤销欺骗性注册商标等规定，使商标法在实践中得到了充实与发展。② 此外，为了保护名牌，政府还在1993年7月修改《商标法实施细则》，增加了有关保护"公众熟知的商标"的条款，并于1996年8月颁布了第一部明确保护"驰名商标"的法律文件《驰名商标认定和管理暂行规定》。到了2002年2月，有关部门先后认定驰名商标274件，大力推动了各地名牌战略实施及商标保护工作。

总的来看，这一时期，政府对品牌的认知超越了差异化功能的商标层面，认识到品牌是一种资产，可以带来更高的溢价。这一时期我国政府首次提出了针对品牌发展的名牌战略。在当时外资大规模进入中国的背景下，中国本土企业一方面面临着产业和技术的自我升级，另一方面面临着外资品牌对于我国各个产业的强势竞争，此时提出的名牌战略在某种程度上也是为了应对外资品牌的产业竞争。20世纪80年代末90年代初期的"两乐水淹七军"③，

---

① 安青虎.驰名商标和中国的驰名商标保护制度［J］.中华商标，2004（11）：7-9.
② 金武卫.《商标法》第三次修改回顾与总结［J］.知识产权，2013（10）：10.
③ 20世纪80年代初可口可乐、百事可乐进入中国，在中国大地掀起了碳酸饮料热，当时全国实力最强的八大老国有碳酸饮料厂家是：重庆的天府可乐、广州的亚洲汽水、北京的北冰洋饮料、青岛的崂山可乐、河南的少林可乐、上海的正广和、沈阳的八王寺汽水、天津的山海关。但是，"两乐"凭借凌厉的市场攻势在碳酸饮料市场势如破竹、所向披靡，国产碳酸饮料节节后缩，兵败如山倒。当时，国产八大饮料中只剩上海的正广和还没有被"洋化"，这一现象被称为"两乐水淹七军"。

外资企业不断收购兼并中国本土品牌而后雪藏,造成本土品牌逐步消失于市场的戏码不断上演,国际贸易中极度不平等等惨痛的教训让政府意识到了品牌的重要性,加入世贸组织谈判的推进则进一步加剧了政府的担忧及对于品牌资产和溢价的需求。

名牌战略的提出和相关政策法规的制定实行促进了我国品牌的发展,让企业意识到了品牌需要消费者认知,品牌能够带来销售和溢价,让企业意识到了品牌的重要性。然而,这一时期无论是政府还是本土企业对于品牌的理解均局限于"知名度",片面地将名牌等同于品牌,政府热衷于举办各类名牌认定和评选活动,企业也热衷于参加各类名牌评选活动。企业热衷于名牌战、广告战、CI战、点子战、标王战,以为知名度是品牌的一切,片面地认为用钱就可以"砸"出品牌而忽视了产品质量、品牌管理运营能力的提升和核心技术的培育,为未来企业的品牌发展埋下了巨大的隐患,春兰、爱多、秦池、三株等一批辉煌一时的企业纷纷在一夜之间因此而倒下。

四、作为软实力和自主创新的品牌——自主品牌战略阶段

随着自身技术实力的增强,本土企业逐步摆脱了那种面对外资品牌时的不自信和单纯的崇洋媚外的心态,开始携自主创新的技术走向世界,中国政府开始越来越多地强调自主创新与品牌的关系,强调品牌是国家软实力[1]的组成部分。

(一)政府品牌观念的转变源于对过去的反思和环境的变化

其一,对于20世纪90年代的反思。1992年南方谈话之后,大规模的外资品牌全面进入,中国用市场换技术,虽然体现了大国的包容气度,然而很多本土品牌却因此在市场上消失。本土品牌的消亡引起了包括学界、业界、

---

[1] 软实力是美国哈佛大学肯尼迪政治学院院长约瑟夫·奈于20世纪80年代首先提出的,后被引入品牌研究领域。

政府在内的社会各界的警觉，强调整合、品质和全方位运营能力的"品牌"而不是单纯强调知名度的"名牌"的讨论日益多了起来。其二，加入世贸组织的巨大影响。2001年，在经过长达15年的谈判之后，中国正式于2001年12月11日成为世贸组织成员国。加入世贸组织之后，中国其实面临的压力更多体现在随着本土市场更大程度的开放，中国本土企业将会面临前所未有的国际竞争。当时许多国内外专家学者表达了对于中国本土企业和产业的担忧，"中国崩溃论""本土品牌大败退"的预言不绝于耳。中国的本土企业将遭受来自国外企业非常大的竞争压力。如何应对外资品牌的强势竞争成为一个不得不解决的问题。其三，在这种背景下，政府也开始意识到了品牌内涵的丰富性与多样性，即品牌不仅仅是商业层面的品牌溢价、品牌资产问题，更是一个涉及政治、文化的问题，即品牌关乎国家软实力，品牌是国家软实力的重要构成。

因此，中国的品牌战略一方面延续并深化了1996年正式提出的名牌战略，另一方面开始强调具有国际竞争力的自主品牌建设。而自主品牌本身就包含着自主创新的意思。这一时期，政府对于品牌的认知更加深刻：其一，认识到品牌是国家软实力的重要组成部分，是中国走出去和应对国际竞争的有效武器。其二，认识到品牌与自主创新的关系，没有自主创新就没有品牌的真正发展。

（二）强调国际竞争力和自主创新

2002年党的十六大报告明确提出关于"形成一批有实力的跨国企业和著名品牌"的总体要求，这是中央对"企业兴国、品牌强国"战略的最高决策。2003年10月14日中国共产党第十六届三中全会提出"鼓励国内企业充分利用扩大开放的有利时机，增强开拓市场、技术创新和培育自主品牌的能力"。2005年10月，十六届五中全会通过了《中共中央关于制定国民经济和社会发展第十一个五年规划的建议》，提出"尽快形成一批拥有自主知识产权和知名品牌、国际竞争力较强的优势企业"。这份文件首次将品牌与自主创新联系了起来，意识到了自主创新是中国品牌的灵魂，没有自主创新，中国的品牌就是缺乏灵魂的，这也标志着我国政府对于品牌认识的进一步成熟和深化。随后，国家再次强调培育具有国际竞争力的自主品牌。2007年十七大报告提出"加快培育我国的跨国公司和国际知名品牌"。2010年10月，十七届五中全会通过了《中共中央关于制定国民经济和社会发展第十二个五年规划的建议》，提出要"推动自主品牌建设，提升品牌价值和效应，加快发展拥有国际知名品牌和国际竞争力的大型企业"。

党和国家领导人也在多个场合强调自主品牌的重要性。2001年11月，江泽民同志在中央经济工作会议上强调："在我们具备比较优势的加工工业中，加快形成拥有国际知名品牌、具备国际竞争力、面向国际国内两个市场的大规模制造能力。"胡锦涛同志进一步把拥有自主品牌与拥有自主知识产权、增强自主创新能力结合在一起。[①]由此可以看到国家对于培育具有国际竞争力的自主品牌的重视。

在培育具有国际竞争力的自主品牌方面，相关部门先后出台了如下一系列政策。其一是对于老字号品牌的重视。老字号品牌具有悠久的历史和深厚的文化底蕴，是自主品牌的典型代表。商务部在2006年发布了《关于实施"振兴老字号工程"的通知》，研究制定振兴老字号工程的实施规划，并重新对中华老字号的品牌进行认证。自此，我国品牌建设中先后形成了"中国名牌产品""国家免检产品""中国驰名商标""中华老字号"等系列评选，并对入选品牌实施了政策保护和优先支持等多种扶持鼓励政策。2008年，商务部等十四部门联合发布了《关于保护和促进老字号发展的若干意见》，2011年商务部发布了《关于进一步做好中华老字号保护与促进工作的通知》，进一步促进老字号品牌的发展。

其二，我国以大型国企和央企为代表的工业企业在经过三年脱困战役及战略重组之后纷纷上市，2000年后大踏步进入了世界财富500强，在国际上引起了巨大的关注。这些企业同样是自主品牌的重要代表，也是国家重点培

---

① 朱卫江，杨守卫，金晶瑜. 推进"品牌大省"建设的战略意义［J］. 政策瞭望，2006（4）：32-33.

育的具有国际竞争力的国际性大企业。因此，以大型国企、央企为代表的工业企业品牌建设同样是重中之重。为此，工信部、国家发改委、财政部、商务部、中国人民银行、国家工商总局、国家质检总局七部委于 2011 年 7 月联合发布了《关于加快我国工业企业品牌建设的指导意见》，提出"到 2015 年，我国工业企业创新能力和品牌培育能力显著增强……重点培育一批具有国际影响力的自主品牌"的工业企业品牌建设目标。该意见发布后，工信部开始持续推进工业企业品牌培育和评价工作，陆续发布了《工业产品质量发展"十二五"规划》《关于开展工业企业品牌培育试点工作的通知》《关于加强 2013 年工业质量品牌建设工作的通知》等文件，有效地促进了工业企业品牌能力的建设。

在强调具有国际竞争力的自主品牌建设的同时，上一阶段的名牌战略也在不断地应时深化。为了贯彻党的十六届五中全会关于"尽快形成一批拥有自主知识产权和知名品牌、国际竞争力较强的优势企业"的精神，落实十届全国人大四次会议政府工作报告提出的"大力实施品牌战略，鼓励开发具有自主知识产权的知名品牌"的要求，推动国民经济又快又好地发展，在 2006 年，国家质检总局发布了《关于进一步加快实施名牌战略的意见》，提出了加快实施名牌战略的指导思想、主要目标、基本原则、"十一五"期间中国名牌产品重点培育和发展方向及主要措施。商务部则于 2006 年 5 月印发了《商务部关于开展"品牌万里行"活动的通知》，启动了"品牌万里行"宣传推广活动，着力打造"品牌建设十大体系"并制定了《商务部开展"品牌万里行"活动工作方案》。同年 8 月，商务部开展了"中国畅销品牌"的评定工作；12 月，为建立和完善品牌发展政策促进体系，进一步推动品牌建设，商务部发布了《商务部关于品牌促进体系建设的若干意见》。

2012 年 6 月，国务院在《质量振兴纲要（1996—2010 年）》的基础上发布了《质量发展纲要（2011—2020 年）》，指出要"创建品牌培育激励机制。大力实施名牌发展战略，发挥品牌引领作用，制定并实施培育品牌发展的制度措施，开展知名品牌创建工作"，并明确提出了"到 2020 年，形成一批拥有国际知名品牌和核心竞争力的优势企业，形成一批品牌形象突出、服务平台完备、质量水平一流的现代企业和产业集群"。为了有效推动《质量发展纲要（2011—2020年）》的落实，国务院自2012年每年都印发贯彻实施质量发展纲要的行动计划。在历年的政府工作报告中，关于"培育一批有国际竞争力的知名品牌"的字眼也不断出现，显示出历年政府对于品牌问题的重视。随后，2013年2月25日，国务院正式批复，成立由国家质检总局、工商总局、财政部、商务部等多部委共同发起的"中国品牌建设促进会"，这是继"中国名牌战略推进委员会"后成立的第二个具有政府背景、促进品牌发展的社会组织。

（三）更加科学、完善的品牌资产评估体系

这一时期的品牌相关政策也有所调整，比较有代表性的是我国品牌建设逐步摆脱了行政评比，开始走向科学品牌价值评估的阶段。在经过20世纪80年代评定金质奖、银质奖、省优、部优之后，90年代政府开始评出"驰名商标"，21世纪后开始强化对驰名商标的保护。2001年10月27日，第九届全国人民代表大会第二十四次会议通过了对《中华人民共和国商标法》的第二次修改，此次修改的亮点是在商标法中增加了保护驰名商标的规定，第一次将驰名商标纳入商标法的保护范围。2003年，国家工商总局发布了驰名商标认定和保护的行政规章。中国名牌、国家免检也开始登上品牌战略的舞台。2001年，国家质检总局开始每年一次"中国名牌"产品的认定，并于2005年推出"中国世界名牌"产品的认定；2000年3月14日，国家质量技术监督局制定了《产品免于质量监督检查管理办法》，从此进入"国家免检"的序列也成为企业的品牌目标之一。

然而，"以评促建"的方式引发了诸多不良后果，体现出其不科学和不合理所在。因为从根本上说，品牌的强弱不是政府评价出来的，而是消费者和市场评价出来的。2008年，三聚氰胺危机事件之后，政府开始反思这种方式，并作出了一些调整。首先，"国家免检产品"停止使用。2008年9月18日，国家质检总局发布公告废止了《产品免于质量监督检查管理办法》。同年10月23日，国家工商总局发出通知，即日起所有商品在广告中都不允许出现"国家免检产品"等涉及质量免检的内容。其次,"中国名牌"停止使用。2008年,国家质检总局职能调整,不再直接办理与企业和产品有关的名牌评选活动。2010年,《国家质量监督检验检疫总局关于修改〈中国名牌产品管理办法〉的决定》发布,12月31日"中国名牌"停止使用,"中国名牌"产品企业不得在产品及其包装、装潢、说明书、广告宣传以及有关材料中继续使用"中国名牌"产品标志。最后,驰名商标也退出了商标评比舞台并回归其法律属性。2013年9月2日,十二届全国人大常委会第四次会议表决通过了《全国人民代表大会常务委员会关于修改〈中华人民共和国商标法〉的决定》。新商标法规定,生产、经营者不得将"驰名商标"字样用于商品、商品包装或容器上,或者用于广告宣传、展览以及其他商业活动中,实现了其法律属性的回归。从此,我国政府"以评促建"的三大标志性产物——"驰名商标""中国名牌""国家免检"或停止评价或回复原本属性,代表着我国"以评促建"这一思路的重大调整。

在摒弃过去行政化色彩浓厚的"以评促建"的同时,政府也着手建立更加科学的品牌评价体系。国外自2000年前后逐渐加强了品牌价值的评估,如世界品牌实验室发布的世界品牌500强榜单、WPP旗下BrandZ发布的全球最具价值品牌百强榜、Brand Finance发布的全球品牌价值500强榜单、Interbrand发布的全球最佳品牌榜在世界范围内引起了巨大反响。但是,在国外咨询公司的主导下的品牌评价标准并不能够完全反映中国品牌的价值,建立一个符合中国情况的品牌评价方法和标准成为当务之急。2011年12月30日相关部门颁布了《商业企业品牌评价与企业文化建设指南》,对于我国企业品牌评价起到了指导性的作用。2014年8月6日,国务院下发26号文件《关于加快发展生产性服务业促进产业结构调整升级的指导意见》,再次重点强调了要推动形成具有中国特色的品牌价值评价机制。此外,中国还致力于参与全球品牌价值评估标准的建设,2014年1月,国际标准化组织(ISO)中央秘书处正式批准成立品牌价值评价国际标准化技术委员会(TC289),中国是秘书国,秘书处设立在中国。

总的来看,这一时期我国面临着巨大的环境转变,加入世贸组织的中国经济开始深度融入世界经济脉络。中国面临着更高强度的国际竞争，中国在这一时期成为世界工厂，中国制造成为世界认知中国的一张重要名片，但是这张名片的品牌形象令人担忧。品牌不仅是企业竞争的手段，不仅是国家产业政策，更是国家软实力的重要构成。而中国国家的软实力在很大程度上取决于中国的品牌实力。我国品牌战略在延续上一阶段的基础上更加强调自主品牌的建设和国际竞争能力的提升，同时在原有政府主导的品牌评价体系暴露出巨大问题之后，品牌价值的科学评估也成为国家品牌战略非常关注的一部分。也正是在这一时期，中国品牌的国际影响力迅速提升，在国际品牌大舞台上的影响力越来越大。

五、作为关系建构的品牌——顶层品牌战略阶段

这一时期习近平"三个转变"的提出标志着我国政府品牌认识又一次深化，品牌战略开始从自主品牌战略上升成为国家的顶层战略，这是前所未有的。具体来看，有三大背景促使了这种转变的发生。一是，大国和平崛起和中国企业更深层次全球化的背景。2010年中国成为世界第二大经济体和世界第一的制造大国，中国"威胁论"此起彼伏。然而中国走的是永不称霸的和平崛起之路，为了更好地融入国际社会，中国必然要与世界其他国家、人民以及利益相关者构建良好的互动关系，而品牌是关系建构的最佳载体。品牌建设是促进企业发展、构建良好的国家形象、讲好中国故事的必然之举。良好的品牌也是中国企业进行更深层次的全球化、寻获新的市场空间、构建可持续交换关系的前提。二是，中国经济转型升级的内在要求。2014年中国经济进入新常态，中国经济面临着转型升级，要走的是内涵式、高质量的发展之路。品牌建设则是题中应有之义和必然结果，牵住了品牌的牛鼻子，就牵住了中国经济转型升级的关键着力点。三是，这一时期中国企业的发展也逐步成熟，开始在5G、高铁、建筑、载人航天、海洋开发、数字经济等领域呈现出引领世界的发展态势，因此国家品牌战略的提出也客观上具备了良好的条件。中国的某些产业和企业在某些领域已经做到了全球领先，此时更应该

加大力度进行全面的品牌建设。总的来看，这一时期中国的品牌观念更加全面和深刻。政府在过去对品牌理解的基础上，结合当前国际政治经济环境，进一步将品牌提升至顶层战略的高度，同时将品牌看作与所有利益相关者关系建构的最佳载体，品牌作为一种关系为政府所深刻认知。

（一）作为顶层战略的国家品牌战略的首次提出：从"三个转变"到"中国品牌日"的设立

2014年5月，习近平在考察河南的行程中提出，"我国发展仍处于重要战略机遇期，我们要增强信心，从当前我国经济发展的阶段性特征出发，适应新常态，保持战略上的平常心态"[1]。这是习近平首次提及"新常态"。中国经济呈现出新常态，从高速增长转为中高速增长，经济结构优化升级，从要素驱动、投资驱动转向创新驱动。同样是在5月考察河南的行程中，习近平提出了"三个转变"的重要指示，即"推动中国制造向中国创造转变、中国速度向中国质量转变、中国产品向中国品牌转变"。"三个转变"指明了中国企业的发展方向，切中了中国经济发展的要害。这里的"三个转变"中，落实到具体目标上的"中国创造""中国质量""中国品牌"，其核心无疑是以"中国品牌"为载体的，因为中国品牌承载着中国创造、中国质量，并由消费者在市场上进行品牌认知、品牌选择。[2] 由此可见品牌的核心地位。"三个转变"的提出，标志着我国政府的品牌理念真正走向成熟。

其实习近平很早就认识到了品牌对于国家发展的重要性。2004年12月20日，在浙江省经济工作会议上，习近平在谈到品牌战略的问题时说，"我们要坚定不移地走品牌发展之路……努力创造若干世界名牌"。毛泽东、邓小平、江泽民、胡锦涛等党和国家的领导人都曾有过树立中国品牌的论述，而习近平"三个转变"的提法则更加完善和系统。2015年和2016年连续两年的

---

[1] 习近平在河南考察时强调：深化改革发挥优势创新思路统筹兼顾确保经济持续健康发展社会和谐稳定[N].人民日报，2014-05-11.

[2] 甘世勇，舒咏平.习近平讲话中有关品牌观点的学习与解读[J].现代传播（中国传媒大学学报），2017（7）：113-117.

政府工作报告强调品牌工作,"十三五"规划中也多次出现品牌的身影。

2016年6月10日,《国务院办公厅关于发挥品牌引领作用推动供需结构升级的意见》(以下简称《意见》)由国务院发布,自2016年6月10日起实施,强调"品牌是企业乃至国家竞争力的综合体现,代表着供给结构和需求结构的升级方向"。《意见》是我国在中央政府层面第一个以品牌为关键词的正式文件,宣告着中国国家品牌战略从"以评促建"的导向性引导开始向推动品牌做实做强的推动型战略转型,在中国国家品牌战略的发展过程中具有里程碑的意义。[1]《意见》提出了三项重大品牌工程。一是品牌基础建设工程,二是供给结构升级工程,三是需求结构升级工程。《意见》中提出设立"中国品牌日",这是首次以官方身份而且是国务院级别提出设立"中国品牌日",标志着"发挥品牌引领作用"上升到了前所未有的高度。2017年4月24日国务院批复,同意自2017年起,将每年5月10日设立为"中国品牌日"。"中国品牌日"的设立对于凝聚社会共识、发展品牌经济、建设品牌强国具有重要意义。2017年10月12日,外贸发展局正式启动"中国之造"[2] 品牌工作计划,表明中国品牌战略的全球化导向进一步明确。从"三个转变"的提出到《意见》的发布再到"中国品牌日"的设立,中国的政府品牌观念通过三步走的方式成形、成熟。

(二)品牌战略联动其他国家战略,着力发挥品牌引领作用,对内提升质量,对外构建良好关系

品牌战略作为国家的发展战略与其他国家发展战略的高度联动也从侧面反映了政府的品牌逻辑。2014年以来,中国推出了"中国制造2025""供给侧结构性改革""一带一路"等国家层面的战略和倡议,品牌在其中被反复提及,可见品牌的重要性以及品牌与其他国家战略的紧密联系。

---

[1] 汪同三.中国品牌战略发展报告[M].北京:社会科学文献出版社,2016.
[2] "中国之造"(ChinaMade)是外贸发展局为扩大中国品牌在全球市场知名度与美誉度,助力中国企业产品和服务品质创新提升,引导中国品牌自觉承担更多企业社会责任,实现对外贸易转型升级目标而提出的一项品牌工作计划。

首先，品牌战略和中国制造 2025。《中国制造 2025》是我国实施制造强国战略第一个十年的行动纲领。在这个纲领中，品牌也是制造强国战略的重要组成部分。《中国制造 2025》明确提出"加强质量品牌建设，鼓励企业追求卓越品质，形成具有自主知识产权的名牌产品，不断提升品牌价值和中国制造整体形象"。改革开放以来，中国制造业的规模和质量不断提升，为国家经济提供了强力支撑。随着我国消费需求的变化和升级，市场对产品和质量的需求不断提高，这在客观上要求中国制造的转型升级。此外，很多发达国家重新重视制造业的发展，东南亚等国开始承接全球中低端制造业的转移，中国制造面临的是前后夹击。在国际市场上，中国制造也越来越需要转变廉价低质的形象。这时候中国制造一方面要提高质量，另一方面要着手改善品牌形象。

其次，品牌战略和供给侧结构性改革。新常态下我国需求端发生了巨大的变化，我国消费市场的模仿型排浪式消费阶段基本结束，个性化、多样化消费渐成主流。高端消费外流正是这种变化的表现，消费升级成为消费变化的最好注脚，品牌消费已经成为主流。2015 年 11 月，习近平在中央财经领导小组第十一次会议上首次提出了"在适度扩大总需求的同时，着力加强供给侧结构性改革，着力提高供给体系质量和效率，增强经济持续增长动力，推动我国社会生产力水平实现整体跃升"。可以说，我国人民日益增长的品牌消费激发了需求侧的结构变化，并促使供给侧结构性改革以品牌为核心取向。习近平通过"需求侧变化"—"供给侧结构性改革"—"企业品牌产品的创新升级"的逻辑分析，指出了品牌是供给侧结构性改革的核心取向。[1]2016 年 12 月，习近平在中央财经领导小组第十四次会议上的讲话指出，要引导企业突出主业、降低成本、提高效率，形成自己独有的比较优势，发扬"工匠精神"，加强品牌建设，培育更多"百年老店"，增强产品竞争力。[2]2017 年

---

[1] 甘世勇，舒咏平. 习近平讲话中有关品牌观点的学习与解读 [J]. 现代传播（中国传媒大学学报），2017（7）：113–117.

[2] 习近平：推进供给侧结构性改革是一场硬仗 [EB/OL].（2017-06-21）. http://jhsjk.people.cn/article/29352816.

十九大报告明确了新时代我国社会主要矛盾是人民日益增长的美好生活需要和不平衡不充分的发展之间的矛盾,并提出要深化供给侧结构性改革。品牌建设是满足人民日益增长的美好生活需要和深化供给侧结构性改革的题中应有之义和必然之举。

最后,品牌战略和"一带一路"倡议。中国企业在全球化的趋势下要抓住"一带一路"带来的机遇。"一带一路",企业是主角。中国的企业要实现更大的发展,必须更加深度地融入全球市场,寻获新的市场空间,实现新一轮的全球资源配置,进而打造新增长。中国当前在"一带一路"沿线国家面临的最紧迫的不是资金、技术、产品的问题,而是建立可持续的商业模式的问题,这也就意味着企业需要与当地消费者保持良好沟通,需要用品牌和文化让当地消费者接纳,这样才能够形成一个完整的、具有延续性的营销闭环。也只有这样,中国的企业才能够真正地走出去。"一带一路"不仅是产品走出去,更是品牌走出去。

总的来看,这一阶段我国的品牌战略真正上升到国家战略层面,横向对比世界上其他国家的品牌战略,显示出前所未有的重视。政府的品牌观念也更加深刻和全面,对于品牌的理解更进一步:一是前所未有的高度重视,二是对于品牌即关系的深刻理解。

结 语

综上可知,其一,我国政府的品牌观念经历了一个短时间内、跨越式成熟的演进过程:20世纪80年代政府将品牌看作一种标识,并用法律概念的商标加以保护;90年代,政府将品牌看作一种可以带来更高交换价值的资产,强调知名度;加入世贸组织之后,政府将品牌看作国家软实力的组成部分,认为品牌需要有自主创新;进入经济新常态之后,政府将品牌视作国际市场竞争的门票和良好关系构建的手段,将品牌提升至国家战略的高度进行规划和安排。我国政府品牌观念在短短四十年的时间内完成了这种转变,横向对比世界其他国家来看是少有的。其二,我国政府品牌观念的日趋成熟与我国市场经济发展是高度相关的，品牌的强弱取决于市场经济发展的好坏，品牌发展的根本动力来自市场，中国品牌的发展与中国市场经济的发展是同步的。1978年中国的市场化指数得分是15.08分，到了2008年已经上升到76.4分。① 作为市场的信号，价格的市场化程度在2016年已经达到了97.01%。②其三，我国的品牌发展的特殊性在于我国的社会主义市场经济体制，与其他国家相比，中国品牌发展中的国家意志的影响非常大。

从品牌发展的历史规律来看，当经济发展到一定程度之后，品牌会依循市场规律自然成长，一般不需要政府在行政层面的过多干预。然而，我国目前所出现的情况恰好相反，经济实力增进的同时，政府的"看得见的手"的推力不但没有减弱反而也同步增长。我们认为，我国政府之所以强力推动品牌的发展，除了有经济发展层面上的考量之外，还考虑到了品牌在精神层面和文化层面的统合作用，体现出强烈的国家意志。中国的宏伟愿景是实现"中国梦"与构建人类命运共同体，其宏大叙事手法就是"讲好中国故事"，而品牌既是中国故事的元素也是中国故事的建构，品牌能否成功，事关中国故事的成败。因此，讲好"中国梦"的品牌故事就超出了企业市场营销的活动范畴，各级政府高度关注也就理所当然。

然而，如果承认品牌也是一种故事建构的话，那么，这个讲述是建立在互动互信的基础之上的。主导者和讲述者虽然怀着强烈的意愿积极推进，受众和市场能不能全盘接受品牌所隐含的情感、形象和思想呢？这需要经过一段时间的观察和缜密的实证检验，已经超出本文的范围了。

---

① 曾学文，施发启，赵少钦，等.中国市场化指数的测度与评价：1978-2008 [J].中国延安干部学院学报，2010（4）：47-60.

② 2016年我国价格市场化程度已超过97% [EB/OL].（2017-07-27）. http: //finance. jrj. com. cn/2017/07/270735 22803867. shtml.

新中国七十年品牌路：回望与前瞻[*]

新中国成立七十年来，中国品牌走过极不平凡的历程。1949年后，中国建立了相对完整的工业体系，为品牌发展创造了统一的市场前提、坚定的政治支持以及物质技术基础。改革开放后，中国品牌在既有基础的转型上实现了快速发展并稳步走向世界品牌大舞台。

引 言

按照经典的定义，品牌是一个名称、名词、标记、符号或设计，或是它们的组合，其目的是识别某个销售者或某群销售者的产品或劳务，并使之同竞争对手的产品和劳务区别开来。[①] 本文所言的品牌主要是指市场意义上的企业品牌，是企业出于商业目的而塑造的一种差异化，是生产者和消费者双向互动中的一种营销结果。品牌的基本功能包含差异呈现、价值创造以及关系建构。

2019年是新中国成立七十周年，中国品牌也在这七十年的发展里走到了世界舞台的中央，成为世界品牌竞争格局中一股不可忽视的蓬勃力量。Brand Finance2019年全球品牌价值500强榜单显示，中国品牌价值总额占比达到近20%，品牌价值总额首次超过1万亿美元，仅次于美国；品牌背后的中国企

---

[*] 本文原载于《现代传播（中国传媒大学学报）》2019年第11期，与张驰合作，收入本书时有改动。

[①] KUMAR U, MISHRA P. What is a brand? A perspective on brand meaning [J]. European Journal of Business & Management, 2012（3）：122-133.

业发展势头更加迅猛，2019年财富500强榜单中国入选129家企业，首次超过美国入选的数量，成为世界第一。① 可见，七十年里无论是品牌还是企业，中国均实现了较大的历史性突破。本文之所以从七十年的角度出发考察，是因为从大历史观的角度来看，新中国成立前后的政治制度、意识形态等方面呈现出完全不同的状态。新中国成立之后，虽然出现了"文革"此类浩劫和改革开放的历史巨变，但是社会的政治制度、组织体系、意识形态基本上实现了维系而没有断裂。虽然在发展阶段上有起有伏，但总体来看，新中国成立后的七十年历史是前后延续的而非前后截然断裂的，这也是本文分析的一个基本观点。那么，自新中国成立以来品牌是如何发展至今的，经历了怎样的演进过程，对于当下和未来的品牌发展又有何种启示？在国际竞争激化，品牌成为国家战略和企业日益关注的核心问题的背景下，对这些问题的回答显得格外重要。

在改革开放四十周年的重要时间节点上，出现了一批从历史视角②对中国品牌进行考察的研究，主要与中国品牌成长的历史③、成长的动力④、发展的路径⑤、发展的反思⑥、国家品牌观念⑦、对外传播历程⑧等相关，这些研究集中梳理了改革开放后中国品牌发展的基本事实，基于事实分析了中国品牌发展的

---

① 分别根据 Brand Finance 和《财富》杂志公布的报告数据整理，参见：https://brandfinance.com/，http://www.fortunechina.com/fortune500/index.htm。
② 黄升民，赵新利，张驰. 中国品牌四十年：1979—2019 [M]. 北京：社会科学文献出版社，2019.
③ "狂飙突进：中国品牌四十年"系列文章，《国际品牌观察·媒介》，2019年。
④ 黄升民，张驰. 改革开放四十年中国企业品牌的成长动力考察 [J]. 现代传播（中国传媒大学学报），2018（9）：1-12.
⑤ 赵新利，张驰. 中国特色品牌40年发展路径探析 [J]. 未来传播，2019（1）：81-86，125.
⑥ 张驰，黄升民. 中国品牌发展的反思 [J]. 新闻与传播评论，2019（1）：62-71.
⑦ 黄升民，张驰. 改革开放以来国家品牌观念的历史演进与宏观考察 [J]. 现代传播（中国传媒大学学报），2018（3）：1-9.
⑧ 赵新利，项星宇，官效喆. 新中国本土品牌对外传播历程探析 [J]. 对外传播，2018（6）：56-58.

基本逻辑。在此之前,也出现了一些有代表性的研究成果[①],如王海忠[②]等人关于中国品牌史或与之紧密相关的营销史[③]的考察。本文在考察的过程中将更加关注品牌发展的特定历史背景,尤其是经济发展、产业结构、大众消费、传播演变等与品牌发展密切相关的因素,以此探究各个时期品牌成长的不同特点以及背后动因,而非局限于发展过程的简单描述。此外,鉴于改革开放至今的品牌发展历程研究较为丰富,本文将会着重分析新中国成立到改革开放之间这一时期的品牌发展。本文将七十年的中国品牌发展以改革开放的起始点1978年为分界线,分为前后两个大的历史时期,并在此基础上将中国品牌发展进一步细分为六个小的历史时期来展示其演进的过程。这六个历史时期分别是国民经济的恢复和中国品牌的继承与发展(1949—1952),计划经济时期中国品牌发展的停滞与低迷(1953—1978),改革开放和中国品牌的萌芽与恢复(1978—1991),市场经济体制的建立与中国品牌的高速发展(1992—2000),全球化、大国崛起与中国品牌的高歌猛进(2001—2012),新常态、结构性问题与中国品牌的转型升级(2013—2019)。

一、中国品牌的继承发展与走向低迷(1949—1978)

在新中国成立之后到改革开放之前的时间段内,中国品牌的发展总体上发生了两个巨大的变化:第一是品牌主体结构的变化,主要表现为从多种企业结构发展为单一的国企主导的结构,私企品牌消亡;第二是品牌从继承、发展到近乎消失的转变。这一阶段是中国品牌史上的一个相对灰暗的时期,整体发展较为有限甚至出现了较大的倒退,但是这一时期初步完整的工业体系建设等却为品牌在改革开放之后的迅速发展奠定了坚实的基础。

---

① 笔者曾在此前的研究中对中国品牌史的相关研究做了系统的文献整理。张驰.浅析改革开放以来中国品牌发展的历史分期问题[J].广告大观(理论版),2019(3):87-98.
② 王海忠.中国品牌演进阶段的划分及其公共政策启示[J].中山大学学报(社会科学版),2015(4):169-183.
③ 何佳讯,卢泰宏.中国营销25年:1979—2003[M].北京:华夏出版社,2004.

廿年探索　汇聚平台　黄升民自选集

（一）国民经济的恢复和中国品牌的继承与发展（1949—1952）

1. 品牌的存续

1949—1952年是我国国民经济的恢复时期。饱受战乱摧残的中国品牌在相对稳定的社会环境中实现了部分的恢复与发展，主要表现为已有民族资本主义品牌的继续发展和国有企业品牌的萌芽。第一，新中国成立之后，为了实现经济的恢复，对于民族资本主义企业实行的是保护并有限发展的策略。因此在新中国成立之前已经形成的张麻子、家化、百雀羚等民族资本主义企业的品牌得到了延续和发展。工业企业方面，直到1952年，资本主义私营性质的工业占工业产值的比重依旧能够达到30.6%。工业产值也从1949年的68.3亿元增加到1952年的105.2亿元[①]；商业企业方面，1952年，资本主义性质的商业在批发业中的比重达36.8%，在零售业中的占比也能够达到57.4%[②]。第二，国有企业品牌的萌芽。这一时期，党和政府打击不法资本主义企业，使国有企业成为经济战线上的一分子，依靠的是广告传播引导消费者购买，从而占据市场。在新中国成立初期，国有企业在《人民日报》等报纸上刊登产品、企业和商标信息以引导消费者购买，这是一种带有萌芽性质的品牌活动。

当时的品牌之所以能够存续，得益于两点：第一，一定程度的自由市场以及企业间竞争的存在，虽然竞争的程度较低。这与当时市场上存在多种经济成分的企业，国有经济尚未占据主导地位以及计划管理的方式尚未全面铺开和渗透有关。第二，工农业生产恢复较快，市场供应相对充足，呈现出买方市场的状态。据相关资料记载，当时市场上许多中高档产品甚至包括肥皂之类的日用品出现了滞销的情况，为此，20世纪50年代初期商业部门对一些高档商品比如毛料、收音机等采取赊购方法，以鼓励人们消费。[③] 一定程度自由市场的存在结合局部供大于求的市场供需情况，加之新中国成立初期广告业和媒体机构的延续，促进了品牌的恢复与发展。

---

① 汪海波，刘立峰.新中国工业经济史：第三版[M].北京：经济管理出版社，2017：56.
② 商业部商业经济研究所.新中国商业史稿：1949-1982[M].北京：中国财政经济出版社，1984：20.
③ 马洪，孙尚清.中国经济结构问题研究[M].北京：人民出版社，1981：423.

2. 品牌的转向

然而，品牌发展的式微转向早在恢复和发展期间便开始发生：其一，国有经济的快速提升与计划经济体制的渗透面扩大。在三年的经济恢复时期，广义上国有工业企业（包括社会主义的国家工业和集体工业、半社会主义性质的公私合营工业）的占比从28.3%上升到48.8%，资本主义私营性质的工业企业从48.7%下降到30.6%。①商业企业方面的变动趋势与工业企业类似。伴随着国有经济的壮大，计划经济也在经济管理中扩大。企业结构的变化和计划经济的扩大导致自由市场的压缩。其二，优先发展重工业的趋势显现，工业发展脱离大众消费的苗头出现，不利于品牌的成长。1949—1952年，重工业产值从37亿元增加到124亿元，按可比价格计算增加2.3倍，远超轻工业的1.15倍，占比也从26.4%上升到35.5%。②其三，广告与媒体的政治化转向。1952年，随着国有媒体体制的逐步建立，政府曾批评了当时广告单纯盈利的思想，商业广告的属性开始弱化，政治广告的属性开始强化。这与商业性的品牌发展是背离的。1949—1952年是新中国品牌发展的起点和基础，起点和基础的内在变化昭示了接下来品牌的波折和低谷。

（二）计划经济时期中国品牌发展的停滞与低迷（1953—1978）

1. 品牌发展的停滞与近乎消失

这一时期的品牌发展大致可以分为两个阶段。第一阶段是品牌发展的停滞期（1953—1965）。1953年中国开启了"一五"计划和社会主义改造，1956年社会主义改造完成形成了大一统的国有经济，1957年"一五"计划完成，建立了初步的重工业基础。1958年开启"大跃进"，国民经济虚耗狂奔，1959—1961年经历三年经济困难时期，1961—1965年经济进入了调整期。这一时期由于错误的政策等原因经济的波动很大，品牌的发展也受到了一定的影响，总体上呈现出停滞的状态。第二阶段是品牌发展的近乎消失时

---

① 汪海波，刘立峰.新中国工业经济史：第三版［M］.北京：经济管理出版社，2017：56.
② 汪海波，刘立峰.新中国工业经济史：第三版［M］.北京：经济管理出版社，2017：57.

期（1966—1978）。1966年"十年动乱"开始，广告、品牌、商标等被视为"封资修"加以批判，受到了严重的冲击。广告逐步消失于中国市场[1]；具有特色的老字号商标也被更名为清一色的"工农""东风"等名称，全聚德则被改为"北京烤鸭店"[2]，商标逐渐失去了商业差异化功能。彼时的厂名、厂标以及存在的一些电影、书籍等文化类广告的商业属性极弱，主要是为了政治目的的管理和宣传服务，市场意义上的现代品牌已经近乎消失。之所以说"近乎消失"，而不是"完全消失"，一方面，是因为当时的市场上依旧客观存在一些大众追捧的但与大众消费联系十分微弱的等同于奢侈品的品牌产品，如海鸥牌相机、上海牌手表、凤凰牌自行车等[3]；另一方面，是因为外贸企业品牌的延续，这一点将在后文展开。

2. 品牌消失的结构性因素

虽然"十年动乱"给广告和品牌事业造成了极大的冲击，直接导致了广告的消失和品牌的低迷。但直到1970年依旧有生产资料广告的存在，并且当时政府也从未发布过明确要取消广告的文件或通知。[4] 无论是广告，还是品牌的消失，其背后均有深刻的经济结构性变动的因素，主要表现在企业结构、产业结构和整体的消费结构的变化上。

其一，从企业结构上看，没有市场独立性的国有企业在这一时期占据了主导位置。1956年，广义上的国有工业企业（包括全民所有制工业、集体所

---

[1] 1970年1月19日，《人民日报》刊登三条工业品广告后，生产资料广告退出中国广告的报纸版面。具有商业属性的生产资料广告的消失，意味着中国广告市场的完结。黄升民.中国广告活动实证分析［M］.北京：北京广播学院出版社，1992：21. 这三条工业品广告分别是天津市投影显示器厂的投影显示器广告、辽宁省铁岭光学仪器厂的公差带投影仪广告、沈阳市电热元件厂的加热器产品广告。

[2] 红卫兵在"全聚德"点起了革命烈火［N］.人民日报，1966-08-25（02）.

[3] 1976年，一辆凤凰牌自行车售价156元，一台蝴蝶牌缝纫机售价187元，一块上海牌手表售价120元。而当时最具资历的"八级"老工人的最高月工资为108元，工厂的学徒每月工资为18元。加上凭票供应的限制，这类产品对于当时绝大部分人来说，是难以企及的奢侈品，与大众消费的关系并不大。吴晓波.跌荡一百年：中国企业1870—1977［M］.北京：中信出版社，2009：286-287.

[4] 黄升民.中国广告活动实证分析［M］.北京：北京广播学院出版社，1992：20-21.

有制工业和公私合营工业）占比高达98.8%，私营工业企业占比只有0.04%，近乎消失。1978年，全民所有制工业企业和集体所有制工业企业合计占比100%。全民所有制商业和集体所有制商业占比合计99.9%。[①] 国有企业的壮大带动计划经济的全面渗透和实施，其结果是，国有企业沦为行政的附属物，缺乏市场的独立性和自主性。在自由市场被压缩到最低限度的情况下，企业的产供销等基本活动由"中央计划"统一控制，企业既无经营品牌的市场动力和竞争压力，也无经营品牌的权力和可能。

其二，产业结构实现了重工业占据主导的自我循环式发展，与大众消费失去联系，并造成严重的短缺问题。1953年中国开始实行优先发展重工业的政策，被经济学家称为"重工业主导型的初步工业化"时期[②]，其发展结果是产业结构的轻重比例严重失调，与大众消费相脱离，并造成严重的消费品短缺。数据显示，重工业的比重从1952年的35.5%上升到1978年的56.9%。在1953—1978年的制造业产值增长格局中，重工业远高于轻工业，重工业年均增长12.3%，比轻工业年均增长8.4%高约4个百分点。而在1953—1978年的投资结构中，重工业占整个制造业投资的86.5%，轻工业仅占13.5%，不到制造业投资总额的1/5。[③] 重工业的主要产出为面向其他工业企业的中间品而非最终消费品，自我循环[④]的比例十分之高。也就是说，重工业发展可以脱离大众消费而自我维持。轻工业的滞后则导致消费品的长期短缺，整个经济陷入科尔内所言的普遍性短缺中[⑤]。短缺经济的一个典型表现就是我国计划经济时期长期存在的凭票购买、排队购买等现象。新中国成立后多年来市场商

---

① 根据国家统计局的公开数据整理。
② 吴仁洪.中国产业结构动态分析［M］.杭州：浙江人民出版社，1990：50.
③ 吴仁洪.中国产业结构动态分析［M］.杭州：浙江人民出版社，1990：73-74.
④ 根据有关投入产出的分析，我国重工业产品的自我消耗的比重极高，1973年钢材的51%、生铁的96%、铜的90%、煤的64%、成品油的65%、电力的70%主要用于重工业。马洪，孙尚清.中国经济结构问题研究［M］.北京：人民出版社，1981：766.
⑤ 在传统社会主义计划经济体制中，社会产品、资源和服务的短缺，是普遍的长期的经济现象，体制的弊病是形成短缺的重要原因。关于传统体制的弊病以及形成短缺的过程与原因，参见：科尔内.短缺经济学［M］.张晓光，李振宁，等，译.北京：经济科学出版社，1986.

品可供量与购买力的差距一直有几十亿元，1978年高达100多亿元①，为了缓解供需矛盾，国家不时需要进口物资。

其三，为了维持这种畸形的重工业优先发展体制，居民消费被隔离在工业化进程之外②，消费结构长期处于一个较低的水平上，表现为长期的极高的恩格尔系数水平。1953—1978年，我国城乡居民的恩格尔系数一直稳定在56%到59%的高水平上。与此同时，我国社会总产值和国民收入分别增长了6.26倍和3.53倍，工业总产值占社会总产值的比重从34%上升到61.9%，与较高的恩格尔系数形成了鲜明的对比。③1953—1978年我国工业的平均增长速度高达11.3%，国民经济的整体增速也达到5.9%，但是居民的消费收入却仅增加2.1%。④这一时期国家经济整体上陷入一种"贫困增长"⑤的状态，这种增长是以牺牲农业发展和居民生活水平提高为代价的。但不能否认的是，这一时期以特殊手段和特殊体制初步建立的相对完整的工业体系，成为日后中国品牌成长的坚实基础。

在计划经济全面实施的情况下，自由市场消失，市场经济被压缩到最低限度；大一统的国有企业缺乏品牌经营的动力和可能性，生产与消费的逐步"失联"以及市场上总体的严重短缺经济状态，意味着品牌不再被市场需要，也不存在进一步发展的基本条件。"十年动乱"的政治冲击不过是表层原因，品牌近乎消失的深层次原因在于经济结构的变化。

3. 艰难时期的外贸品牌从未中断

前文分析中提到，中国品牌并未全然消失，其中一个重要的证据就是外贸企业的品牌经营活动的存续，主要表现为企业的外贸广告活动的延续。外贸广告其实从未中断，这一点从一些老外贸广告人的回忆⑥和一些企业在多语

---

① 汪海波，刘立峰. 新中国工业经济史：第三版[M]. 北京：经济管理出版社，2017：279.
② 中国社会科学院经济研究所居民行为课题组. 居民的消费选择与国民经济成长[J]. 经济研究，1988（1）：20–42.
③ 黄升民. 中国广告活动实证分析[M]. 北京：北京广播学院出版社，1992：27–24.
④ 国家统计局. 中国统计年鉴：1988[M]. 北京：中国统计出版社，1988：38，801.
⑤ 吴仁洪. 中国产业结构动态分析[M]. 杭州：浙江人民出版社，1990：99.
⑥ 姜弘. 广告人生[M]. 北京：中信出版社，2012.

种的外宣杂志如《中国对外贸易》①《人民画报》②《人民中国》③中的对外广告传播中可以发现。1950—1978 年我国的出口贸易额从 5.52 亿美元增加到 97.45 亿美元，增长 16.7 倍。外贸企业为了开拓国际市场，在其广告中介绍产品、企业、商标等信息，其广告的目的呈现出浓厚的商业色彩，而非简单的政治驱动。国际市场是一个竞争性很强的买方市场④，国有企业开展广告活动也是助推产品海外销售的必然之举，只不过由于政治因素的干扰以及广告水平的低下，外贸广告及品牌整体上还处在一个较低的水平上。外贸广告和外贸企业的品牌活动的存在为中国品牌延续了几乎断裂的发展脉络。

二、改革开放以来中国品牌的萌芽恢复与高速发展（1978—2019）

改革开放以后，中国品牌迅速恢复，并实现了高速的发展，实际上用四十年的时间走过了西方品牌百年的发展之路，取得了很大的成绩，成为中国改革开放成果的集中体现。从四十年的尺度来看，中国品牌在改革开放之后经历了一个从无到有、从小到大、由弱渐强、从国内到国际的发展之路，当下正处在从大到强的关键转型期。

（一）改革开放和中国品牌的萌芽与恢复（1978—1991）

1. 中国品牌的恢复与发展

1978 年以后，中国品牌以市场化改革为契机迅速萌芽发展，回到人们的视野当中。这一时期的品牌发展大致可以划分为三个阶段，第一个阶段是

---

① 卿婧.未曾空白的历史:《中国对外贸易》杂志广告研究（1956—1964）[J].广告大观（理论版），2008（4）：52-66，115，113.

② 赵新利.新中国成立初期中国品牌对外传播研究（1949—1965）：以《人民画报》的报道和广告为例 [J].广告大观（理论版），2018（4）：44-56.

③ 赵新利.新中国成立初期《人民中国》对日广告研究（1949—1965）[J].广告大观（理论版），2019（1）：45-60.

④ 丁允朋.外贸广告浅谈 [J].外贸教学与研究.1982（2）：17-21.

1978—1982年的萌芽恢复期。这一阶段品牌的萌芽和恢复集中表现为两点：其一，企业广告活动的恢复。1979年，商业广告重新登上中国历史的舞台，电视、报纸、广播等诸多媒介的广告"第一次"集中出现①，其后甚至出现了"一条广告救活一个厂"②的奇迹般的效果。短短三年，中国广告经营额就从1979年的0.1亿元增加到了1982年的1.5亿元。其二，企业商标的恢复。1978年12月4日《人民日报》刊登了关于居民要求恢复商标，以利于商品选购的文章。③随后12月18日十一届三中全会召开，宣告改革开放。一批老字号如吴裕泰、全聚德、内联升等纷纷恢复原来的商标。企业的商标申请量在1980—1982年累计达到67,746件。

第二个阶段是1983—1988年的快速发展期。1983年以后，中国品牌在萌芽之后快速发展，表现为：第一，广告活动的现代化转型的发生。改革开放初期的广告活动多以单纯的念白式广告为主，比较呆板和僵化，常常是"金奖银奖满天飞""厂名厂标一条龙"的低水平操作。这一时期，广告活动开始讲求创意和策划，科学化和系统化的现代广告作业手法出现，一些如名人广告、针锋相对的竞争性广告、富有情感营销色彩的广告开始出现并深化。④广告开始褪去意识形态色彩，恢复了商业性的本质。广告业也实现了快速发展，1983—1988年的广告经营额从2.34亿元增加到14.93亿元。第二，企业除广告活动之外的品牌传播或营销手段的丰富。这一时期，公关登上中国品牌大

---

① 如天津牙膏厂于1979年1月4日在《天津日报》上刊登了改革开放后第一条商业广告，也是第一条报纸广告——"蓝天牌"牙膏广告；上海药材厂于1979年1月28日在上海电视台播出了改革开放后第一条电视广告——参桂养容酒广告；上海家化于1979年3月5日在上海广播电台播出了改革开放后第一条广播广告——春蕾药性发乳广告。
② 谷一.一则广告引起的变化［J］.经济管理，1979（9）：26-27.
③ 恢复商标，维护名牌信誉［N］.人民日报．1978-12-04（04）.
④ 如20世纪80年代中后期出现的李默然三九胃泰广告，上海家化旗下品牌露美的科学、系统的广告策划活动，燕舞小子广告片，威力洗衣机《献给妈妈的爱》广告等。

舞台[1]，体育营销[2]、有奖促销[3]、返本销售等手段也出现在企业的品牌武器库中。CIS 出现，"太阳神"一炮走红，表明中国企业开始更加注重品牌形象的营造。第三，中国品牌创业第一次高潮到来。如被称为"中国品牌元年"的 1984 年前后，万科、海尔、联想等知名品牌创立，1987 年万达、娃哈哈、华为等品牌创立。从中也可以发现，私营性质的品牌登上舞台，并成为最具活力的部分，企业家和企业家精神也重回中国市场。第四，中国品牌集群雏形的出现。从 20 世纪 80 年代中后期开始，中国的广东、浙江、福建、浙江等沿海地区开始形成家电、食品、日化、服装等产业集群，并在此基础上开始形成品牌集群。这一点标志着中国品牌的发展进入了一个新的阶段。

第三个阶段是 1989—1991 的品牌发展的相对低速期。1989 年国家开始整肃混乱的经济，品牌的发展也受到了一定的影响。尤其是国企的品牌发展在此后进入了一个低谷期，私营企业虽然受到了影响，但很快恢复。1989 年出现了中国品牌史上第一次价格战，在市场陡然遇冷、产品滞销的情况下，企业为争夺市场创出新招，长虹依靠此举迅速成为当时电视市场的霸主和第一品牌。

总体来看，这一时期的品牌在短暂的萌芽之后实现了迅速的、带有恢复和反弹性质的发展，尤其值得一提的是私营成分品牌的再次出现，意味着中国品牌最具活力成分的复苏。在改革开放后短短的十年左右，中国品牌便经历了许多根本上的变化。

2. 品牌恢复发展的动因

前文的分析中指出，品牌的消失与经济结构具有深层次联系，同样，品牌的恢复也与经济结构的变化有关。主要表现在三点：第一，改革开放带来了企业结构和企业性质的双重变化。首先，从企业结构上看，国企虽然依然占据着重要地位，但不再是一家独大，私营性质的企业开始出现并快速成长。

---

[1] 1984 年白云山制药厂设立了国企中首个公关部，双星召开了首个企业的新闻发布会等。
[2] 健力宝在 1984 年的洛杉矶奥运会上名声大噪，被誉为"中国魔水"，此后国内企业体育赞助逐渐多了起来。
[3] 如傻子瓜子的巨奖促销，以一辆上海牌汽车为奖品。

以工业企业为例，1991年私营成分的工业占比达到10.84%，1979年这一比重为0。此外在1991年占比达33%的集体工业中①，有许多挂靠在集体名下但私营性质很强的"红帽子"企业②，因此私营成分的企业总体占比应当更高。天然依靠市场而生的私营企业③成为中国品牌发展最有活力的成分。其次，占据着重要地位的国企由于改革催生了内在的市场独立性，萌发了市场意识和竞争意识，促进了品牌经营。这一时期的国企改革以放权让利为核心，国企从原来行政附属的生产车间④逐渐转变为具有一定市场独立性的生产经营型企业，品牌成为国企开展市场营销活动的一个自然选择。以国企为主要样本的调查显示1984年已有51%的企业在产供销方面有了不同程度的自主权。在生产计划上必须考虑市场需求的企业占样本总数的77%，原材料一定程度上要依赖市场采购的企业占样本总数的90%，有产品自销的企业占样本总数的97%。⑤绝大多数的企业（93.4%）认为市场环境发生了变化，77.7%的企业

---

① 国家统计局工业统计司.2012中国工业经济统计年鉴[M].北京：中国统计出版社，2012：19.
② "红帽子"现象就是一些本属于纯粹私营的企业，却在企业注册时想方设法登记成为"集体企业"，为企业的经营发展找一把"保护伞"。但"红帽子"的负面作用也很大，如当时的联想、四通等著名大企业都曾因"红帽子"问题饱受产权不清之苦。朱先春.民营企业的"政治营销"战略[J].港澳经济，1999（9）：82-87.
③ 1987年召开的党的十三大第一次会议对我国私营企业的性质、作用和地位进行了论述，并明确了我党对私营经济的政策，为私营企业的发展正了名。1988年通过的宪法修正案在法律上保证了私营企业的合法身份和地位。从此，私营企业的数据开始纳入政府统计范围，结束了过去没有统计数据的局面。
④ 日本经济学家小宫隆太郎在20世纪80年代初考察中国后认为中国没有企业，只有工厂。他作出该论断的主要依据就是中国的企业没有营销职能。管理学之父彼得·德鲁克认为"任何企业都有且只有两个基本职能——营销和创新。营销和创新创造收益，其他的均属成本"。可见，这一时期中国企业开展营销活动意味着深刻的转变。
⑤ 此次调查由中国经济体制改革研究所在1985年2—11月开展，样本企业429家，其中全民企业（本文注：国有企业）279家，城市集体企业131家，乡镇企业19家，大中型企业241家，小型企业118家。中国经济体制改革研究所综合调查组.改革：我们面临的挑战与选择[M].北京：中国经济出版社，1986：16-17.

认为市场销售、市场调研或新产品开发机构的地位有所上升。①国企及其品牌的发展也成功推动了当时中国品牌整体的复苏与发展。

第二，产业结构的"轻型化"变动。改革开放后，为了扭转畸形的轻重工业比例，缓解商品短缺，国家实行优先发展轻工业②的政策。到1981年轻工业就以51.5%的占比超过了重工业48.5%的比重，短短三年就改变了此前三十多年所存在的重工业比重过高的问题。其后，重工业比例虽然有所回升，但不再是以损害轻工业和消费的发展为前提的，轻重工业比例相对合理，进入良性的发展轨道。轻工业的大发展极大地改变了消费品短缺的局面，到1984年短缺的情况在国内基本消失。到20世纪80年代中后期，家电等行业甚至出现了局部产品过剩的局面。

第三，居民消费的喷发与消费结构的优化。改革开放以后，城乡居民的收入水平随着家庭联产承包责任制的推行、乡镇企业和个体私营经济的发展、国企改革下的工资提升等因素得到了快速提高，消费能力随之提高。随着消费限制的解除，居民消费热情普遍高涨，改革开放后十年的社会消费品零售总额的增速常常超过 GDP 的增速。1988年甚至出现了前所未有的"抢购风潮"，出现了耐用品消费热和"吃的偏好"③。

在"有计划的商品经济"的指引下，在计划经济体制逐步被体制外的市场力量冲破的情况下，20世纪80年代中后期，市场调节渐成主流。自由市场的恢复，生产端和消费端同步增长与有效互动，辅以广告业的发展和媒体的商业经营，中国品牌从破壳走向快速发展。

---

① 此次调查由中国经济体制改革研究所微观经济研究室在1986年开展，样本企业172家，主要调查对象是国企，占样本数的73.8%，城乡集体企业占14%，乡镇企业占11.6%，个体企业占0.6%。中国经济体制改革研究所微观经济研究室.改革中的市场结构和企业制度[M].成都：四川人民出版社，1988：107–112.

② 国家对当时的轻工业实行"六个优先"的政策。"六个优先"指原材料、燃料、电力供应优先，挖潜、革新、改造措施优先，基本建设优先，银行贷款优先，外汇和引进新技术优先，交通运输优先。

③ 中国社会科学院经济研究所居民行为课题组.居民的消费选择与国民经济成长[J].经济研究，1988（1）：26–42.

（二）市场经济体制的建立与中国品牌的高速发展（1992—2000）

1.品牌生存环境的极大变化

1992年，党的十四大决定走市场经济的道路，宣布社会主义市场体制的改革目标。此后，中国经济在经历1989—1991年三年经济整肃之后，于1992年这个带有重启意味的年份恢复了高速发展。到2000年，我国GDP首次突破了十万亿元。在直接影响品牌发展的因素中，主要有以下两点值得注意。

第一，市场从供不应求到供大于求的结构性供需反转。1992年后，市场主体迅速增加，尤其是外资企业和本土私营企业的齐头并进式的迅速发展，导致市场迅速走向过剩经济，买方市场正式形成，这是一个具有重大历史意义的转变。据对613种主要商品供求情况的调查分析，1997年下半年供不应求的比例仅占1.6%，供大于求的比例占到了31.8%。1998年上半年的供不应求的比例下降为0。[①]1998年的政府工作报告指出，到1997年，主要生产资料和消费品出现了供求基本平衡或供大于求的格局，商品紧缺现象已经根本改变。某些产业甚至在更早的时候出现了产能过剩的问题，如，1995年，中下游消费品行业产能利用率低于60%，其中家电行业（如彩电、空调和洗衣机等）产能利用率不足50%，仅有手表和卷烟等少数行业产能利用率达到70%以上。[②]产能过剩与供大于求直接导致了我国市场上竞争的激化，而1997年的亚洲金融风暴以及1998年的市场遇冷与内需不振更是加剧了竞争。

第二，外资企业的大规模进入对于中国品牌的成长形成了极大的竞争压力。1992年确定走市场经济道路之后，外资企业对于中国市场的疑虑打消，观望的态度大大减少，转而大规模进入中国市场。数据分析显示，1992—2000年中国吸引的外商直接投资总额和外商投资企业数量分别是1978—1991年的12.9倍和7.6倍。[③]随着大型跨国品牌加大投入，在资金、管理、技术等方面不占优势的中国本土品牌面临着极大的竞争压力。外资的压力以及本土

---

① 杨来科，廖春.近年来我国总需求萎缩的体制背景分析［J］.河南大学学报（社会科学版），2001（2）：25-29.
② 曹建海，郭文.改革开放40年中国工业生产能力研究［J］.财经问题研究，2018（12）：35-43.
③ 根据国家统计局公布的外商直接投资相关数据整理分析得出。

市场供需结构的反转让中国品牌的发展呈现出新的特点。

2. 竞争激化下的中国品牌发展

这一时期的品牌生存的主基调是竞争,本土品牌既要面对内部竞争,也要应对来自外资品牌的外部竞争。在竞争中,由于本土企业的发展时间较短,在品牌经营上也呈现出很多不成熟,甚至是非理性的特点,但也极具中国市场特色。其一,市场上形成了广告热、公关热、CI热、点子热、策划热、价格战等多种热潮。其中广告的密集轰炸,企业"冒死"参与央视广告招标,从南到北、从民企到国企的CI风潮等既具有本土特色,也引发了很多的争议。在这些热潮中,中国企业"大媒体+大传播"的品牌营造模式浮出水面,依靠价格突破的方式让外资品牌倍感焦虑。其二,政府推行"名牌战略",企业形成"名牌热",但是由于对于品牌的理解较为狭隘,尚未意识到品牌建设的系统性、整体性和长期性等问题,盲目进行企业多元化和品牌延伸,片面追求快速创牌和规模的扩大,忽视了长久、多元关系的建构与维系,品牌发展出现诸多问题,速生速死的"标王"企业就是极端的案例。其三,国企品牌和私企品牌发展的冰火两重天。总体来看,国企品牌在20世纪90年代由于内部改革的缓慢、外部竞争的激化等原因陷入困境,而私企品牌则实现了前所未有的快速发展。从工业总产值的占比上看,国有控股工业企业占比从1991年的51.6%下降到1999年的28.21%,同时,私营工业企业的占比从10.84%上升到44.32%。[①] 其四,总体上中国品牌在挫折中走向成熟,如企业关于品牌经营的内部组织结构的完善,以大部分企业建立市场部为代表;品牌意识的显著提高;品牌的专业化水平也有所提升。其五,中国品牌开始走向海外市场。如1995年三九药业登陆纽约时代广场,是改革开放后中国品牌国际化传播的一个标志性事件。此后试水国际传播的中国品牌越来越多。其六,在市场经济的大潮中,新兴企业再次为中国品牌注入了发展动力。1992年前后体制内为主的"九二派"下海创业[②],泰康等品牌加入中国品牌阵营。

[①] 国家统计局工业统计司.2012中国工业经济统计年鉴[M].北京:中国统计出版社,2012:19.
[②] 据人力资源和社会保障部后来公布的数据,1992年辞职下海者超过12万人,停薪留职、兼职的超过1000万人。

1998年前后,新兴的互联网产业迸发,诞生了百度、阿里巴巴、腾讯等巨头互联网品牌。

这一时期,中国品牌的发展面临着空前激烈的竞争。在竞争中,中国品牌既展示出了其灵活且快速成长的一面,也展示出其非理性甚至略"疯狂"的一面。品牌如人,这一时期的中国品牌正从成长走向成熟,有着"青春期的烦躁"。在走向成熟的过程中,中国品牌在某些领域发展壮大,对于外资品牌形成了强势的挤压,20世纪90年代中国品牌在家电、日化等领域对外资品牌市场的蚕食就是一个很典型的例子。

(三)全球化、大国崛起与中国品牌的高歌猛进(2001—2012)

2001年中国加入世贸组织,标志着中国深层次融入全球经济的脉络。也正是在这一年,中国被日本通产省称为"世界工厂"。2010年,中国超越美国,成为世界第一的制造大国。同年,中国GDP超越日本,成为世界第二的经济大国。在这十多年里,中国在拥抱全球化和自身消费市场迅速扩大的过程中成功实现了大国崛起,中国品牌也实现了高歌猛进式的发展,在品牌规模、品牌价值、国际化、技术能力等方面得到了长足的发展。

第一,本土品牌实力的大幅提升。这一点可以从一些世界知名的排行榜单中看出。在世界财富500强榜单中,2012年中国企业的上榜数达到了69家,2001年只有12家;在世界品牌实验室发布的世界品牌500强排行榜中,2012年有23家中国品牌入选,2004年只有1家。[①]可以说,这十年是中国本土品牌实力大幅增长的十年,突出表现为涌现出了一批具有全球竞争力的知名品牌。在本土品牌中,尤其值得一提的是国企品牌的快速发展。20世纪90年代国企难以为继,在经过断臂求生式的改革后,国企焕发新生,形成了以央企品牌为代表的国企品牌。在世界品牌实验室发布的世界品牌500强榜单中,2006年首次有2家国企品牌入选,2012年这一数字已经增加到15家,

---

[①] 根据《财富》杂志和世界品牌实验室公布的报告数据整理,参见:http://www.fortunechina.com/fortune500/index.htm,http://www.worldbrandlab.com/。

且均为央企品牌，占所有入选的中国品牌数量的65.2%。另在Brand Finance 2013年2月发布的全球品牌价值500强榜单中，36家中国品牌入选，其中25家是国企品牌，进入榜单前100的有8家中国品牌，均为国企品牌中的央企品牌。其中，中国电信位居榜单第34位，是中国品牌在该榜单中的最好排名。[①] 在参与世界品牌竞争的过程中，国有企业品牌，尤其是央企品牌成为主力军。在品牌的发展中，还能够发现我国服务业品牌的迅速发展，尤其是金融、地产等领域品牌的快速发展。

第二，品牌国际化的迅速推进。加入世贸组织之后，一方面，中国更大限度地对外开放，引入了大量外资品牌；另一方面，中国也鼓励有条件的中国品牌走出去形成世界影响力。中国本土品牌的国际化征程也从20世纪90年代的试水走向进一步深化的阶段。这一点从中国企业对外投资的激增上可以反映出来，数据显示，中国企业对外投资的流量与存量分别从2002年27亿美元、299亿美元猛增到2012年的878亿美元和5319.4亿美元。[②] 一方面，部分中国企业开始寻求国际品牌资源，并购国际知名品牌，在增强了品牌实力的同时实现了曲线救国式的品牌出海。如联想2005年并购IBM个人电脑事业部，2010年吉利收购沃尔沃都是典型代表。另一方面，中国本土品牌在传播上积极走向全球舞台，奥运会、世界杯、NBA赛场、世博会等大型赛事活动上都开始出现中国品牌的身影。此外，还有一些企业如海尔、华为等更是将生产基地、研发中心等铺向海外，扎根当地。

第三，品牌营销与传播的创新活力不断。这一时期，中国品牌的传播和营销创新也十分活跃。一是中国企业依靠"大媒体+大传播"的方式塑造大品牌。一个典型体现就是中国企业对于央视"标王"的热情有增无减，2012年央视"标王"的中标额达到了前所未有的6.9亿元。通过央视以及其他大媒

---

① 分别根据Brand Finance公司、《财富》杂志和世界品牌实验室公布的报告数据整理，参见：https://brandfinance.com/、http://www.fortunechina.com/fortune500/index.htm、http://www.worldbrandlab.com/。

② 根据商务部、国家统计局、国家外汇管理局联合发布的《2013年度中国对外直接投资统计公报》相关数据整理。

体平台,许多中国企业发力自主品牌,成功地从OEM代工走向了自主品牌建设,这从福建、广东的一众服装、家电等行业企业和品牌的变化中可以看出。同时,中国品牌也更加注重整合营销传播的运用。二是中国企业在多层次而庞大的国内市场依靠对渠道的深耕、终端的抢夺实现了对外资品牌的进一步制衡。中国本土品牌非但没有因为外资的大规模进入而走向灭亡,反而在淬火历练中走向强大。在不少领域,中国品牌都实现了稳定的增长,占据了本土市场巨大的份额。这与加入世贸之前人们对于中国本土品牌普遍存在的悲观情绪形成了鲜明的对比。

第四,品牌技术实力的显著提高。中国本土品牌为人所诟病的一点是技术的落后,对于西方技术的模仿甚至是直接抄袭,引发广泛的国际舆论的批评。但是在这一时期,中国企业日益重视核心技术的研发,科研投入屡创新高。数据显示,2011年我国企业研发投入达到了6579亿元。企业研发经费总额在世界上仅低于美国和日本,居第三位;企业研发经费占全国研发经费的比重达到75.7%,仅低于以色列和日本。[①] 高强度的投入让中国各个领域的企业正在逐步实现技术上的从追赶到并跑的转变,甚至在某些领域达到了世界领先,日后成为中国名片之一的高铁正是在这一时期奠定了技术基础。

(四)新常态、结构性问题与中国品牌的转型升级(2013—2019)

2013年,十八届三中全会召开并指出要"全面深化改革"。2014年习近平同志提出经济发展的"新常态"和"三个转变"这两个重要的论断。"一带一路"倡议、中国制造2025、供给侧结构性改革等重大方略陆续推出。2017年党的十九大报告提出了我国社会主要矛盾转变和经济发展阶段转变的重要判断。一系列政策方略吹响了经济和社会转型升级的号角,在外部不确定性日益增多的环境下,中国品牌的转型升级是未来可持续发展和更深层次地参与国际竞争的基础。在深化改革的社会主义新时代,中国品牌的发展也呈现出一些发展的新特点。

---

① 玄兆辉,吕永波.中国企业研发投入现状与问题研究[J].中国科技论坛,2013(6):5-10.

这一时期品牌的转型以提高核心技术水平、数字化水平和品牌全球化深化为特点。其一，中国企业持续加大研发投入，2018年的企业研发投入达到了15,233.7亿元，增速达11.5%①，远超同期的GDP增速。我国在高铁、云计算、人工智能、大飞机、航空航天、5G技术等领域实现了一些突破，甚至达到了领跑的位置。华为、中国中车、阿里巴巴、科大讯飞等企业成为创新的典型代表。但中国企业在芯片、医药、高端制造等领域的核心技术短板依旧明显，这也是中国品牌发展的隐忧。其二，随着互联网、大数据、云计算、人工智能等的深入发展，企业的数字化转型迫在眉睫，部分传统企业及其品牌加快转型，在适应性的调整中实现了品牌的升级。企业和品牌在消费者洞察、研发、生产、传播、销售等各个环节进行改造，实现了效率和规模的提升。其三，中国品牌全球化进一步深化。2018年，中国企业对外投资的存量、流量稳居世界前三，2018年流量占世界的14.1%，较上年提升3个百分点；2018年底存量占6.4%，较上年提升0.5个百分点，皆创历史新高。②美的、国家电网、腾讯、华为等中国本土品牌一方面收购优质外资品牌，另一方面深化全球的研发中心、生产基地、销售渠道等的布局，实现市场的新突破。但中国品牌的全球化依旧任重道远，Brand Finance 2019年发布的报告显示，三分之二的中国品牌500强依靠中国市场（含港澳台地区）创造了其品牌总价值的95%，大部分中国品牌从海外市场获得的品牌价值不到总价值的10%。③另据麦肯锡的研究，2018年入选财富500强的中国企业主要收入依旧来自国内市场，海外营收仅占18%，而美国标准普尔500企业的平均比例是44%。④可见，与世界一流企业和品牌相比，中国品牌的国际化经营程度显然

---

① 根据国家统计局、科学技术部和财政部联合发布的《2018年全国科技经费投入统计公报》整理，参见：http://www.stats.gov.cn/tjsj/zxfb/201908/t20190830_1694746.html。
② 根据商务部、国家统计局和国家外汇管理局联合发布的《2018年度中国对外直接投资统计公报》整理，参见：http://www.gov.cn/xinwen/2019-09/13/content_5429649.htm。
③ 根据Brand finance发布的《2019年最有价值中国品牌500强》报告整理，参见：https://brandirectory.com/reports/500—2019。
④ 根据麦肯锡2019年发布的《中国与世界：理解变化中的经济联系》报告整理，参见：https://www.mckinsey.com.cn/。

是不及格的。

总体来看，2013年以来，中国品牌的实力依旧在充满不确定性的内外环境中不断增强。从规模上看，在2019年的财富500强榜单中，中国入选企业数量为129家，首次超越美国，如果不包括台湾地区的企业，中国大陆也有119家，与美国的121家旗鼓相当；从品牌价值上看，Brand Finance 2019年的全球品牌价值500强榜单中，中国有77个品牌入选，其中2个品牌进入全球前十。入选品牌的总价值首次超过1万亿美元，占全部500强价值总额的19%，仅次于美国，而2013年这一数值仅为6.74%，近六年增加了12.26个百分点。① 此外，在新兴的信息和科技产业发展上，中国涌现出了以华为、阿里巴巴、腾讯、大疆、滴滴等为代表的知名品牌，不断冲击着世界原有的以西方品牌为主导的格局。在数字经济引领发展的时代，中国品牌呈现出前所未有的赶超之势。

三、关于中国品牌七十年发展历程的若干思考

回顾七十年，中国品牌走过了一个不平凡的发展历程，形成了具有中国特色的品牌体系。在接下来的篇幅中，本文将从中国品牌的复杂与多元构造、前后的延续与变异、两种角色的轮替、发展的动力四个方面集中阐释七十年历程中形成的中国品牌体系。

（一）中国品牌的复杂与多元构造

笔者曾在此前中国广告的消失与复苏的考察中指出，广告本身是一个"多元构造"的产物。② 现代品牌与现代广告作为市场经济的双生子，同样也是多元构造的产物，是企业和媒体透过品牌传播活动形成的结合体，表面是生产和消费的互动结果，背后隐含着产业结构、经济制度、意识形态等多重

---

① 根据 Brand Finance 公布的数据整理，参见：https://brandirectory.com/rankings/global-500-2019/overview。
② 黄升民. 中国广告活动实证分析 [M]. 北京：北京广播学院出版社，1992：68-69.

因素的组合。从七十年的中国品牌发展历程中，能够发现品牌发展与产业变动、企业生产、大众消费、媒体及广告紧密相关之外，也能发现其与我国政治经济制度、社会意识形态、文化潮流的密切关系。中国品牌曾经几近中断发展至今，已经不会有人怀疑品牌存在的价值，更不会有人将品牌和商标视同资本主义的毒草加以清除。品牌获得了市场的生存权和发展权。社会各方更多担忧的是如何将品牌建设得更有实力，以达到西方学者口中的"强势品牌（strong brand）"地位，而不仅仅是"大品牌（big brand）"的问题。中国品牌的未来发展不仅仅是由商业因素所决定的，其过去的成长是在多元构造中发生的，未来，同样也会继续在多元构造中发展。理解品牌在中国语境下的多元构造特性对于认识中国品牌的发展是一件十分关键的事情。中国品牌的成长之路，就是中国社会政治、经济、文化等多种因素发展的集中反映和呈现，透过品牌，能够观察当时社会发展的方方面面。尤其是在改革开放以后，中国品牌实现了前所未有的高速成长，短短四十年走过西方品牌百年之路，达到了前所未有的高度。从改革开放后中国品牌的发展可以得出两个基本判断：其一，没有改革开放就没有品牌发展；其二，改革开放的广度与深度，决定了品牌发展的路径与方向。

在七十年的发展中，中国品牌有过停滞，有过近乎消失，也有过重生、恢复和高速发展。中国品牌的七十年发展为世界品牌史贡献了一个独特的样本：一个品牌消失又复苏的样本，一个品牌在封闭到开放、计划到市场的剧烈转型过程中如何在短时间内发展壮大的样本，一个政府如何结合市场参与品牌发展的样本，一个品牌发展的"政治经济学"样本。这些样本与样本相关的研究将有助于深化对品牌本质的认识，有助于冲破西方品牌理论的微观性所导致的认知局限，有助于在实践中推动中国品牌的进一步发展。

（二）中国品牌发展的延续与变异

如何实事求是、客观理性地评价新中国七十年品牌发展依然是一件十分困难的事情。言及品牌四十年，可以用"高歌猛进"，也可以用"起伏跌宕"概而言之，然而，再往前溯，学界失语。开放改革之前的三十年品牌发展遭受了严重的冲击，最后甚至几乎消失于市场，这是一个客观的无法躲避的事实。学术的研究切忌对于存在的历史过程简单复零，需要有一种连续和交联而不是孤立的大历史观念梳理和分析七十年新中国品牌发展历程。我们认为，改革开放之前的品牌发展一路坎坷，几近灭绝却还一息尚存。品牌外在因素是包装和设计，内在因素是规模化的生产能力和消费需求，外在的因素会因环境的变化而变化，但是，内在的因素是稳定的、持续的。生产与消费的交集，就是品牌的核心所在。七十年品牌的弱化与沉沦，并不是生产力的缺失或者是消费力的衰减，而是两者之间交集的人为阻控或者自然缺失。一旦大规模的交集条件形成，在传播力量的加持之下，各类品牌喷薄而出，浩浩荡荡奔流不息。从这一点上我们说，品牌其实是一种结果，而非一种先验性的存在。改革开放之前中国模仿苏联以优先发展重工业的方式建成了初步规模化的工业生产基础，换言之是巨大生产力已经存在。这是品牌发展的基础要素之一。另外，国有媒体的发展壮大和铺天盖地的政治宣传意味着传播力系统的强大，这也是品牌发展的另一个基本条件。在改革开放之后，工业结构的转型——重工业优先走向轻重比例合理协调发展、消费的转型——消费限制的解除和消费能力的提升、媒体和传播的转型——从单一的政治宣传到产业经营，极大地促成了品牌的恢复与发展。

七十年的中国品牌发展遭受了众多挫折，品牌的脉络有时虽然表现得断断续续，但是实际上从未中断，就算在最为困难的"十年动乱"之中，外贸品牌一脉也依然得以保留。20世纪70年代末的开放改革之后，中国摒弃了以阶级斗争为纲，转而以经济发展为中心；抛弃了计划经济，转向市场经济，这是中国品牌得以重新发展的根本原因。但是，也必须看到，中国品牌的操作手法依然有计划经济时期"政府决策企业行为"的影子，如在品牌传播上重视权威媒体的运用，由上而下的"宣传"明显却缺乏平等对话的沟通，部分国企在品牌管理上具有浓厚的行政色彩。

（三）中国品牌的国企与民企双角色轮替

西方国家典型品牌的发展从结构上看较为单一，均以清一色的私营企业为主，这与其奉行的市场经济理念和运行的经济制度有关。也有一些西方国家拥有国有企业，但是规模相对较小，加上所属行业多以上游为主，品牌构建较为薄弱。在中国则是另一番景象，相当规模的国有经济的存在是我国经济的一个基本特点，这也影响到了我国的品牌结构。中国品牌七十年至今的发展大致可以包括两种企业类型，即国有企业和私营企业。两种类型的企业形成两种类型的品牌，即国企品牌和私企品牌。与西方国家品牌发展单线特点不同，中国品牌以国企品牌和私企品牌的双线交错并行为特点。在改革开放之前的计划经济时期，私企品牌在被改造后成为国企品牌，原有的国企品牌则在品牌萌芽之后走向了萎缩。因此，总的来看，计划经济时期以国企品牌为主，发展表现为停滞和倒退。改革开放后的20世纪80年代，国企品牌和私企品牌恢复，国企品牌依旧占据主导地位，私企品牌还很弱小。20世纪90年代开始，私企品牌进入高速发展阶段，而国企品牌则陷入了困境中，不少国企品牌也被出售给私营企业。21世纪以来，国企品牌实现反转，实力大幅提升，在多个品牌排行榜中碾压私企品牌，成为中国品牌参与国际竞争和国际化经营的先锋队与主力军。同时私企品牌也在快速发展，涌现出了一批实力雄厚的品牌企业，但是综合来看要弱于国企品牌。不能否认的是，国企品牌和私企品牌两者并行共同推动中国品牌高速发展至今，缺一不可。

近几年来，由于经济的下行以及消费的趋冷，国企品牌和私企品牌均面临着挑战，其中私企品牌感受到了更大压力。通过七十年的发展可以发现，私企品牌是驱动中国品牌发展最有活力的力量，是中国品牌的双核之一。国企品牌则是中国品牌发展的基本盘，是中国品牌参与国际竞争不可或缺的核心力量，集中表现了中国品牌成长中政府和市场两手博弈的特点。国企品牌和私企品牌在市场竞争中各有优劣，定位和功能也不尽相同。私企品牌大多面临的是人、财、物的资源问题，而国企品牌面临的则更多的是市场独立性的问题，即如何在维护与市场的关系中协调好与政府的关系，在清晰的"独立的市场竞争主体"的改革目标中提高品牌实力。当下混合所有制改革深入推动，国企品牌和私企品牌呈现出协同与合流的趋向，或许在未来的中国品牌的发展中，国企品牌和私企品牌的边界将会日益模糊，混合所有制的既有私营成分也有国有成分的品牌会成为中国品牌的一个主流，成为世界上一种独特的品牌存在。

（四）中国品牌的"四力"平衡与双核驱动

毫无疑问，中国品牌与中国经济的发展一样，是世界商业史和经济发展史上的一个奇迹。那么如何解释奇迹的形成？中国品牌的成长动力出于何处？有什么不一样的地方？透过七十年的发展可以发现中国品牌成长的两个基本解释。其一，中国品牌的成长是消费力、生产力、传播力和创新力四种核心力量支撑和平衡发展的结果。四种力量在不同时期表现出不同的重要性，平衡也不一样，当平衡得好的时候品牌发展就迅速，否则就趋于停滞甚至是颠覆。① 在前三十年里，品牌发展的生产力建设的规模较为庞大，虽然低效、不对口且技术水平也较低。传播力系统在中国特殊的宣传体制中表现为强大的政治宣传力，同样不对口。消费力方面，居民消费受到严重抑制，力量较为薄弱，表现为有强烈需求但无购买力，因此无法形成有效的消费力。在品牌发展的四种力量中，不对口、低效、生产与消费失联的问题严重，品牌的发展必然遭受挫折，呈现出停滞甚至是倒退的状态。改革开放之后，生产力、传播力和消费力急速转型，创新力的建设开始被重视并通过技术的大规模引进等方式实现了部分的提高，这些因素在2000年之前助推了中国品牌的迅速恢复和发展。2000年之后，生产力进一步壮大，中国成为世界工厂；消费力进一步膨胀，吸引了更多的知名跨国品牌进入中国；传播力方面，依靠中国独特的媒体格局形成了以"大媒体＋大传播"为基础的品牌传播方式；创新力方面，企业日益重视创新，技术实力显著提高。四种因素的结合，推动着中国品牌走向繁荣发展。当下，这四种力量再次进入转型、变革和突破期，中国品牌也因此在发展中经历阵痛，经历着艰难的蜕变。在这四种力量中，消费力是基础中的基础，这一点在后文将会详细分析。这四种力量，也是西

---

① 黄升民，张驰.改革开放四十年中国企业品牌的成长动力考察［J］.现代传播（中国传媒大学学报），2018（9）：1-12.

方品牌超过百年的发展历程中所展现的，只不过在中国表现得时空更加集中、变动更为剧烈，由此造就中国品牌的丰富多彩和跌宕起伏。

其二，中国品牌的成长是"市场—政府"双核驱动的结果。历史证明，单纯依靠政府力量或者单纯依靠市场力量都不足以推动中国品牌发展至今。计划经济时期，政府将市场力量压缩到最低限度，最后的结果是品牌几近消失。改革开放之后，恢复市场经济，品牌才得以重生和发展。而中国品牌能发展如此之迅速的原因不仅仅在于改革开放之后飞速发展的市场经济，也在于政府"有形之手"的影响。政府通过一整套的产业政策方略、消费引导、媒体规制、创新支撑等方式影响着其成长方向并推动着中国品牌的加速发展。仔细考察，政府的品牌观念①其实一直都存在，只不过在不同时期的强度、清晰度和执行贯彻的力度不同。改革开放之前，毛泽东在1956年曾说："提醒你们，手工业中许多好东西，不要搞掉了。王麻子、张小泉的刀剪一万年也不要搞掉。我们民族好的东西，搞掉了的，一定都要来一个恢复，而且要搞得更好一些。"②同年，毛泽东在视察南京无线电厂时也讲过，"将来，我们也要有自己的名牌，要让全世界听到我们的声音"③。可见，就算是在品牌发展的停滞时期，国家领导人也曾意识到品牌发展的问题。改革开放之后，国家日益重视品牌发展，从"三个转变"到"中国品牌日"的设立，政府强调发挥"品牌的引领作用"，品牌被抬升至国家的顶层战略，在全世界亦属少有。改革开放之后的品牌发展证明，中国品牌是市场和政府共谋发展的结果，而非单方面驱动。当两者意志相顺应的时候，品牌发展就迅速；当两者意志相背离的时候，品牌发展就遭受挫折。

结语：品牌是国家间博弈的焦点

透过七十年的品牌发展，我们可以发现，第一，中国品牌拥有独特的发

---

① 黄升民，张驰.改革开放以来国家品牌观念的历史演进与宏观考察[J].现代传播（中国传媒大学学报），2018（3）：1-9.
② 毛泽东.毛泽东选集：第五卷[M].北京：人民出版社，1977：264-266.
③ 圆了主席的名牌梦[N].人民日报，1993-11-06.

展历程，形成了独特的中国品牌体系。在这个体系中，中国品牌是一个复杂的多元构造产物，七十年的发展在改革开放前后有翻天覆地的变化，但也有其内在的延续性。国企和私企共同构成了中国品牌成长两个主要角色，两者在竞合中共同推动了中国品牌走向繁荣。中国品牌的成长有赖于生产力、消费力、传播力、创新力四个要素的平衡与支撑，是市场与政府双核驱动发展的结果。

第二，在新中国成立七十周年的重要时刻，中国品牌的发展再次走到了一个十字路口上，品牌成为大国博弈和国际竞争的焦点。未来的发展，中国品牌必然要更加深入地走向国际，必然会与老牌发达国家，尤其是美国在多个方面产生激烈的摩擦和冲突。决策层将品牌提升为国家战略，也是对未来品牌成为应对国际竞争的重要角色的一种预判。当下中美间的博弈最终演变为全面武力对抗的"热战"是不可取的；而回到过去全面脱钩的以意识形态对抗为主的"冷战"也不会成为主流。客观上，两国都想避免对抗，但是又都无法避免第二大国超越第一大国的过程中所形成的紧张和冲突。当前来看，两国博弈主要表现为经济层面的竞争，包括经贸、关税和科技间的冲突。冲突的核心焦点就是两国的品牌。中国品牌的成功发展将生产、技术、消费市场等因素，尤其是消费市场的力量调动了起来。美国对于中国品牌的打击，根本上不在于技术或者关税贸易问题，而在于对于整个日益庞大的中国消费市场的打击及争夺。

两国的品牌较量早在20世纪90年代就已经开始，中国加入世贸组织之后，随着中国品牌的高速成长而迅速激化。中国品牌并没有因为外资品牌的强大而被打败，反而愈加壮大。其背后的原因值得深思。改革开放之前，中国模仿苏联道路，以发展重工业为主，国家的工业体系虽然建立，但严重损害了消费。中国人民虽有旺盛的消费需求，却没有支付能力，无法形成有效的消费力，这一点与当下的某些非洲国家有些类似。没有消费的匹配，生产能力亦无法发挥其作用，品牌也无法产生。改革开放之后，中国引入市场经济，实际上走的是一条消费引导经济发展的道路。经过四十年的快速成长，中国消费市场的规模已经十分接近美国，2018年中国的社会消费品零售总额占美国该项数值的比重达到95.34%，2019年1—8月该比例进一步上升，达到96.22%，这还是在人民币贬值的情况下取得的成绩。从2019年1—8月两国消费的增速上看，中国是8.2%，是美国3.3%的两倍多。[①]两国的消费体量几乎相同，但中国拥有2倍以上增速，在汇率保持相对稳定的情况下，2019—2020年中国消费市场超过美国成为世界第一将成为大概率事件。与此同时，中国的人均消费仅为美国的四分之一左右，加上相对健康的储蓄结构，中国居民的消费还有很大的增长潜力。

至此，我们发现了美国真正的焦虑之处和中国品牌成长至今的最大秘密。改革开放后，居民的消费欲望和消费能力同时具备，形成了中国巨大的市场空间。中国企业依靠中国巨大的、多层次的消费市场，辅以体系较为健全的、成本较低的生产能力和生产布局，从跨国企业不愿涉足的低端市场做起，逐步在管理、技术等的升级之下走向中高端市场，辅以传播迅速形成自己的品牌。一旦走向中高端市场，中国企业便凭借规模化的生产能力和低价优势绞杀跨国企业及其品牌。过去，这种情况在家电产业出现过，现在在手机、电子等行业正在发生。未来，很有可能就是重头的汽车消费市场，只不过这个过程可能更加复杂和崎岖。过去，这种情况主要在中国本土市场发生；未来，则很有可能出现在更大范围的国际市场上。美国以消费立国，以世界第一大消费市场吸引着世界各地的企业投资，引领着世界消费潮流和品牌发展。当下，中国正在逐步用美国的方式消解美国的优势。两国的品牌竞争，说到底，是两国消费市场的竞争。而中国消费市场的庞大体量和多层次性，为中国品牌的成长和参与国际市场的竞争提供了最大的倚仗及巨大的战略回旋空间。这也是前文提到中国企业和品牌的海外收入占比较低却能够走到世界企业和品牌排名前列的根本原因。

回顾四十年中国品牌发展时，笔者曾言："屹立在东方大地的中国品牌，必然陆陆续续汇入大江大河，流向大洋大海。未来的环境，必然是更加变幻

[①] 根据中美两国统计局公布的相关数据整理计算得出，参见：http://www.stats.gov.cn/，https://www.census.gov/en.html。其中，2018年的平均汇率是1美元兑换6.62人民币，2019年1—8月的平均汇率是1美元兑换6.8228人民币。

无穷，未来的竞争，必然是更加残酷激烈。"[1] 未来的中国品牌发展同样如此。在未来的发展中，地位和功能较为特殊的国企品牌将继续在中国品牌走向全球市场的过程中发挥重要作用，其面临的核心问题在于未来国企自身的转型和适应性调整。此外，在改革开放以来的中国品牌建构中，以国有媒体为基础形成的传播力作出了十分关键的贡献，未来的国有媒体也同样面临着适应和调整的问题。对于国企品牌和国有媒体的考察留待接下来的论文进行分析。

---

[1] 黄升民.兴衰沉浮四十年[J].国际品牌观察·媒介，2019（4）：1.

融合与发展

突围与重建：区域媒体经营新论*

区域经济的日渐成熟，是中国经济形态的重要内容，区域经济所带动的政治、经济、文化、社会形态的变化，正在成为中国发展中的一股力量。对于大众媒体而言，区域经济发展的趋势也是一个重要的发展契机，因为区域经济所带动的融合与重构，可以让大众媒体实现不同以往的超越，谋求新的发展动力与资源，而相应的政治格局以及社会形态的变化，将为大众媒体信息功能的极大化扩展提供重要平台。在这一过程中，大众媒体的空间局限、资源困境以及动力匮乏、养分不足等问题，都可以得到实质性的解决。

一言以蔽之，大众媒体将在推动与顺应这一时势变迁中，谋求更大的发展可能。当然，在这期间，大众媒体也会随之发生"区域化"的嬗变，并且在实际的发展行为中，既有的资源概念、发展概念与发展轨迹都出现一次新的拓展与提升。在此，以广电媒体为例，进行初步的探讨。

一、经营困境日渐凸显

广电媒体经营发展到今天，对于后续发展的考察已经不能从简单的数字进行判断，而是要从可持续发展的种种要素予以衡量。实际看来，广电媒体发展困境已经非常明显。

---

* 本文原载于《现代传播（中国传媒大学学报）》2010年第1期，与宋红梅、周再宇合作，收入本书时有改动。

（一）广告收入增长放缓

2008年下半年，席卷全球的金融危机，让国内的传媒业握紧拳头捏把汗，下半年的各大传媒峰会均对来年传媒发展形势透露出不同程度的忧虑。尤其是广电媒体，面对层出不穷的新媒体对广告蛋糕的蚕食，其广告收入已连续几年呈现增长减缓的趋势。

据国家广播电影电视总局提供的相关数据，2004年至2008年全国广播电视总收入分别为824.72亿元、888.76亿元、1099亿元、1316亿元、1452亿元，其中，全国广播电视广告总收入分别为325.82亿元、399.68亿元、527亿元、601亿元、695亿元。

（二）经营扩张难度大

1978年之后，对于中国广电媒体而言，市场经济因素成为一种极其重要的激活因素，由广告经营开始，渐渐向分配机制、用人机制、业务管理、发展意识等方面渗透，逐渐对媒体产生深远的影响。

但是其也为以广告为主的经营结构的成形带来很多隐忧。虽然各广电媒体积极进行经营拓展，试图突破经营空间与经营资源的局限，但是一直都没有显著的成效。这一方面源于经营资质的局限，市场经验不足，对于其他领域经营不熟悉等，使得很多投资拓展都是"虎头蛇尾"；另一方面也与行业"条块分割，以块为主"的格局有关，由于地方广电媒体都归属地方行政体系，因此要实现跨领域的规划，必然要获得党政的支持。

由此可见，所谓经营拓展，并不是一个简单意义上的经营问题，而是一个需要跟随中国政治经济改革才能完成的探索。

（三）缺乏核心竞争力

近年来，节目疲软已经成为业内一个较为普遍的现象，这一方面源于广告导向的节目策划体制；另一方面，收视率已经成为各界评判节目质量和媒介价值的核心指标，使得节目必然向大众化靠拢。在竞争压力之下，"跟风"的潮流出现，相互抄袭也就成为一种最为经济的行为，媒体内容的雷同也就不难理解。在铺天盖地的电视剧、大同小异的选秀、鸡毛蒜皮的民生节目等内容软化表象的背后,是电视节目制作创新不足、经营观念陈旧等问题。

(四)经营理念短视

总体来看,目前广电媒体的经营理念非常简单、短视。所谓经营仍然以广告为重点,并且以广告时间售卖为主,其他层面的开发并不重视,投入也非常不够。广告经营行为仍然停留在一种较为粗放的阶段,进行较为浅层次的开发,常常出现过度开采等"杀鸡取卵"的行为,缺乏长远的战略思考,忽略媒体的深层经营和可持续发展。

围绕广告经营的业内外合作与开发,广电媒体也大多停留在较为简单的层面,并且缺乏足够的市场精神和契约精神,对于当下利益过于看重,使得经营合作大多层次较浅,难以对广告经营形成有力的拉动。这种问题的出现,与广电媒体的广告经营,乃至广电媒体的"特殊性"有着极为密切的关系。

1978年后广电媒体从纯粹的事业单位,进入"事业单位,企业经营",应该说媒体的广告经营是被嫁接其中的,并且依托于特定的政治地位和垄断地位。实际上,广电媒体的经营资源是一种资格赋予,资源开发的粗放行为也就可以理解,而这种特殊性导致的广电媒体的天然强势地位,也就使得种种合作难以稳定、深入地发展下去。

(五)机制改革难度加大

从1978年之后,广电行业内部的机制改革也循序渐进地进行,包括财务、人事、业绩考核、激励机制等。应该说,正是这些机制改革不断释放出空间与能量,给媒体经营更多的支持,使其能够获得一个相对合理的制度环境,并能够在机制活力的推动下快速发展。但是,"事业单位"的"特殊性"使得诸多改革呈现由边缘向中心突破的"产业化"特点,而随着改革向中心的逼近,改革的难度也就显现出来。时至今日,某些地方的机制改革已经出现了迟缓状况,可以看出,接下来的改革,已经不仅仅是媒体内部调整就能够完成的,而是需要来自媒体外的更大层面的改革与推动,如全国性政治体制改革、地方行政体系改革等。虽然这些层面的调整趋势已经可以看到，但是这些改革方向与措施最终波及广电媒体，还将会有种种不确定性。

（六）数字化困境

数字化浪潮汹涌而来，广电媒体也将其看作自己的发展转机，行业牵引与媒体自发，使得中国的数字电视初见形态。但是，在数字电视平台搭建之后，如何解决投入问题，如何构建经营模式依然是难题。

二、地方广电的"区域化突围"

面对这些困境，各广电媒体都在积极"突围"。地方广电的"区域化突围"成为其中值得关注的重要对象，因为它的经营探索已经把以上诸多问题都涵盖、统摄其中。当然，这也不是地方广电的规划所致，而是源于发展的自发性，以及外在要素刺激。

（一）地方广电经营困境尤为明显

对于地方广电而言，经营发展的问题更为明显，因为它们所受的局限更大。

1. 地方广电所受资源与空间局限更大

1983年"四级办台"政策出台后，我国广电媒体由"两级"变为"四级"，以行政级别为建制基础构建行业体系。有线电视发展之后，在某种意义上，各级广电媒体的频道其实就被搁置在一个平台进行竞争，这对于地方广电而言，压力很大。首先，按照行政级别配备的资源和政策倾斜，在各级广电媒体之间存在很大的差异；其次，由于地方广电的经营范畴主要是所处区域，空间非常有限，虽然省级卫视上星后，打破了中央台的全国垄断，但是对于地面台而言，空间狭小仍是不争的事实。

2. 行业游戏规则中地方广电居于"弱势"

目前，广电行业内部形成所谓的"倒三角"格局，即从行政权力的角度来说，从中央台到市县台，行政权力逐渐缩小，中央台所获取的行政资源与权力最多；从市场格局方面来说，中央台位居利益金字塔的塔尖，占据市场利益的最高峰，而从省至市县的广电组织依次向下排列，构成利益金字塔的中部和底部，数量逐渐增多，能够瓜分的利益空间也逐渐缩小。在各级广电组织之间，"上级"对"下级"的管理与利益争夺，经常相互夹杂（图1）。

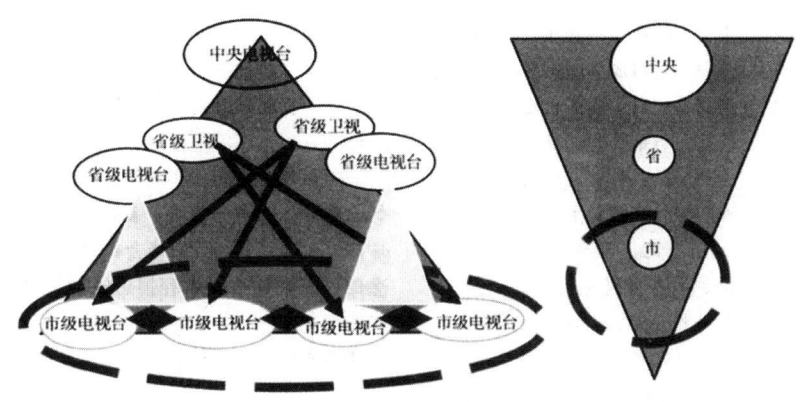

图1　行政级别是各级电视台的主导性支撑力量

3. 地方政治、地方经济对地方广电影响不小

"条块分割，以块为主"的行业体系，意味着地方党政对地方广电的发展影响深入。地方党政对地方广电的政策支持、管理与介入程度，地方经济的发达程度、产业结构、消费水平与消费习惯，地方社会的文化风俗习惯等方方面面，都对地方广电经营范畴、规模扩张、效益提升等产生不同程度的制约与影响。比如，对于某些地方广电而言，实质的发展规划并不掌握在自己手中，主要受地方党政约束，有些广电则相对自由。而地方经济和地方消费能力，是广告主进行媒体投放的重要参考指标。因此，地方经济也就成为影响广告投放的重要指数，影响着广告经营的状况。

（二）地方广电的区域化动向已然明显

压力之下，地方媒体进行种种尝试，一度也非常热衷于争夺全国市场，但是高额的落地费和高难度的竞争，使得地方媒体尤其一些小型地方媒体逐渐被甩出游戏。扎根本地，谋求机遇就成为很多地方媒体的探索重点。地方广电的区域化，实际上就是紧密结合地方政治、地方经济、地方文化、地方社会的种种需求以及发展趋向，将自己的角色、功能和作为进行相应的调整，突破既往简单的政宣喉舌、节目传播、广告播放范畴。在这一过程中，地方广电也就获得了更为广泛的经营资源，更广阔的经营平台以及更为丰富、有利的发展要素。

1. 充当区域政治的抓手，提升影响力

随着社会财富的增加，地方社会也在经历着转型。在区域经济发展带动的转型过程中，当地党委政府的管理主题更为多样而复杂：搭建区域合作平台、提升地方形象、构建和谐社会、促进区域融合、加强对外交流、招商引资等。这些社会管理职能都要求它在传统手段之外，找寻一个有效抓手。在这一过程中，广播电视等大众传媒一马当先。

此外，"软力量"日益受到关注，一个政府的公共形象足以影响它方方面面工作的展开，也是它实现自身目的的一种重要力量。对内，政府运用媒体进行舆情沟通，完善地方舆论文化的建设，从而理顺政府与公众的关系，推动地方重聚的顺利进行；对外，政府则利用广电媒体树立品牌形象，打造城市影响力，从而在政府外交、应对突发事件和招商引资等方面占据优势。

在这一过程中，媒体的信息服务功能得到了前所未有的拓展，对于区域发展介入程度不断加强，社会影响力也大大提高。目前，很多地方数字电视遵照"青岛模式"，以这样的角色定位谋求到了地方党政的支持，从而实现整体转换。

2. 与区域经济互动发展，拓展经济效能

区域经济的抬头，不仅包括地方经济的崛起，还包括区域经济版图的重构。区域经济合作，将成为中国经济发展的规律性现象，也将成为中国经济快速增长的推动器。区域经济的发展对于媒体也提出新的要求，即媒体要作为拉力与黏合剂促进区域经济的快速成形与发展。

同时，在信息化和知识经济背景下，世界经济结构呈现出从"工业型经济"向"服务型经济"转化的趋势，地方经济也面临着产业转型与升级的问

题。一方面，传媒业作为文化产业的重要一支，带动地方经济进行产业转型与升级，增强第三产业实力，从而助推产业优化，推动地方经济的发展；另一方面，地方广电也要求能够借助这样的潮流，在区域资源整合、区域经济合作的基础上朝新的更高层面发展。

目前，一些地区的地方广电已经试图积极介入区域经济发展中，包括以数字电视作为重要的手段，但是总体来看还远远不够，这与地方广电对于自身经济效能认知不足有关。

3. 成为区域社会黏合剂

随着近年来经济的不断发展，社会的快速变革，中国社会发生了全方位的变化，表现为社会群体的分化、阶层的分化、产业的分化、地域的分化等，分化使中国从一致性社会变成多元化社会。在这个过程中，新旧要素间难免发生碰撞，中国处于不稳定的转型期。

在此背景下生成的原有组织解体、观念意识碎片化、社会矛盾多发等问题，为政府进行舆论引导、情绪疏导、和谐社会的建设工作带来困难。而媒体，特别是直接贴近地方社会的基层媒体，可以扮演社会发展的减压阀和黏合剂的角色，充当信息沟通、舆论引导、缓解冲突的有效工具。如各类民生节目和行风热线等，实现了公众与政府的及时沟通，反映了社会各界的声音，为社会各界的沟通、社会矛盾的解决提供了公共服务平台。但是，能否在这一过程中较大范围地介入，更为自主自觉地参与并扮演重量级角色，则是地方广电媒体发展智慧与其未来社会地位的重要考验。

4. 依托地缘进行空间探索

过去按行政级别、属地空间划分媒体发展空间的方式，局限了地方广电的经营规模扩张和经营实力提升。依托区域化潮流，跳出地域限制和行政局限，寻求空间扩张，成为地方广电探索的重点。

目前，一些地方广电已经进行了这方面的尝试，并取得了一定的成功。如借着国际战略合作的政策背景，将媒体触角延伸到国外地区，谋求国际合作和经营突破。广西电视台正是借助中国—东盟"一轴两翼"区域经济合作构思，"10+1"、泛北部湾区域经济合作的国家战略资源，获得了中国—东盟博览会、中国—东盟商务与投资峰会和中国—东盟（10+1）领导人会议的"三会"独有内容报道资源，建立起广西电视台东盟话语权，打响了"东盟"品牌，并成功在东盟各国落地。

而一些区域经济带，如长三角、泛珠三角、环渤海经济区中的各类媒体，也纷纷尝试区域范围内的合作，试图在区域经济背景下，完成地方媒体向区域媒体的升级。

5. 探索区域营销新模式

近几年，企业在营销策略上发生了重要变化，即更加注重在销售终端"最后一公里"对消费者产生直接购买刺激，线上营销开始向线下促销倾斜，终端和渠道成为企业竞争的突破口。而当一线城市消费趋于饱和，二三线及以下地区和农村地区日渐成为企业关注的蓝海时，很多企业不再盲目追求在中央台或其他大型媒体投放广告，而是为了配合终端促销，广告投放呈现区域化、多样性、灵活性的特征。而金融危机的侵袭，使得企业对于成本与效果更为在意。

企业区域化营销战略的增强，为地方广电媒体经营发展提供了很好的机会。作为贴近终端的媒体，它对于地区的影响力，对于区域市场的熟悉程度，以及配合终端的快速应变能力，都成为它的优势所在。目前，很多地方广电从过去只负责广告投放，到现在开始探索新的营销服务模式，配合企业区域营销战略的实施，达到双赢，如协助客户进行终端多种营销，协助客户完成与地方各职能部门的沟通交流，协助企业构建营销网络等。

三、区域化引发的经营反思

在地方广电媒体区域化经营探索里面，我们可以发现，地方媒体最终并没有在单一的"经营"范畴内寻求发展问题的解决，而是在区域发展的趋势中找到了自己的发展路径，实现了经营困境的突围、经营思路与经营框架的重建。

（一）资源概念与经营概念的重新界定

区域经济的崛起，带来了区域内经济分工、经济合作的增强，地域壁垒也逐渐被打破，过去为地方所用的独有资源开始升级为区域性共享资源，区域间的资源和资本将实现优势互补、优化嫁接。

区域媒体的形成与发展，正是建立在资源外延扩张、共享共通的基础之上的，以弥补地方媒体资源不足的劣势。由地方媒体向区域媒体的转化，不仅是一种资源概念的延伸，也是对传统经营概念的重新界定。媒体对"经营"的诉求，不单单止步于广告创收，而是将区域重构中的政治、经济、文化、社会发展的种种相关要素，都转变成直接或者间接的经营资源、发展资源，在与地方多层面互动、促进中，实现自己的发展诉求、经营诉求，即地方媒体在协同区域发展、推动区域发展的同时，获取强大而广泛的话语权和影响力，这就可以为媒体吸引大量资源，从而创造出经营资源与经营空间。

大区域空间的形成，对信息传播产生大规模需求，加之经济转型所带来的产业升级，都为以传媒业为龙头的文化产业大踏步前行创造了丰富的资源基础和巨大的施展空间。

（二）经营战略与战术的重新部署

区域平台的广阔，区域资源的丰富，促使地方媒体的经营战略与战术也必然出现不同以往的变化。

首先，视野放宽放远，不能局限于当下利益和广告利益，而是着眼长远与持久。

其次，战略高地明确，不再盲目追求全国市场或者投资产业，而是明确自己手中独占性资源与独占性发展定位，在现有区域范围内做大做强，从而在全国竞争中占据一席之地，所谓区域强势媒体战略也就因此形成。

此外，对于营销服务的概念内涵也开始重新界定，一方面拓展自己的服务链条，增强自己对于客户的黏着性；另一方面，在对客户拉长服务线索的同时，也为自己经营拓展找到了基点，未来可以大有作为之处。

（三）社会形象得以改善

大众媒体近年的社会形象，一直非议较多，"僵化的党政喉舌"与"过于软化"的评价不绝于耳。实际上，在区域化发展过程中，地方媒体的这一问题在一定程度上得到了解决。因为随着地方社会的成形、区域融合的深入，地方媒体可以实现经济效益与社会效益的统一。很多地方广电已经多有尝试，即由充当简单喉舌向地方乃至区域性信息服务平台转变，围绕政府的政治经济思路，主动参与到政策部署、行业监管、协调社会发展当中，重新构建地方及区域政治、经济品牌和号召力，成为地方建设的重要参与力量。

过去因追求广告利益而带来的媒体公信力丧失等问题，已经干扰了媒体的长期经营，一些地方广电已经将重心从谋取商业利益向重塑媒体影响力层面转移。这一方面可以为经营的持续发展带来保证，另一方面也是一种媒体使命，因为地方的发展，需要地方媒体利用其影响力助力社会和谐发展，引导舆论，重构价值观。

（四）借助数字化优势

区域经济发展，在赋予地方媒体发展机遇的同时，也对它提出了更高的要求。而数字化对于地方广电各方面的提升，也让它对于这些要求有所回应。首先，地方广电借助数字电视的发展，提升了经济效能，拓展了产业空间，激活了其拥有的网络、用户资源，促进了行业地位的提升，使其跻身信息化建设行列，促进地方产业转型，盘活自身资源。其次，数字化也赋予了地方广电更为强大的信息能力，强化它与地方政治、经济、文化、社会的互动能力，促进影响力与经营力的攀升。而对于数字化营运模式构建这一难题，从以上两个方面也就可以寻到破解之法。

三网融合：构建中国式"媒·信产业"新业态*

中国的三网融合在经历了十多年的争论、搁置和分头发展之后，已经形成了基于不同产业利益诉求的产业格局，通信行业受基础语音和宽带接入用户 ARPU 值效益预期下降的影响而把诉求点放到了基于 NGN 的媒介化，广电行业则在饱受单向传播、单一依赖广告收入之苦的基础上开始走向双向全业务的 NGB，两者进入相互补充、复制性的平台竞争时代，从而形成了中国式的三网融合的基础。

不过，由于中国现实的国情，中国式的三网融合，不是单纯的市场、技术和利益的融合，也不是行政机构和事业单位的融合，而是在意识形态参与主导下的有中国特色的融合，是要构建一个以媒介为高地，以内容、网络和服务为骨干基础的崭新的媒·信产业，即以媒介思维为主导的三网融合。因此，不管是广电还是通信行业，都应该符合并且围绕着媒介思维去进行三网融合，这样才能做大做强。

一、三网融合的由来

2010 年一开始，国务院关于三网融合的基本政策方向一经推出就引发市场的回应，各种热烈的讨论也随之而来。其实我国的三网融合并不是个新鲜话题，而是一个沉积了十余年的历史问题的尘埃落定。

---

* 本文原载于《现代传播（中国传媒大学学报）》2010 年第 4 期，收入本书时有改动。

（一）十余年前：替代性融合的搁置

我国关于三网融合的讨论最早开始于20世纪90年代中后期，受美国FCC三网融合和广播通信之融合的促动，当时在政府高层，出于避免重复建设的原则，出现了广电网并入通信网[①]、仅在通信网的基础上构建我国的信息高速公路的思路，并且在上海等地还进行了实践。但在随后激烈的讨论中，政府高层顾及广电网的特殊性，尤其注意到信息传输的安全性、舆论引导的重要性，于是搁置了这种替代性融合的思路。

在产业实践方面，相互融合的理性产业结构也没有成熟。虽然数字技术的发展给广电和通信提供了业务拓展的可能，广电开始涉足互联网接入和语音业务，通信业开始涉足有线电视，但是，此时不论是广电还是通信，在进入对方传统优势领域方面，均准备不足，竞争只是被当作捍卫生存空间的手段，双方都把抢夺对方用户看作主要成绩，甚至出现了互剪电缆、流血冲突这样的低层次野蛮竞争。现在回头来看，在当时的历史环境下，即使能够把对方的业务抢到手，也不见得能经营好，这种野蛮的低层次竞争缺少政策层面的指引和管制，无法推动产业的健康发展。

因此在当时各种因素的促动下，1999年9月，由国务院出面，出台了影响深远的82号文。其核心思想就是明确规定了通信部门不能经营广播电视业务，而广电部门也不能经营通信业务。从此，网络融合的问题成为敏感问题，被搁置下来。

（二）十余年中：搁置争议，专心谋发展

在政策层面平息了恶性竞争的可能之后，广电和通信两大产业从盲目替代他人的思路中解脱出来，搁置争议，专心沿着各自的产业发展路线推进。

在这十余年中，广电和通信两大行业不断深化技术探路，调整产业布局。

---

① 国家层面推动三网融合的思路详细可见1998年92号文（《印发国家广播电影电视总局职能配置、内设机构和人员编制规定的通知》）。《通知》明确指出："将原广播电影电视部的广播电视传送网（包括无线和有线电视网）的统筹规划与行业管理、组织制订广播电视传送网络的技术体制与标准的职能，交给信息产业部。"

广电方面，逐渐形成了以有线电视网络为核心的广电网的建设，形成了一个由有线、无线和卫星三大行业交叉发展、全面开花的数字化格局，业务范围也从单一的广播电视信号传输拓展到了综合性的多媒体信息平台。

通信方面，则在通信网的基础上，不仅完成了行业内部的结构调整，形成了固网和移动网的融通运作，电信、移动、联通三家运营商市场运作的基本格局，而且还搭建起资本格局下的现代企业制度，更是在技术推动下由2G发展到3G，业务也从单一的语音服务拓展到了综合信息服务提供上。

在这个过程中，两大产业的竞争和融合不断发生，出现了数字电视与IPTV、网络视频、CMMB与3G手机媒体等矛盾冲突和局部的合作。这些新兴产业自身的发展和推进进一步模糊了两大产业之间的业务界限，也为日后发生的产业融合打下了基础。

（三）十余年后：重提中国式的三网融合

2010年被称为中国三网融合的启动元年。

广电和通信产业在经历了十余年的发展之后，到今天已经形成诸多基于数字技术、内容业务、传输网络以及服务平台等各个方面融合的事实，因此再来重提三网融合，就有了比较充分的现实动力，而且，中国的国情也使得这个融合是一个具有中国特色的三网融合。

从历史发展过程来看，三网融合的产业政策出台都会映射出所在国家和地区的产业战略思路与产业发展规律。中国现时所提出的三网融合，当然也会受两种力量的牵制：其一，广电和通信两大产业在各自十余年的发展过程中，已经形成了自己的产业格局和利益诉求；其二，国家高层从满足社会发展、民众公共利益的角度出发，必然对三网融合提出相应的规划思路。从这个意义上说，我国现在的三网融合不是技术融合和单纯的产业融合，而是一个多重力量共同作用的融合，它既包含商业的、市场的成分，也包含公共服务的国家意志的成分。

因此，关于中国的三网融合问题，必须用中国式的思维来考虑，需要看清三网融合背后是产业利益诉求以及国家意志导向，而不仅仅是一次单纯的技术进步触动的产业融合。

二、三网融合的产业利益诉求

在时间流逝和博弈冲突中,经过十年的搁置争议、各谋发展之后,今天的中国,广电和通信两大产业已经形成了各自的产业格局和利益诉求,形成了三网融合的动力之一,这就是今天讨论三网融合的逻辑起点。

(一)通信:下一代通信网,直指媒介化

对于通信产业来说,传统产业的衰退预期是全世界所面临的共同问题。在全球范围来看,通信传统的优势业务——语音和宽带接入业务,已经达到了产业发展的顶峰时期,未来并没有新的增长点,预期收益在不断下滑。因此,通信急需进行产业转型,进行二次创业。于是,通信提出了建设下一代网络(NGN)、提升产业价值的战略规划,其中"媒介化"正是 NGN 的重要战略方向。

从现在的业务发展前景来看,单纯依靠现有的语音和宽带接入业务,根本不足以支撑产业升级到 NGN 所需的成本,此时,以"电视机+家庭需求"为诉求的 IPTV 和以"手机+个人需求"为诉求的手机媒体这些新业务就成为通信行业巩固既有市场、增强用户黏着、提升用户价值的必由之路,是事关生死存亡的大事。而在现有的 IPTV 或手机媒体的运行模式中,通信只是作为通路传输存在,内容制作、集成、管制都在广电,通信自然不满足,而三网融合恰恰给它提供了进一步深化和拓展的想象空间。

(二)广电:下一代广播网,核心是双向全业务

对于广电来说,提供广播式服务、依附广告生存的模式也触摸到了天花板,广告市场的衰退引发了广电的担忧。与此同时,基于有线网所产生的 ARPU 值一直低得可怜,而初期的数字化改造并没有从本质上提升 APRU 值,由此广电提出了升级到下一代广播电视网(NGB)的战略,希望通过开展全方位业务来提升 ARPU 值。

在 NGB 的战略规划中，广电首先希望能够通过增加业务范围来提升产业价值，其核心问题就是双向化。在把有线网改造成双向网之后，看电视、点播、时移回看、玩游戏、在线支付等都可以全线铺开，广电网将成为基础性的全业务信息平台。

另外，对于通信传统的宽带接入业务，广电则希望能够拥有自己的独立出口资源，因为在现在的广电宽带接入业务模式中，广电只是通信的一个流量分销商，需要向通信部门缴纳高昂的流量费。哪怕是中国网络电视台，眼看着一年有 8 亿元的营收，可是大部分都用来支付了流量费这一成本。因此，如果广电能够拿到独立的带宽出口资源，成为跟通信行业一样的全业务运营商的话，除了能够增加业务之外，首先势必大大降低成本。此外，广电还可以通过捆绑提供语音业务来进一步增强用户黏着度。

（三）以平台竞争替代楚河汉界

在分析了目前通信和广电各自的利益诉求之后，我们发现，通信行业要做媒体，广电行业要做双向全业务，各自的诉求点都已经从根本上触及了对方的核心利益所在。

十年力量演变的发展，已经使得双方的竞争符合了平台竞争的内在逻辑：平台竞争的初期，还可以存在竞争双方相互替代的可能性选择，但是当个体发育到一定规模，且市场一旦成形，只能相互共存，而且在业务层面展开针对对方的复制性的竞争。当前，两大产业均已经形成了平台竞争的现实，两大产业功能和作用在竞争的作用下，其网络基础设施、业务承载能力、用户需求等都在不断趋同，只不过各自的侧重点有所不同而已。广电的优势在于占领了内容高地，传输带宽，可管可控；而通信的优势在于用户服务和市场营销运营经验。在这种情况下，平台已经具有一定规模，市场也逐渐成形，平台的核心价值——双边对等开放——就使得产业之间的竞争从基础网络的替代性竞争转向业务层面的复制性竞争。[1]

---

[1] 黄升民，谷虹. 数字媒体时代的平台建构与竞争［J］. 现代传播（中国传媒大学学报），2009（5）：20-27.

所以，2010年重提的三网融合就有了前提条件：不再是十多年前的替代性融合，而是在通信网的三家（电信、移动和联通）和广电网的一家（广电诸有线网络的整合）这样的"3+1"基础上的融合。

三、三网融合的产业遐想

然而，中国的三网融合前景非常矛盾，一方面，融合构建在广电和通信已经形成产业格局和利益诉求的基础上；另一方面，融合还需要顾及现实的中国国情。那么，中国三网融合的产业格局将是一个什么结构，又是谁来主导这个融合进程呢？

（一）一个大脑、两条腿的松散式的混业结构

在上述的平台竞争分析中，我们给出了一个这样的结论，融合是潮流趋势，但是融合的过程中双方都不能被消灭，也不能置对方于死地，因此，中国式三网融合很可能构建出具有一个大脑、两条腿发展的松散式的混业结构：

通信和广电各自所拥有的基础网络属性不变，"3+1"的网络基础构成了未来的三网融合的两个传输基座；但是两个基座之上必须拥有一个融合的大脑，即构建在"3+1"网络基础上的统合内容、业务，传输、终端、服务的交叉相融发展的神经中枢。

（二）谁主导这个结构

既然构建的是一个松散的混业结构，那么谁来主导这个结构并引导融合的发展呢？

如果按照国际的惯例或者市场竞争的思维方式，在利益最大化的驱动下，依循资本和经营实力决定主导地位，一网通吃，强者主导的逻辑，那么三网融合的未来就是通信主导，广电只不过是一个很小的经营盘子，被逐渐边缘化。但是在中国，我们必须考虑国家行政的力量，考虑国家意志对融合的现实需求和制度安排。

所以在这样的背景下，一方面，不可能按照资本实力由通信网来主导三网融合①。通信网是一张纯粹的商业网，从商业利益角度考虑问题是很自然的事情，所以，发生诸如高额的装机费、双向收费以及垄断专横之类的流弊也不足为奇。从国际的经验来看，单一的商业网是很难履行公共服务的职责的。笔者曾经说过，如果有人从财政节约角度考虑一定要三网合一的话，那么，最好就把同样性质的通信网如中国移动网、中国联通网和中国电信网合在一块，这才是物理意义上的三网合一②。另一方面，也不可能单独依赖广电网去主导三网融合，广电网带有公共服务属性，长年来收费低廉而且承载许多公共服务，是"可控可管"的"安全网"。但是广电网地方割据利益纠结，有系无统，目前还达不到现代通信所要求的全程全网功能。若以广电网替代通信网就会延误网络信息业市场化运作发展的好时机，会损害多样化个性化信息服务产业的蓬勃发展。

因此，中国式的三网融合由于其特殊背景和现实，不是简单的技术融合，也不是单纯的市场融合，而是在意识形态参与主导下的融合，是要构建一个以媒介为高地，以内容、网络和服务为骨干基础的崭新的媒·信产业，即以媒介思维为主导的三网融合。因此，不管是广电还是通信，都必须符合并且围绕着媒介思维进行三网融合，只有符合这个思维才可能达到做大做强的目的。

什么是媒介思维呢？

三十年的媒介改革，一直有两个不同思路，其一是彻底地改制，进入市场，按照产业思路去组建符合经济利益导向的格局；其二是体制不变，规避风险。

笔者追踪研究媒介近二十年，发现媒介改革问题在理论上根本没有得到解决，而是陷入两难：不改革被批评为"保守"，改革却又不能放任资本、市场力量横行，走完全西化的道路。然而，值得注意的是近年来国家层面提出

---

① 黄升民. 为什么做 NGB [J]. 广告大观（媒介版），2009（9）：1
② 黄升民. 三网融合的优势顺延与死穴制衡 [J]. 广告大观（媒介版），2010（3）：1.

发展大文化产业的动向，广电领域的"制播分离"，出版领域的"双转"，通信行业提升服务能力、信息安全的产业升级等，其实都是实践层面对上述理论死结的解扣。媒介改革依循的思维逻辑依旧是：既有行政主导的一面，又有市场参与的一面，根本体制不变，组织系列一分为二，核心资源牢牢握在手中，"可经营""可剥离"地积极进入市场参与竞争，依循"做大做强"目标进行产业运营。这样的思维逻辑在"大国崛起"的背景下更加具有可操作性，其理由笔者曾经分析："具有双面属性，产权不清却能承载公共服务、可管可控的特性更能得到行政资源的支持，也获得了更多的市场发展机会。"①

因此，中国式的三网融合是媒介思维主导的结构，是中国媒介改革的缩影。这样的结论有两个理由：

其一，这样的结论符合中国现实。中国式的三网融合带有鲜明的中国社会主义的特色，充分尊重市场这只"看不见的手"的作用，同时又重视发挥"看得见的手"的力量②，这样的制度特性决定了三网融合跟其他中国式产业一样，躯干是市场化的，大脑是政府主导的。现有的体制和现有的意识形态不可能放弃媒介思维，任由其变成一个边缘化的角色，因此，在三网融合的进程中，媒介的色彩不是被边缘化，而是被强化，强调对以媒介为核心的信息产业的可控可管，强调舆论引导，然后才强调产业在市场获得的利益，因此就构成了以媒介为主导的媒·信产业。这个产业的运作思维是媒介式的，即强调内容管控、传输安全、服务的公共属性等。

其二，这样的结论符合三网融合的发展目标。中国式的三网融合，既顺应技术的潮流，遵循市场的原则，又强调在竞争中的双赢，广电和通信两大行业将依循"存量不变，增量分成"的融合原则，在确保各自利益之下，完成所谓"大内容，大网络，大服务"的大媒·信产业的平台格局构造。因此，原来的广电和通信，不管是哪一方，都要继续在未来的三网融合中做大做强。双方在一个媒·信产业平台上可以进行内容业务品质、传输速度效率、终端服务能力

---

① 黄升民. 三网融合的优势顺延与死穴制衡[J]. 广告大观（媒介版），2010（3）：1.
② 梅宁华. 对中国发展进程新历史现象的思考[N]. 北京日报，2009-11-30.

等各个方面的竞争,但双方的融合竞争有三个终极目标:第一,内容多样、优质发展,但要可管可控。第二,传输高速、海量,但是要强调安全。第三,服务是针对个人、家庭、社区和国家构建信息平台,但是强调公共服务。

因此,在这样的三网融合终极目标指导下,不管是广电还是通信,都要接受媒介的思维主导,遵循媒介运作的游戏规则,被媒体的特殊性所规制,接受媒介运作理念的管制。

(三)法律和组织架构的未来合体

混业的融合形态,媒介思维的主导,其未来的指向似乎已经露出端倪:

在法律建设上,将电信条例立为电信法,是一种只强调部门利益最大化的方式,不符合三网融合发展的潮流。因此,应当考虑出台具有中国特色的媒信法,促进三网融合的有效推进。

在组织架构上,或许通信不再与盐业、稀土、烟草为伍,脱离工信部,跟广电、新闻出版、文化等合为媒信委员会。

也许这只是遐想,但三网融合确实需要现实的法律规范和组织架构,参见图1。

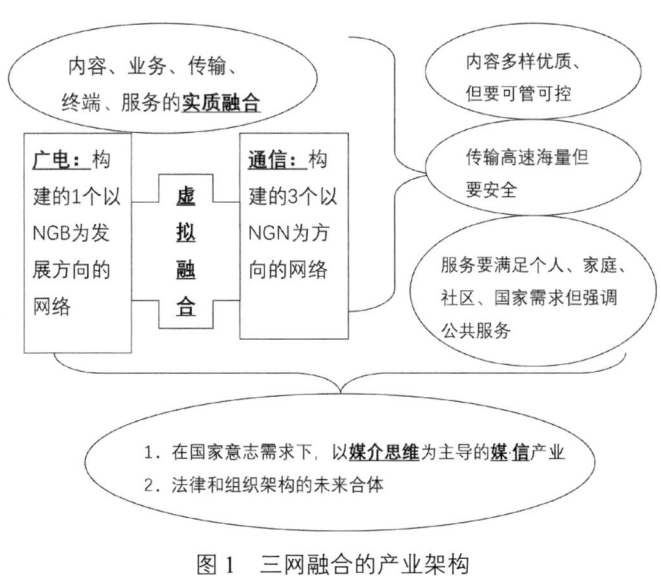

图1 三网融合的产业架构

结语：迎合国家信息战略布局

基于上述关于三网融合的历史发展、平台竞争现状，以及未来发展的一些遐想，笔者认为：中国式的三网融合，其背景是中国的大国经济成长，中国特色社会主义的形成与发展，所以，它不是单纯行政的融合，也不是单纯市场利益的融合，而是一个双面属性支配下的融合，这是现实国情下的现实选择，是一个客观事实。

笔者从20世纪90年代初期就研究媒介，也一直纠结于媒介体制改革和制度创新，但是逐渐发现媒介改革所依循的逻辑和路径，其核心是双面属性下的做大做强，既不完全市场化，也不完全事业化，"看得见的手"和"看不见的手"同时起作用。相信该逻辑也将影响三网融合的发展路径，因为中国的三网融合说到底要满足中国国家信息战略布局的现实需求。

游走于市场需求和国家意志间的三网融合内在逻辑[*]

近来,三网融合"夭折论"闹得沸沸扬扬,起因是某电信专家在某高峰论坛语出惊人:"三网融合在过去的一年中没有实质进展,试点进度已明显落后于国务院的部署,三网融合正面临夭折风险。"随后,该论调被媒体广泛引用转载,业界一片哗然。紧接着,工信部相关领导出面辟谣,三网融合已取得积极进展,国务院三网融合工作协调小组办公室将于2011年中期对第一阶段试点工作进行总结,在此基础上确定下一步试点工作。至此,似乎整个事件尘埃落定,然而,对于三网融合的争论却远远没有结束,这一事件折射出我国三网融合形势的变化。

一、"3+1"式的融合

(一)"3+1"式的融合:通信主导

所谓的"3+1"是指在三网融合中存在4个物理网,即3个通信行业的网和1个广电网[①],而且3个通信网规模大,在提出"三网合一"或者"三网融合"的事情上,向来都是通信行业积极主动,起主导作用。而广电行业在2010年重提三网融合之前一直是消极被动的,应对也是小心谨慎,步步为

---

[*] 本文原载于《现代传播(中国传媒大学学报)》2011年第7期,收入本书时有改动。

[①] 黄升民,谷虹.数字媒体时代的平台建构与竞争[J].现代传播(中国传媒大学学报),2009(5):20—27.

营，其最大的愿望无非就是在融合的潮流当中依然保留生存的权利，具体而言就是在"移动""联通""电信"三巨头之后还挂上一个尾巴，这就是所谓的"3+1"的由来。①

作为三个巨人，通信网络一直以来都是三网融合的积极推动者，一方面，通信业的主管部门工信部曾多次表示要推进三网融合取得实质性进展，促进电信和广电业务双向进入。另一方面，通信业三大巨头则不断谋求产业的转型，其所做的努力基本可以归结为两点：铺网和产业转型。所谓铺网，是指网络从2G到3G，三大运营商投入大量资金去支持技术的升级换代；所谓产业转型，是指三大运营商希望通过通话、媒体、互联网等多种业务，落实"综合信息服务"的定位，完成"全业务运营"的转型。

作为一个尾巴，广电的网络一直为自身的生存忐忑不安。十年前三网融合初次提出并且发布的那个红头文件，以避免重复建设为由要把广电的有线网并入通信网当中。由于种种原因这个红头文件最终还是被推翻了，变成广电与通信分营的结果。虽然十年后三网融合没有撤掉广电网，但是广电网说到底还是实力规模不如人，一不小心就有可能在所谓"融合"当中失去自己的地盘。

（二）通信业三巨头的转型：新网络，全业务

通信业三巨头为了应对整个行业传统语音和宽带接入业务APRU值（指平均每个用户贡献的业务收入）下降的影响，以及行业内部彼此之间竞争加剧的冲击，不断寻找更广阔的发展空间，积极推进产业转型。三巨头不约而同地选择了两条转型之路：

一条是积极开拓面向家庭用户的服务，即提供语音＋宽带接入（家庭宽带）＋媒体（IPTV、网络视频等）的业务；

另一条是大力发展面向个人用户的服务，即提供语音宽带（个人移动互联网）＋媒体（视频、报纸、阅读、音乐等）＋互联网（位置、支付、社交等）的业务。

---

① 黄升民．从3+1到1+3［J］．广告大观（媒介版），2011（6）：1．

这样的转型之路，有两个目的：第一是优化其管道传输能力，通过不断铺网、升级宽带网络，建设智能数据处理中心，为大容量多媒体业务做好硬件和软件的准备；第二是提升其管道服务能力，加强多样化业务的布局，避免沦为只为个人和行业用户提供通路传输的机构，努力成为媒体和互联网业务的核心服务商，通过业务黏着用户、创造用户并成为诸应用商之间的交流平台，打造面向用户的前向聚合和服务应用商的后向收费的多赢模式（图1）。

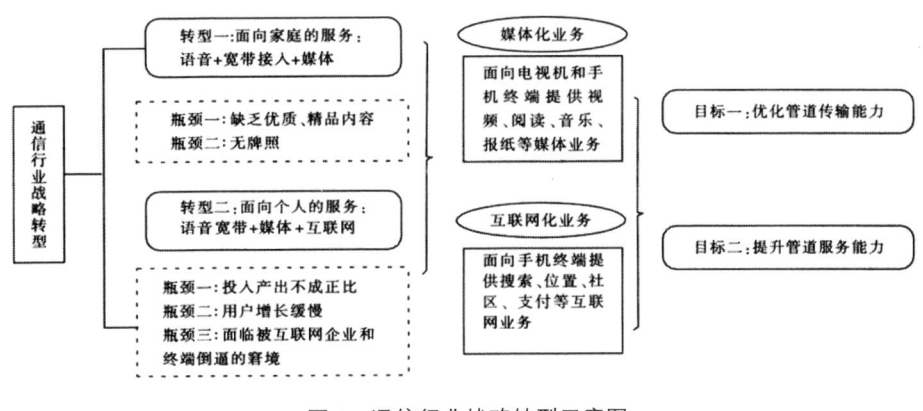

图1　通信行业战略转型示意图

（三）通信业三巨头的迷失：缺乏明确的战略思维

迷失一，管道之惑。三巨头耗巨资建设网络，将自己定位为综合信息服务商，其目的在于掌握在网络上传输内容和提供业务的权力，通过为消费者提供综合信息服务，确保其在价值链上下游都能发挥作用，避免沦为单纯的管道机构。然而，三巨头涉足新兴媒体和互联网业务时发现，这些新业务对带宽资源消耗很大，但对投入产出的收益贡献很低，所以，三巨头虽然都知道数据业务发展是未来趋势，但对数据的流量剧增是爱恨交加。曾有通信高管表示"移动互联网和智能手机的普及带来的海量的数据流量冲击了我们网络的承载能力，我们梦寐以求的移动互联网来了，但是只是给我们带来了大量的流量，而没有带来大量的和流量相适应的收入"[①]。

---

① 孙铭欣.三网融合之通信业：理想与现实的悖论［J］.广告大观（媒介版），2011（6）：44–48.

曾经的"管道为王"似乎也在失色，因为随着Wi-Fi的到来以及智能终端的不断强大，不仅通信运营商的流量不会被占用，而且用户能在任何地方使用公共网络或者其他廉价和方便的网络，这势必引起三巨头商业模式的剧变。

迷失二，内容之惑。三巨头布局新业务，因其本身没有做内容的过往经验和积累，不得不与内容提供商合作，并采用了国际惯用的分成模式。国外很多通信运营商承认内容提供商在整个产业中的重要作用，通常采取培养、扶持和持久合作的方法，并将收入的绝大部分与SP和CP分享。然而，中国的三巨头长期处于强势地位，习惯占据利益分配中的大头，对CP采取不扶持、不培养的压榨态度，长期依赖极其畸形的分成模式，结果导致内容产业无法成形。之前也有人给三巨头出过主意，通过自建自制基地缓解内容压力，殊不知内容产业的培育需要较长时间且要宽松的文化土壤，无法一蹴而就。也有专家将通信业的内容之惑归罪于缺乏牌照，以及广电对内容的管控，笔者认为这个结论也是避重就轻。

迷失三，媒介思维之惑。三巨头都是以技术服务为核心的国企，市场化程度比较高，解决问题的方式也是市场化导向，以盈利指标的达成为第一目的。这两年，通信三巨头身边总是环绕不少负面新闻，诸如垃圾短信、乱收费、手机涉黄等问题不断曝光在公众眼前。它们之所以对种种问题头痛医头脚痛医脚，或者直接视而不见，归根到底还是利润挂帅，一边收取流量费，一边可以从SP获得提成，可谓左右逢源。

这种行事方式最大的问题是容易忽略国家的文化安全和信息管控的原则，淡化了作为信息服务提供方所肩负的公益使命以及引导舆论的职责。这样一种与媒体运作思维相左的方式，在当下复杂多变的社会环境中自然很难得到政府高层的普遍认同。

（四）三网融合"夭折论"是三巨头热情耗尽而后方向迷失？

从上面的分析来看，"3+1"的融合似乎也随着三巨头的迷失而迷失。

本来寄希望于通信网的三巨头能挑起融合的大梁、让利于内容提供商和其他产业链角色、包容还弱小的对手广电、推动三网融合往前走，但事实上是三巨头缺乏明晰的战略思维，一直在纠缠如何用最小的代价、最大的收益来跟所有人解决问题，于是问题不但没有解决，而且随着客观上产业技术和市场需求不断推进融合进程，下游倒逼上游。看看手中的智能终端的多样化和迅速普及，看看人们的信息消费需求的膨胀，大家就心知肚明。

所以前一段时间从通信业内部发出的融合"夭折论"，似乎透露了两个信息：第一就是曾经热情高涨要主导融合的通信业，因为没有得到预期的收益而热情耗尽；第二就是通信业集体迷失，迷失于自己投入巨资建设的管道，迷失于没有主导好的内容，以及迷失于社会舆论漩涡当中。

二、"1+3"式的融合

（一）"1+3"式融合：广电主导

在利益之争和力量博弈的视角下，很多人发出了"三网融合夭折"的喟叹。然而这种喟叹忽视了网络融合的必然性。在技术发展、国家需要等因素之下，融合已是大势所趋，无论哪一方都责无旁贷。在这个过程中，随着广电自身实力的提升，以及三网融合的深入，"1+3"或成为另一种整合模式逐步浮出水面。

所谓"1+3"，指的是由"1"即广电来带动后面通信的"3"，加强广电在三网融合中的作为，强调内容监管和信息安全，以此带动三网融合向前推进。

（二）"1+3"融合的可能性：实力增强，属性契合

之所以提出"1+3"，是有其背后深刻的原因的。首先是广电网在十余年发展之后，实力和规模增强增大，具备了承担三网融合重任的能力；与此同时，广电的传播媒体属性也更加契合国家强大之后的大国传媒需求。"1+3"的出现有其必然性。

第一，广电网脱胎换骨，实力增强。

十年前，广电的网络是小网和劣网，网络建设投资主体多元，各级广电分散割据，最多时我国大大小小的有线网运营机构达到两千多家。而2000年

时全国的有线收视费收入却不过几十亿元，业务也仅仅是广播电视信号传输，网络承载能力有限，广电网自身的实力较弱。

然而经过十余年的悉心培育与涅槃变革，广电网的实力大幅提升。到2010年，全国广播电视行业总收入达到2238亿元，其中广告收入970亿元，占比43.3%；有线电视网络收入506亿元，占比22.6%。全国有线电视用户达到1.87亿户，其中有线数字电视用户8798万户，数字化程度达到47.0%。[①]

从网络带宽上来说，高带宽一直是广电网的重要特征，这十年更是不断升级，从450MHZ为主逐渐过渡到现在的以860MHZ为主，更适合传输高清视频内容，为用户提供高品质的视听体验。而以提供语音服务为主的通信网先天是一张窄带网，近十年来历经巨额资金投入，不断升级扩容，至今在信息服务方面，大多数用户仍然在使用10M以下的接入带宽，再加上一对一的网络结构，导致通信网对视频内容的支持能力较弱，如果通信网如其规划的那样，达到百兆入户，还需要无法估量的改造成本投入。

有线网双向改造也在顺利推进，双向网的发展也使得广电网的业务类型不断丰富。目前，广电网已经从十年前的只能提供单向的广播电视信号传输，过渡到双向互动全业务，业务类型包括基本直播电视、高清频道、互动点播、时移回看以及信息查询、在线购物/支付、互动游戏、远程教育、远程医疗、家庭安防等大量的增值业务，让用户逐渐实现从看电视到用电视的转变。

从网络规模上来看，已经有十几个省份基本完成省网整合，实现一省一网，目前国家有线网络公司的成立正在积极推进，广电网的规模化程度大幅提升。再加上卫星网和无线网的建设，以及有线、无线和卫星的有机协调及联动，广电网的实力将继续增大。

与此同时，广电网也逐渐建立起了较为完备的服务平台和用户管理体系，业务支撑能力、结算计费能力、用户服务能力、营销推广能力等均有大幅度提升。

综上所述，现在的广电网已经今非昔比，具备了承担三网融合重担的实力。

---

① 数据来源：国家广播电影电视总局官网。

第二，广电网更适应复杂多元的传播环境。

以往，网络就是内容和需求之间的传输渠道，网络运营商所提供的主要是网络技术服务，广电网传输广播电视节目，通信网传输语音和简单数据。但是，当海量信息催生海量需求之后，网络从简单的"传输""渠道"转变为多元业务的运营，网络运营商也从技术服务商转变为综合信息服务提供商，网络已经从"渠道介质"转变为"复合媒体"，传播环境越来越复杂，对网络提出的要求也就越来越多元。

对于通信网来说，传统的语音和简单数据业务已经无法满足当前多元化、高清视频、高速传输的需求，为了化解被"管道化"的风险，通信网积极进行转型，开展了大量媒体化的业务，如IPTV、手机视频、手机阅读、手机音乐、手机游戏等，将媒体化作为重要的战略方向。在三网融合的大环境下，通信网更是希望能够通过对三网融合的主导进入更多的业务领域，尤其是视频这一重要的趋势性业务领域，从而谋取更大的商业利益。

然而，要满足这样的业务，首先就需要对自身的网络进行升级改造，一是拓宽带宽，二是升级技术。前者成本巨大，后者则将通信产业拉入2G到3G的技术泥淖之中难以自拔。与此同时，改造后带来的新业务新收入却无法填补带宽改造、技术升级的成本。通信业其实已经进入了一个两难的境地：不投入就被技术进步所淘汰，投入了反被巨大成本所拖累。要做到两者平衡必然刺激强烈的利益追求，结果与三网融合的主流意识背道而驰。

反观广电网，脱胎于广电系统，高带宽本身就适合传输高清视频类业务，且入户率极高，只需要做一些双向化的改造、稍作调整就可具备三网融合所要求的素质与特征，自然也就逐渐加大了在三网融合中的分量，实现了向"1+3"的转变。

第三，国家和政治需要公共服务和媒体属性。

大国崛起需要大国传播，需要一张大网来满足传输与需求。然而，这张网的首要条件是可管可控、安全可靠。虽然各方力量都会表态自己的网络会完全满足这样的要求，但是其网络属性却很可能阻碍了这个承诺的兑现。

通信网一向以追求商业利益为目标，缺乏媒体化的思维模式，公共服务

意识比较薄弱，网络本身也容易受到攻击，安全性比较低，用户又以虚拟状态存在，这就导致了手机和互联网上出现侵犯隐私、低俗、欺诈、盗版等诸多问题。

反观广电网，本身就是自成一体的封闭网络，受攻击的可能性比较低，网络结构的特点反倒提高了网络的安全性。而且，长期以来，广电承担着公共服务的责任，具有宣传和意识形态属性，形成了媒体化的思维模式，重视信息监管和安全播出，而且广电网的用户都是实名制的，这就使得广电网具备了可管可控、公共服务的基本特性，这一点恰恰契合了国家和政治层面对公共服务和媒体属性的内在需求。因此，广电网在三网融合中得到国家层面的政策倾斜和保护，逐渐占据主导权，也就可以理解了。

（三）"1+3"式融合：行路难，往前走

不可否认，当前广电系统的综合实力还是偏弱的，要想实现"1+3"，首先要继续强化自身实力，把这个"1"真正做大做强，唯其如此才能带动后面的"3"，推动并主导三网融合的顺利发展。这个过程并非一蹴而就的，还有大量的工作要做。

具体来看，广电可以通过几个方面来强化自身实力。

1. 完成网络整合，为"1+3"打下基础

当前，广电网被人诟病和质疑的一个重要因素，就在于网络分散，缺乏统一主题，而要想整合则困难重重。但事实上，广电在网络整合方面已经做了大量准备工作，网络统一势在必行。

在过去十多年的网络整合过程中，广电在历经分散、整合、停滞、再整合的螺旋形上升之后，逐渐统一了网络整合的思想，需要一个统一大网的思路被政策层和业界普遍认可，也逐渐摸索出了"存量保值，增量分成"这一有效的运作模式，并且在省网整合的过程中积累了大量整合的具体经验。[1]

现在，随着国家大网的战略逐渐明晰，广电网的整合也进入快速推进阶

---

[1] 王薇，周艳. 广电走向大网之路[J]. 广告大观（媒介版），2011（6）：27–31.

段。目前已经有十几个省份完成了一省一网的整合,下一步在国家意志的推动下,广电网很有可能避开资本、资源调配、人事等被普遍担忧的难题,快速实现物理网的整合。

在整合有线网的同时,广电内部的三张网:有线、卫星、地面无线之间也在加大协同力度,正如国家广播电影电视总局局长蔡赴朝所言:"在加强有线网建设的同时,要统筹考虑卫星直播和地面无线发射网络的建设,使之形成网络覆盖的整体优势。"如此一来,广电网内部就可以实现"固定+移动"网的整合,满足政府、行业、家庭、个人在各种状态下的多元化媒体和信息业务需求。

2. 互联互通,建设全国性经营实体

在网络实体完成整合的基础上,广电网需要做的是建立起统一的客户管理体系、统一的监测管理体系和统一的交易体系,实现统一规划、统一建设、统一运营、统一管理,实现整个广电系统的全程全网、互联互通。如此一来,广电网的内部网络就可以实现从物理网到内部管理体系的统一,整合成一个统一的运营主体,从而让对广电网整合难的质疑和顾虑不攻自破。

为了完成这一使命,广电将推出国家有线网络公司这一全国性的运营实体,来规划、协调、引领全国广电网的发展,大力发展全国跨区域业务。预计2011年国家有线网络公司就将挂牌运营。

国家有线网络公司的组建原则是"稳定存量、发展增量、行政推动、市场运作",它的主要职责就是做互联互通的工作,包括:(1)网络互联互通,是指骨干网和各地分配网在物理上相连接;(2)技术互联互通,是指统一技术标准,分发调度跨域业务;(3)业务互联互通,是指各台节目和各行业内容跨地域传送;(4)运营互联互通,是指统一结算跨域业务,产业链利益分成;(5)管理互联互通,是指实现统一监控网络业务,确保内容安全。

为了配合国家有线网络的组建,广电还规划了"一个中心、三个系统、六类基地",即:全国有线电视网络内容分发交换中心(简称内容中心);全国有线电视网络内容监控系统、全国有线电视网络运营支撑系统、全国有线电视网络骨干网传输交换系统;广播电视内容集成基地、文化资源集成基地、数字电视出版物集成基地、数字电视互动教育内容集成基地、综合资讯服务基地、数字电视互联网内容集成基地。

内容中心主要负责新业务的互联互通，负责为各地有线网络提供广播电视节目内容和跨地区点播服务，提供各基地内容及其他全国性内容的分发、交换和调度管理。内容监控系统负责有线电视网络内容安全和内容运营的监测及管理，确保有线电视网络可管理、可控制、可信任。运营支撑系统负责全国跨地域运营和统一结算支付，从根本上改变当前广电系统各自为战的运营模式，推动广电实现统一运营、统一管理、统一结算、统一服务。骨干网传输交换系统的任务是实现全国和省际内容及业务的高速传输。

国家有线网建设完成之后，将实现全国有线电视网络的统一规划、统一建设、统一运营、统一管理，成为全国宣传文化传播总平台、总枢纽、总开关。通过互联互通提供广播电视节目和三网融合新业务、新服务，给各地网络业务带来增量，盘活广电内容资源，开辟新的盈利模式，拓宽发展空间，充分发挥广电内容和网络优势，确立在三网融合中的主导地位。

3. 网台联动，打造"内容/应用＋网络"模式

三网融合之后，广电网要成为融合主导者，就需要更丰富的内容和应用以适应用户的海量信息需求。大网需要大内容来适配，而这一使命，不是网络公司一家可以完成的，需要引入更多的内容和业务合作者，合力打造下一代广播电视网"内容/应用＋网络"的模式。

首先，广电系统内部，电视台和网络公司之间就需要建立更紧密的合作关系，化解网台之间的矛盾，实现网台联动，共建"内容＋网络"的运营模式，做大做强整个广电产业，增强在行业竞争中的综合实力。

网台联动之后，可以创造更高的产业价值。以三网融合中的精品业务"高清互动点播"来说，它的内容只有电视台或者大型制片公司才有可能提供，它的传输只有有线网才能真正实现，如果网台联动、共同开发适合电视用户需求的互动点播形式的话，高清互动点播将成为三网融合后广电行业与其他新媒体竞争的杀手级应用，带来更大的社会和经济效益。从这一点来看，网台联动将带来 1+1 ＞ 2 的效果。

与此同时，广电还需要开放平台，引入社会上更广泛的内容和业务合作者。开放平台在通信、互联网和终端等领域已经有不少成功例子。截至2010年底，苹果公司的App Store所提供的应用数量超过30万；中国移动的"移动MM"累计注册开发者达到110万，提供应用数量达5万，带来了3500万的注册用户以及超过1.1亿次的应用下载；新浪微博平台上的增值应用开发者已经过万，新浪与之3∶7分成，用高额分成比例吸引合作开发者的加入。[①]这些例子都说明，开放平台的模式，确实在带动全社会力量方面起到了显著效果。

为此，广电网规划了内容中心和六大类内容基地。内容中心为各地有线网络提供广播电视节目内容和跨地区点播服务，提供各基地内容及其他全国性内容的分发、交换和调度管理，其建设采取的就是平台化的思路，全社会所有的内容生产者和业务开发者都可以便捷地加载到这个平台上来。六大类内容基地中，除了广播电视内容基地是由广电负责建设之外，其他的五类基地，均是需要全社会力量参与的。基地将跨部门、跨地域地集成各种类型的文化资源、文化产品和服务，对来自文化系统、报刊出版、互联网等领域的内容进行加工、整理、创新、聚合、包装、集成等，生成符合全国有线电视网络业务内容运营和管理要求的、与全国有线电视网络运营支撑系统以及网络和终端运行环境适配的内容产品及应用，通过内容中心分发到全国各地。

4. 强化监管，保证公共服务和信息安全

当前，广电网的监管还是分立的，要适应三网融合的需求，广电网在监管方面，也还需要继续强化，建立全国统一的内容管理系统，统一进行管理，保证公共服务和信息的安全性。

在这方面，广电网已经开始建设全国有线电视网络内容监控系统，来负责有线电视网络内容安全和内容运营的监测及管理。所有进入广电网的内容，不管是广电自身的内容，还是开放平台上其他合作方所提供的内容，抑

---

① 周艳，王薇. 国家广电大网蓝图：专访国家广电总局科技司司长王效杰[J]. 广告大观（媒介版），2011（6）：32-35.

或以后用户自己上传的内容，不管是文字、图片还是视音频，均被纳入监管范围之内，从而实现对有线网内容和业务的实时全程管理，保证广电网和其他网互联互通以及信息安全，确保有线电视网络可管理、可控制、可信任。

三、三网融合模式的博弈，游走于市场需求和国家意志之间

因为三网融合正在经历"3+1"方式和"1+3"方式的博弈，很多人对此不能理解，所以屡屡发出"三网融合必将失败"或者"三网融合已经夭折"的喟叹。然而这种喟叹在于只看到了利益之争，只看到了力量博弈，忽视了网络融合的必然性。不管内部还是外部，融合是大势所趋，既是信息时代市场发展的要求，更是国家意志的需要，无论哪一方都责无旁贷。

（一）三网融合是信息时代的市场需求发展的必然

三网融合是信息时代市场发展的需求。从表1中我们可以看出，首先，现在这个信息时代，来自传统媒体、新媒体、专业制作机构，以及用户原创等的信息内容是海量的，这些海量的信息传输时需要高性能传输网络的配合。其次，海量信息在新技术的支持下，出现了多样化的业务——广播式、交互式、推动式等，以及基于业务出现的服务和交易行为也日益丰富，这些新业务的实现需要网络的配合，更需要打破网络的藩篱实现业务内部的关联交叉，以及跨时间、跨地域的交叉关联。再次，大规模的用户信息消费现状——用户需要更丰富的信息内容，需要更灵活的信息服务形态，需要更便捷更自由的信息使用方式，是推动业务和内容不断膨胀、创新的源泉，也是推动三网融合的根源。最后，智能终端的不断发展，更是释放和放大了用户信息消费需求。需求只能满足和疏导，三网融合在这样的背景下必然会继续前行。

表 1　信息时代市场发展需求

需求类别	需求现状
海量信息内容传输的需求	截至 2010 年底，广电共有 3985 套广播电视节目，178 套付费广播电视节目，开播 16 套高清电视节目；广播、电视年播出总量分别达 1227 万小时和 1578 万小时。电视剧产量达 1.4 万集，稳居世界第一；影视动画产量达到 22 万分钟；各级电台、电视台开办了 10 家网络广播电视台和 63 个互联网视听网站，具备资质的影视机构达到了 3343 家。电影故事片产量为 526 部，电影动画 16 部。①
	通信三大巨头的手机报种类繁多，仅中移动一家就有 130 多份，手机视音频的牌照方有 7 家，正在把传统媒体受欢迎的视音频内容引入手机，三大巨头都建设了视频基地，建设演播室和节目编辑空间，筹备自制和集成内容的规划。移动互联网业务更是将海量的互联网内容引入手机终端。
	截至 2010 年 12 月，中国的互联网网站，即域名注册者在中国境内的网站共计 191 万个。同时，网页数量也反映了互联网的内容丰富程度。自 2003 年开始，中国的网页规模基本保持翻番增长，2010 年网页数量达到 600 亿个，年增长率 78.6%。平均每个网站的网页数达到 31,414 个，年增长率达到 202%。动态网页增长幅度高于静态网页，静态/动态网页的比例已经从 1.3∶1 降低为 1.14∶1。②
多样化信息业务实现的需求	广电的业务主要包括直播的频道业务、点播的影视剧和栏目等业务，以及一些本地信息和适合家庭需求的教育、游戏、医疗、支付等专项业务。
	通信的业务分为两大类，一类是媒体类业务，包括手机音乐、手机游戏、手机报、手机阅读、手机电视、手机视频以及手机动漫等多个方面。还有一类就是正在兴起的移动互联网业务，包括手机浏览、手机即时通信、手机社交、手机位置服务、手机支付等。
	互联网则围绕着满足人们的信息需求，分成了信息浏览（包括门户、垂直网站和大量的区域信息港等）、信息娱乐（包括网络视频、网络游戏、网络音乐等）、信息沟通交流（包括电子邮箱）和信息交易四个方面，形成了门户、垂直、搜索、社交、网络视频、电子商务等各种类型。

---

① 数据来源：国家广播电影电视总局副局长田进在 CCBN2011 主题报告会上的讲话：《团结协作扎实工作，积极稳妥推进三网融合》。
② 中国互联网络信息中心. 第 27 次中国互联网络发展状况统计报告[R].北京：中国互联网络信息中心，2011.

续表

需求类别	需求现状
大规模用户信息消费习惯的需求	截至2011年1月底，我国有线电视用户数已经接近1.9亿，其中有线数字电视用户为9000万左右，有线数字化程度达到48.26%，CMMB的用户接近1000万，直播星用户1350万。①
	截至2010年12月底，我国互联网网民数量达到4.57亿，占到全球网民总数的23.2%，其中有2.84亿用户为网络视频用户。
	截至2011年4月底，全国移动电话用户达到900,38.9万户，突破9亿。其中3G用户达到6757.2万户，渗透率达到近7%。② 有3.03亿用户使用手机上网，3G用户累积总数已经超过2699万户。
智能终端促发信息流转的需求	2010年，我国智能手机的销售量达6200万部，预计2011年我国智能手机销售量将达9500万部。 市场研究公司IDC预测，2011年中国平板电脑销量将在2010年约60万台的基础上增长逾300%，超过250万台。 奥维咨询最新数据显示，2010年一季度，中国市场互联网电视销量为82万台，预测2010年年底，互联网电视的销售量比重将超过35%，预计全年互联网电视销量超过770万台，约占整体液晶电视市场的四分之一。 美国研究公司Display Search最近的一份报告预测，2010年中国的电子阅读器销量将从2009年的80万台跃升至300万台，占全球市场的20%。

（二）三网融合必然受制于中国现实国情的内在逻辑

关于三网融合的模式，笔者曾经提出过"3+1"模式。然而，一年过去，整个三网融合的形势发生了深刻的变化，通信行业夺得主导权的企图被否决，广电反倒因为忙于推进内部网络整合开发更多符合市场需求的业务，建设信息监管平台保障信息安全传输而在整个融合体系之中的力量加大，加重博弈砝码，逐渐成为三网融合当中的主导，模式由原来的"3+1"成为"1+3"。未来发展趋势正如笔者一年多前所预言，崭新的"媒信产业"呼之欲出。

笔者也曾经说过，中国式三网融合将构建出"一个大脑、两条腿"发展

---

① 数据来源：国家广播电影电视总局官网。
② 数据来源：工信部运行监测协调局2011年5月24日公布的统计数据。

的松散式混业结构。这里的"一个大脑"指的就是媒介思维主导，无论内容如何丰富，都要可管可控；无论传输速度如何迅速，都要确保安全，最重要的一点，媒体的公共服务属性始终都被放在首要位置。

判读三网融合的走势和融合模式的演变，不能仅仅考虑技术发展需求，也不能仅仅依循产业利益导向，要参照中国社会的政治趋势。随着经济发展、国力增强，中国的社会风向已经发生了微妙的变化，就在三网融合这个问题上，制度安排必然受制于现实国情发展的内在逻辑，我们必然要从单纯的技术效率和以往的经济利益转向安全可控、公共利益与商业利益两者平衡的综合考量。

综上所述，三网融合从"3+1"到"1+3"的形势转变，目前仅仅是一种理论逻辑的推演，在现实的发展过程当中会有种种的变数和重重的博弈。通信业因为过于追求市场经济利益忽视媒介思维和信息公共服务建设而迷失，广电业虽然有天然属性契合国家意志需求但是也有很多设计规划有待落实才能走赢市场。

但是，笔者相信，中国式的三网融合，是一种游走于市场和国家意志之间的融合，参与各方既要看到国家意志层面强调信息安全、可管可控、公共服务，支持以网络融合来加速信息化建设，又要清醒地意识到国家意志不能完全替代市场意志，三网融合最终的结点还是要满足用户和市场的需求，只有这样才能建立合理的运营架构，才能产生和谐并可持续发展的营收模式。

"媒介产业化"再思考[*]

一个行业要发展，业界实践与理论研究的互动必不可少。业界实践，是理论的来源，也是理论进步的强大推动力；而理论研究是实践的先导，缺乏理论研究的实践就如同失去指路明灯的航船，盲目而没有方向。实践经验只有理论化后才能转化为精神或物质力量继续推进实践发展。不得不说，"媒介产业化"就是这样一个实践与理论互动的产物。

自1997年《媒介经营与产业化研究》一书出版至今，笔者追踪产业化研究已经十余年。这十多年间，中国广电媒介迅猛突变，伴随着产业化的改革进程，广电媒介已经成为一个获利匪浅且能够左右媒介市场的"庞然大物"。与此同时，作为对媒介经营实践和产业发展理论回应的媒介产业化研究也是曲折发展，依循广电行业的步伐，研究不断推向深入。在重重实证研究的积累中，我们在不断与自己论争、自我批判的同时也在反思，产业化理论在不断修正中更加丰富。

在中国广电媒介公益和商业职能仍合二为一、没有彻底厘清的当下，如何审视广电媒介三十余年的改革进程？广电媒介的产业化改革究竟走过了哪些路程？什么在推动媒介产业化的发展？产业化过程中行业内部有哪些矛盾冲突？促成广电媒介形成今日样态的关键因素是什么？未来产业化的走势和方向如何？

回顾和梳理十余年的媒介产业化研究，将给出以上问题的全部答案。

---

[*] 本文原载于《中国广播》2013年第10期，与马涛合作，收入本书时有改动。

一、媒介产业化的由来

一个理论概念，总有其产生和演变的过程。从 1978 年恢复广告经营以来，广电媒介经历了巨大的变化，事业规模由小变大，经营实力由弱变强；与此同时，行业发展力量日渐丰富，互相纠结，且纷纷显示出自己强烈的利益诉求，行业内部矛盾逐渐胶着，盘根错节地集聚在一起，牵动着行业的发展方向与未来可能。对于这三十年的进程，我们选择用"产业化"予以描述。[1] 广电媒介产业化之路与国家市场经济改革、媒介改革一脉相承，即从单纯文化精神生产事业的媒介单位沿着经营合理性的轨迹向企业状态过渡。

（一）产业化开端

1978 年之后，中国大众媒介告别（完全）依赖政府拨款，恢复广告经营，规模不断扩大，开始利益追寻，并且出现产业集合的倾向。报纸、广播等媒介自新中国成立以来就设有广告经营业务[2]，1978 年全面恢复商业广告后，报刊社、广播电台对于"事业管理、企业经营"的操作模式并不陌生，而电视本身作为党和政府喉舌，原先并没有广告，完全依靠财政拨款。直到

---

[1] 黄升民，周艳，宋红梅.中国广电媒介三十年变迁轨迹解析[C].香港中文大学学术会议论文，2008.该文对于选择"产业化"描述的原因概括为：首先，到目前为止，我们还没有找到更为合适的词汇对于这样一个复杂的进程予以涵盖；其次，与"商业化""企业化"概念相比，"产业化"是一个张力较强的词汇，可以解释行业性的变革行为，并且能够指代中国广电媒介三十年中重要力量所引发的变革过程。

[2] 北京、上海、江苏、天津等 83 座广播电台在新中国成立后不久就开设广告节目。广播广告的发展势头很好，多数广播电台广告经营活跃，广告收入增长。上海台、北京台可以向国家上缴利润，天津台也在 1951 年实现了经费全部自给。报纸广告方面，新中国初期的《人民日报》《光明日报》《新闻日报》《南方日报》等报纸都刊登不少商业广告。开国大典后，《人民日报》用了两个半版的篇幅刊登了各种工商文化广告。苏士梅.中国近现代商业广告史[M].郑州：河南大学出版社，2006：96-99.

1979年，上海电视台在我国电视界中率先播出了第一条广告①，广电行业的广告经营才由此燎原。这是一个不同于以往的新的发展进程。

20世纪80年代，经过行业政策、行业管理思路、行业体系的重大调整，广电行业焕发了前所未有的活力。一方面，行业规模开始出现快速增长；另一方面，广告在经营中的地位凸显。媒介的经营表现可以称为"商业化"或者"企业化"，其理论背景是"事业单位、企业化管理"。从1979年到20世纪80年代，经营一直在充当一种补充角色，媒介所进行的广告活动以及其他商业活动是"补贴国家财政拨款之不足"。整个80年代，媒介收入中广告的份额不断增大，国家拨款的份额不断缩小。

（二）产业化起航

进入20世纪90年代，在市场经济条件下，国家对媒介的拨款逐年减少，媒介被推向市场，要自负盈亏。作为一个生存的个体，它必须考虑自身的生存与发展问题，只能按照市场规律进行"经营"。而此时媒介经营的规模之大，范围之广，已经不能为20世纪80年代所谓"商业化""企业化"概念所包容，需要一个更大范围的关系调整和更高层面的理论引导。"媒介产业化"就是对这种更大范围的行业性变革行为的合理解释。"媒介产业化"②这个概念，并不是一种概念更新，而是涉及媒介拓展生存空间、调整周边关系以及与国际接轨等重要问题，是对于媒介经营实践和媒介发展的一个理论回应③。

为什么会有"媒介产业化"发展动向？媒介产业化，其实质是一种巨大

---

① 1979年1月28日，中共十一届三中全会召开后的第37天，一条1分30秒的"参桂养容酒"广告在上海电视台播出。3个月后，广东电视台播出了它的第一条广告。整整一年之后，电视广告在中央电视台亮相．

② 所谓"媒介产业化"，是指从单纯的文化、精神生产事业的媒介单位沿着经营合理性的轨迹向企业状态过渡的一种现象。媒介经营的个体发展到一定阶段，必然向独立的企业法人过渡，并以市场平等、竞争的原则建构内外关系，从而形成经济学意义上的"同类企业的集合体"——"媒介产业"。黄升民，丁俊杰.媒介经营与产业化研究［M］.北京：北京广播学院出版社，1997：21.

③ 这一阶段，笔者开始进行《产业化背景下广播媒介个体发展的途径》《注意，形势已经发生变化》《媒介经营与产业化研究》等论文与专著的撰写。

的市场化行为，初始动因是利益的驱动，而其发展受制于市场的诸种因素。我们把这些要素梳理成"媒介产业化变动的三个主要动因"[①]：一是媒介大市场的形成，意味着巨大的市场规模；二是对应大市场的存在，媒介内部规模化的趋势，这也是打造媒介航母的驱动力；三是作为纽带的大资本的需求作用，资本是媒介生存发展的支撑点，也是最为活跃的领域。

在提出"媒介产业化"的同时，我们也做了一个简单的"利益—控制"平衡模型[②]，以此来解释媒介产业化的可能性。如果进一步深究的话，在这个平衡过程中，有一个"体制内的交换机制"在发生作用。笔者在1998年的论文《1998：力量游戏与市场整合》中曾分析说："媒介以忠实的依从关系换取国家维护资源垄断的经营体制。正是在这个垄断的空间之下，媒介才得以发展到今天的境地。媒介对于经营政策体制的关心，一方面希望原有保护体制继续存在，同时又给予更大的生存空间：媒介经营范围扩大，资金来源增加。"[③]

"利益—控制"的产业平衡模式决定了媒介产业化要经历一个管制与放松的博弈过程[④]。一方面，鉴于中国媒介的特殊性——宣传工具，国家始终保留对于媒介的控制。另一方面，鉴于中国的社会主义市场经济的进展，媒介参与市场经营活动，市场与资本的力量就不可能减弱。因此，在管制与放松的博弈过程中，代表媒介的原来的控制力量——政治力量和后来参与的市场力量——资本力量始终对媒介产生巨大的牵引作用。具体表现为一种动态的"政治—资本"双重力量的博弈过程，两股力量互动、博弈，媒介在两股力量的博弈中寻求一种妥协和平衡，以实现最佳资源配置。

---

① 黄升民. 形势严峻：关于媒介产业经营现状与发展趋势的对话［J］. 国际广告，1989（9）：26-30.
② 黄升民，丁俊杰. 中国广电媒介集团化研究［M］. 北京：中国物价出版社，2001.
③ 黄升民，周艳. 1998：力量游戏与市场整合［J］. 国际广告，1999（1）：5-13.
④ 黄升民，周艳. 1998：力量游戏与市场整合［J］. 国际广告，1999（1）：5-13.

二、如何实现媒介产业化

产业化如何实现？如何调整和平衡政治与资本这两股力量？从 1999 年开始，在业界的持续探索和突破下，媒介产业化进入一个新的层面，几个关键性的趋势变化——"集团化""剥离""数字化"开始主导发展。

（一）2001 年，媒介集团化

1999 年 6 月 9 日，全国第一家广电集团——无锡广播电视集团正式挂牌成立。同年底，象征着行政力量的"82 号文件"[①] 出台。集团化是化零为整、推进集约化经营的手段，有其合理性。事实表明，组建大型广电集团为我国广电业的发展提供了一种借由做大而做强的全新可能。这种"集团热"的背后，反映出媒介经营者对于重新配置自身资源和强化竞争优势的焦灼心态。[②] 然而，通过行政命令捆绑若干媒体机构形成的集团，经营规模虽然"大"，实力却不"强"，集团缺乏核心资源和核心竞争力，成为一种"看似庞大而没有整合力量的怪物"[③]。在中国广电集团化过程中，出现了如业态受到破坏、经营资源利用低效、行政力量上升等诸多问题[④]。

（二）2001 年，"剥离"思路

在产业化过程当中，广电媒介的业界一直在不断进行碰撞和实验。如何

[①] 1999 年 9 月，国务院办公厅转发信息产业部和国家广播电影电视总局《关于加强广播电视有线网络建设管理的意见》（简称"82 号文件"）。这是一个代表广电系统调整现有行业格局的纲领性文件。其主要内容为：网台分营；电视与广播、有线与无线合并；停止县级办台。

[②] 黄升民，周艳. 1998：力量游戏与市场整合[J].国际广告，1999（1）：5-13.

[③] 黄升民，周艳，宋红梅.中国广电媒介三十年变迁轨迹解析[C].香港中文大学学术会议论文，2008.

[④] 2000—2001 年，笔者及研究团队集中研究了一些海外媒介集团以及国内媒介集团改革的案例，进行了相应的理论梳理。黄升民，丁俊杰.中国广电媒介集团化研究[M].北京：中国物价出版社，2001.

化解事业与产业的矛盾，如何实现产业经营，曾经一度盛行的思路是通过"剥离"的方式予以解决，也就是把媒介资源中商业、公共、政治等不同层次的资源进行剥离，针对不同的资源采取不同的管理方法和模式。这一思路在2002年前后得到了业界和高层的认可，不仅"82号文件"出台明文规定，很多广电个体组织也在内部进行这样的尝试，并取得一定的效果。笔者将这一经营改革的过程概括为"四次剥离"①：网台分离、制播分离、频道分营、宣传与报道分离。

通过"甩包袱"式的剥离，保留核心的优势的资源，将其可经营性的资源划归产业，通过市场化手段解决难题。这种剥离式的经营改革，其实并没有逾越广电媒介管理的一贯思路，使用市场和行政的双手进行双轨整合②，在整体市场发生变动之前完成其自身的改革。

这种改革能否如愿？事实是依然难以在根本上彻底解决问题，在实际操作中依然要借助很多迂回手段，遇到很多阻力。比如：对于各类资源的区分与分割，以及如何确保各类资源能够获得所需的各种支持。而且由于目前国家对于公共性资源的支持不足，简单剥离并不能保证公共资源的顺畅运行，那么就有可能导致公共性任务、政治性任务难以妥善完成，所带来的风险不言而喻③。因此，在现有条件下，也就只能保持多重资源交叉运作，混合运行，依靠商业运营来保证公共性任务、政治性任务的完成。

（三）2000年，数字化

世纪之交，中国电视媒体进入一个数字化时代。以技术作为突破口的"数字化"是不是能够解决"做强"问题，实现产业化发展？纵观大众媒介百

---

① 黄升民.网络与组织的双轨整合：解读中国电视媒介经营走向[J].现代传播（北京广播学院学报），2000（1）：55-59，54.
② "双轨整合"指中国媒介经营改革的思路不是依循产业发展的逻辑进行，内总隐含着市场与行政的双轨操作，既利用市场资源又辅助行政手段。黄升民.网络与组织的双轨整合：解读中国电视媒介经营走向[J].现代传播（北京广播学院学报），2000（1）：55-39，54.
③ 黄升民，周艳，宋红梅.中国广电媒介三十年变迁轨迹解析[C].香港中文大学学术会议论文，2008.

年产业进程，技术与资本一直是两大推动力，力量不断增强，媒体也就随之不断扩张。在中国媒介产业化进程中，技术力量一直在积极推进，但是一般媒介产业演进"资本拉力"依然被"政治与资本的长期博弈"所取代，使得力量作用关系更为复杂，而产业形态也较为特殊①。此外，由于资本迟迟不能进场，技术充当了一个起爆的角色，开始带动行业在新的层面跃进②。然而技术是万能的吗？"三步走"③"四大平台"④和"整体转换"⑤三大发展战略出台，广电随即展开轰轰烈烈的数字化变革，台内数字化⑥、构建媒体资产管理系统⑦、有线网改造……广电媒介数字化转型，技术导入设备、更新都容易解决，但是一碰到机制问题、文化问题，就会陷入与报业技术转型一样的难题。技术先进却没有运营团队，有了运营团队依然缺乏长期有效的激励机制。

---

① 特殊之处在于各种产业，如广播电视、报纸杂志、手机、卫星、有线电视、移动媒体、游戏、出版、电影等都一一成形，但是发展程度受限，更为关键的是，难以促成信息娱乐产业成形，异种产业的进入也较为困难。黄升民."媒介产业化"十年考[J].现代传播（中国传媒大学学报），2007（1）：101-107.
② 黄升民."媒介产业化"十年考[J].现代传播（中国传媒大学学报），2007（1）：101-107.
③ 所谓"三步走"，即2003年大力发展有线数字电视，2005年开始开展卫星直播业务，2008年开始大力发展地面数字电视。从整体上对三种数字电视传输形式进行规划。
④ "四大平台"是指构建数字电视的节目平台、传输平台、服务平台和监管平台，构建数字电视的产业链、运营模式和管理机制。
⑤ 所谓"整体转换"，就是在一个HFC有线电视网中，以最后一级光节点为单位整体向数字平移，即在最后一级光节点所带用户每户至少配置一个机顶盒后，可以在该光节点关闭模拟信号。以此类推，当所有光节点都关闭模拟信号后，整个有线电视网就可以停止传送模拟信号。这种方式要求一个小区在同一时间全部转换为数字信号用户，尽量缩短模拟和数字同时传输的时间，为此中国广电推出了以"青岛模式"为代表的推进方式，具体表现为：免费发放机顶盒、把模拟用户整体性转变为数字用户，增加节目和信息服务、适当上调收视维护费，把电视机变成家庭多媒体信息终端。这种数字化推进模式得到业界认可并在越来越多的地方得到验证，最终成为中国有线电视数字化的主流推进模式。
⑥ 台内数字化是广播电台、电视台内部制播系统的数字化、网络化，建立全台业务一体化网络系统，为广播电台、电视台从单一业务模式向多种业务模式转变提供技术支撑。
⑦ 所谓的媒资管理系统指的是节目内容平台的中心，是一个集音频视频数据数字化、编目、存储管理、检索和发布于一体的综合解决方案，有效解决电视制作公司和广播电视机构中极有价值的视音频素材的存储和再利用问题。

三、产业化困境与纠结

(一)维持"官商两面",矛盾内包继续前行

过去我们曾研究认为,产业化进程深入,必然会引发制度的调整,体制的突破、属性变化,形成一种自下而上的力量格局。2008年,我们在香港中文大学和香港浸会大学创办的《传播与社会学刊》上发表了题为《中国广电媒介三十年变迁轨迹解析》的论文,该文重新梳理了产业化理论概念的内涵,发现一直以来广电媒介存在的"官商两面"特性并未明晰解决,依然固存。这种"官商两面""一体两面"的特性,使广电媒介得以迅速发展、壮大、繁荣,但同时也带来深深的困扰。

这种两面性从一个角度来看,似乎是让广电媒介"左右逢源",获得很多便利与利益,但这也在很大程度上形成了广电行业的发展瓶颈,也就是面目模糊、体质羸弱,使得经营创新和机制创新不足,行进减缓、行业竞争力薄弱。[1] 近年来广电媒介广告经营增长迟缓,信息化浪潮中表现不突出,数字化进程不顺畅,根源都在于此。

与此同时,作为新闻宣传体系的一个组成部分,广电媒介的首要任务是履行喉舌职能。产业职能的弱化使得广电媒介经营发展等方面缺少应有的主动权和担当,只能通过一系列的妥协、配合,折中式地发展,甚至在经营发展原则上也要做无条件的让步。这种妥协一直被广泛诟病,但是实际上这源于其生存的先决条件,其实符合事实逻辑。要真正解决矛盾,就不能仅仅依赖行业内部的调整,而是要寄希望于国家宏观整体思路的调整。[2]

矛盾如此激烈,产业化究竟如何推进?中国广电媒介三十年的进程衍生

---

[1] 黄升民,周艳,宋红梅.中国广电媒介三十年变迁轨迹解析[C].香港中文大学学术会议论文,2008.
[2] 黄升民,周艳,宋红梅.中国广电媒介三十年变迁轨迹解析[C].香港中文大学学术会议论文,2008.

出内包矛盾[①]：事业与产业、中央与地方、模拟与数字等各种矛盾。产业化的过程使这些矛盾更加激化，但就其整体进程而言，媒介依然前行，这些发生在改革中的内包矛盾又在发展中自我隐退，甚至可能被化解。

（二）可管可控，信息安全

笔者从20世纪90年代初期开始研究媒介，一直纠结于媒介体制改革和制度创新问题，但是逐渐发现媒介改革依循的思维逻辑并没有变。笔者在2010年刊发的《三网融合：构建中国式"媒·信产业"新业态》一文中正视这一问题，提出"媒介产业化三十年，媒介改革问题在理论上根本没有得到解决，媒介改革依循的思维逻辑依旧是：既有行政主导的一面，又有市场参与的一面，根本体制不变，组织系列一分为二，核心资源牢牢握在手中，'可经营''可剥离'地积极进入市场参与竞争，依循'做大做强'目标进行产业运营"[②]。这样的思维逻辑在"大国崛起"的背景下可能更加具有可操作性，其理由笔者曾经分析道："具有双面属性，产权不清却能承载公共服务、可管可控的特性更能得到行政资源的支持，也获得了更多的市场发展机会。"[③]

那么，这种思维逻辑如何影响未来产业化走向？其中必须参照的一个重要背景是中国大国经济成长，国家经济实力增强。原先国家财经经费有限，媒体可以获得经营空间；国家实力增强之后，媒体的经营空间收缩，舆论喉舌的事业属性更加被强调。至此，"可管可控""信息安全"的管理思路被无限放大。

当广电媒介迎来新产业发展机遇三网融合之时，我们的研究不再纠结产

---

① 内包矛盾在中国广电媒介三十年的进程中，与中国渐进式改革同轨演进。中国改革显露成效，稳健是其初衷，也是其所长，但不彻底衍生出很多内包矛盾。既往事实表明，这些内包矛盾将在相互作用、博弈中，形成一股向前的发展合力，这种合力源于彼此的发展共识和利益共谋，那么这些矛盾也就在向前的进程中被协调，乃至解决。作为组成部分，宏观环境的方向对其产生根本性的决定作用，其实成为它发展的关键牵引之力。黄升民，周艳，宋红梅.中国广电媒介三十年变迁轨迹解析[C].香港中文大学学术会议论文，2008.
② 黄升民.三网融合：构建中国式"媒·信产业"新业态[J].现代传播（中国传媒大学学报），2010（4）：1-4.
③ 黄升民.三网融合的优势顺延与死穴制衡[J].广告大观（媒介版），2010（3）：1.

业由谁主导的问题，也不再困惑融合之后的如何管控问题，而是提出了"媒信产业"①，用来描述未来三网融合下的产业格局。何为"媒信产业"？在意识形态参与主导下的融合，是要构建一个以媒介为高地，以内容、网络和服务为骨干基础的崭新的"媒信产业"，媒信产业以媒介为主导，运作思维是媒介式的，即强调对内容管控、传输安全、服务的公共属性。

而"媒信产业"的内在逻辑，是游走于国家意志和市场之间②，三网融合中参与各方既要看到国家意志层面强调信息安全、可管可控、公共服务，支持以网络融合来加速信息化建设，又要清醒地意识到国家意志不能完全替代市场意志，三网融合最终的结点还是要满足用户和市场的需求，只有这样才能建立合理的运营架构，才能产生和谐并可持续发展的营收模式。③

1998年，笔者曾用"政治与资本的力量游戏"④来描绘当时媒介产业化蠢蠢欲动却又束手束脚的态势。时隔十多年，媒介产业化"游走于市场需求和国家意志间"的状态似乎又回到最初的起点。

四、"媒介产业化"再清源

"媒介产业化"担着媒介事业转企业自主经营的名义诞生，其间由于多方利益博弈，媒介产业化的命运便在不断变幻的利益格局中跌宕起伏，完全市场化走不通，完全事业化也不可能，市场和政治的双面属性使得这一本该目的明确的改革进程只能在不断补救中踟蹰前行。现实如此，理论更是不能回避。在此，我们重新抛出"媒介产业化"的议题，来为"产业化"理论概念正本清源。在决定中国广电产业化何去何从的关键时刻，需要对某些似是而

---

① 黄升民. 三网融合：构建中国式"媒·信产业"新业态 [J]. 现代传播（中国传媒大学学报），2010（4）：1-4.

② 黄升民. 游走于市场需求和国家意志间的三网融合内在逻辑 [J]. 现代传播（中国传媒大学学报），2011（7）：20-26.

③ 黄升民. 游走于市场需求和国家意志间的三网融合内在逻辑 [J]. 现代传播（中国传媒大学学报），2011（7）：20-26.

④ 黄升民，周艳. 1998：力量游戏与市场整合 [J]. 国际广告，1999（1）：5-13.

非的思想观念或理论观点作出理性思考，谨防陷入概念背后的逻辑陷阱。

（一）产业化并不解决制度问题

从"媒介产业化"概念诞生的历史事实来看，"产业化"最初起源于国家财经拨款减少，媒介自谋生路进行广告和商业活动，以此解决媒介生存空间、经营规模和竞争实力的问题；历经三十余年的改革历程，"产业化"议题和使命又重新回到原点——解决从事业单位转为企业单位如何获得更高效率、实现规模和效益两者丰收的问题。产业化并不能解决政治制度的问题。媒介产业化与政治制度改革是两个层面的问题，不能混为一谈。

过去"媒介通过产业化改革将解决原先的制度体制问题，引发新的格局"的观点需要重新审视，事实上媒介"一体两面"的特性从未被真正动摇过。即使是在产业化过程中，媒介自身调整所引发的来自文化、制度上的冲击，也是间接造成影响。与其说媒介产业化改变了环境，不如说环境加速了产业化的进程。

（二）媒介事业产业属性与管控松紧并无直接关联

媒介属性上，究竟是事业还是企业，这与媒介是否被管控并无直接关系。而业内有人认为的"媒介转为企业将失去控制"也是一个理论上的伪命题，并不成立。

机构的属性不论是企业还是事业，在中国，对于政府机构的控制权并没有根本的影响，涉及的只是管理力度和权限问题。以国企改革为例，当年从事业机关转为国有企业，转企后的国有企业依然受国家管控，组织、人事各个方面都是国家管理。同类而语，具体到广电媒介，产业属性的媒体，并不等于政府放松管控；事业属性的媒体，也并不等于政府就管控得住。

（三）产业化的主要障碍

媒介产业化进程的快与慢，表面上看是与意识形态管控的放松收紧有关，先前也存在"只有传统意识形态解放，媒介产业化才得以放开"的观点。究其根本，产业化的主要障碍并非来自意识形态层面的管控，其根源是行业内部不愿意改变既得利益，不愿意面对变化所带来的机会成本。从广电媒介的立场来看，希望这种双轨制不变，永远都是"官商两面"，维持一个偏安局面。不要开放，保持垄断，经营者内心或多或少有这样的呼声。

（四）媒介产业化的过渡是一个长期过程

从广电媒介三十余年的改革来看，媒介产业化的过渡并不是阶段性的，而是持续的、伴随性的长期过程，将与中国渐进式的改革同轨演进。媒介产业化的进程会因为现实发展当中的种种变数和重重博弈，而有所徘徊或停滞。当前，媒介产业化已经到了媒介内部转型调整的关键阶段。由于技术、市场等一系列原因，转型将是必然选择，因为转型成败直接决定生死存亡，不是可做可不做的问题，而是必须迎难而上的问题。

此外，产业化过程中改革进程越慢，受到的阻力越大，需要冲破的障碍也越多。其中存在一个"窗口期"[①]的问题。所谓改革窗口期，是在最合适的时机进行改革，错过就意味着更大成本。以报纸媒介为例，技术改革的窗口期已经错过，此时启动的数字化转型在时间上为时已晚，且转型的难度也是超常的。由此也可想，广电媒介转型的窗口期是否已经错过，看看现在挑战和压力就已经可以得出肯定的答案，转型同样会无比艰难。

结　语

时下，中国经济从高增长转向稳中求进的持续健康发展，大国经济仍在成长，而大众媒介也将随着经济形势呈现上升发展态势。未来在政治格局稳定、经济保持增长的大背景下，随着网络的整合、台与台之间的合并、集团企业之间的兼并收购……大众媒介领域内势必将产生几艘巨型的"传媒航空

---

① "窗口期"原本是一个医学概念，指人体感染某种病毒后到体内对病毒产生抗体的时间段。用在其他环境，则是某个趋势变明显之前的一段时期。

母舰"。

而理论界对于上述事实的描述和总结却始终显得苍白无力。因为对业界实践缺乏直面的勇气、探索的毅力、预估的远见,该领域理论探索几乎远远落后于产业实践。但是业界实践不会因为理论滞后就停滞不前,而会如长江东流滚滚向前。面对这种事实,理论学术界是否应该为自己的软弱、无知、短视而汗颜呢?

此次成文的目的就在于回顾媒介产业化迂回曲折的过程,还原媒介产业化业界实践的事实全貌,并梳理回应实践需求的"产业化"理论内涵的发展演化。在脉络相连的持续研究中,我们对既有的理论概念进行反思和总结,走出认识"误区"。"媒介产业化"是一个现实,是无法更改的历史进程和时代潮流。如果管理者依旧思想动摇、认识模糊、决策犹豫、行动迟缓而又执行不力的话,不但影响了媒体产业的发展进程,而且会严重错过媒体改革的窗口期,并将为此付出沉重的代价。

关于中国媒介产业转型的五个论点[*]

党的十八大赋予了现阶段"改革开放"以全新理解，也开启了2013年这个对于中国社会来说颇为重要的"转型"年：国民经济发展的层面，GDP 增速目标回落到了 7.5%；政治层面则进一步加快民主、法制社会建设的进程，社会转型步入了一个新的阶段。这些变化不可避免地影响到了媒体产业，成为媒体产业进入激烈转型期的外部推动因素。媒体转型，事关生死。在此，笔者将从五个方面来论述媒体产业的转型。

讨论一：报业生死

在 2013 年初，笔者关注到了当时对于报业生死存亡的讨论。早几年前，就有人开始讨论"报业将亡"这样的话题，并且愈演愈烈。那么我们到底应当如何看待这一问题？笔者认为，报业是生是死，需要这一媒体行业回答四个问题。

第一是对于报业的数字化转型，有无清晰的战略认识？业界都在谈报业将死，报业自身则在奋力转型，但是转型方向为何，着力点何在？笔者认为，作为报业生存根基的内容、渠道、商业模式，三者缺一不可，都需要重新适应新媒体环境下的游戏规则，都需要具体的、明确的转型方案和进度规划。在 CNKI 的期刊库里，以"报业转型"为关键词进行检索可以发现，这一关

---

[*] 本文原载于《现代传播（中国传媒大学学报）》2014 年第 6 期，与刘珊合作，收入本书时有改动。

键词基本上都会伴生数字化、平台化、数据化、全媒体等相关词汇。武汉大学新闻与传播学院吕尚彬教授早在2010年就曾撰文称："民本化、产业化、数字化、国际化已经成为中国报业转型发展的四大战略走向。"① 虽有出入，但大体相通。然而，没有立体化的网络架构，没有完善的数据库体系，就无法支撑相应的调整与改革，就无法摆脱与市场需求脱节的窘境，报业转型就只能是空谈。可以说，在现阶段，报业的转型缺的不是宏观战略上的重视，而是需要将这些大战略、大口号逐层细化、步步落实，以内容、渠道和商业模式作为三大抓手，制定出具体的、可行的、清晰的调整与改革方案。

第二是报业媒体机构的经营者是否准备了一个足够腾挪跳跃的转型空间？转型需要足够的空间，而这种空间主要体现在三个层面：一是媒介融合发展带来的业务空间——报业已经可以摆脱"纸"的束缚，进入"屏"的领域，登上"网"的舞台，这是一个巨大的飞跃，也给报业带来了极其广阔的生存舞台；二是资源的空间，我们已经拥有了一个相对开放的资源环境，可以较为轻松地实现对社会资源的取用和调度，也就可以争取到足够的资金、技术、人力、物力去支撑自身的转型，获得更大的发展潜能；三是市场经营的空间，媒体的可经营领域已经在这些年中获得了极大的拓展，这意味着报业也能够构建起更加完善、多元、立体的商业模式。也就是说，传媒产业的大环境已经给报业生存发展、转型升级提供了物质上的保障。所以，对这道考题的回答优秀与否，其实就在于报业能够为自己挣得多大的空间，挣来多少生存的资源，找到多少支撑自己全面转型的助推力。这种空间将直接转化为生死马拉松赛跑中的持久力与后续力。

第三是报业是否有一支可以完成转型任务的专业团队？报业要想在转型中获得成功，对自身团队的要求就绝不可放松，任何一个环节拖了后腿，都会让整体受到影响。报业的团队不但需要能"写"的人才，还需要能够进行内容策划、内容组织的人才，需要懂得在新媒体环境下重建营销体系、重构商业模式的人才，需要懂得如何构建平台的人才。

---

① 吕尚彬.中国报业转型发展的四大战略走向[J].中国报业，2010（3）：19-24.

第四是报业有无适应数字化转型的文化？在报业转型的生死赛跑中，文化就是这种精神力的体现。报业是人类工业生产时代的产物，在其血液中就铭刻着大生产时代的文化与基因，这也是最难改变的一项。伴随着社会物质生产的极大丰富，人类对于精神文化产品的追求也在网络化、终端化的环境中展现出了全新的面貌，形成了一个全新的虚拟帝国，成就了一场新的权利争夺游戏，这是对报业文化传承王座的颠覆。能否容忍前行道路上的错误，能否接受来自底层的、外部的对自身权威的挑战，能否重新建立各项体制机制，这些都是对"文化"二字的体现，也是决定着报业能否在当下的转型期获得生存希望的重要因素。

这四个问题成为笔者在2013年里思考媒体转型与生死问题的起点。虽然最初拷问的对象是报业，但是如今看来，这些问题其实适用于任何一个处于转型当口的媒体机构，尤其是所谓的传统媒体。

讨论二：电视兴衰

2013年7月，一则关于北京地区电视开机率下降到30%以下的新闻在媒体产业内部引起了不小的轰动。因为这一消息的来源之一竟然是国家新闻出版广电总局发展研究中心的《中国广播电影电视发展报告（2013）》，也就是我们通常所说的《广电蓝皮书》。这无异于是广电行业权威出版物在宣布自己的"死亡"。我们都知道这一数字其实被作了误读，但经不住互联网上的大肆宣传，硬生生地形成了一场关于"电视将死"的舆论。笔者当时的研究团队在对整个电视产业各类参与力量进行了实地走访之后却发现，电视不但未死，而且仍然强大。

其一，从国际视野中看，电视媒体并未"将死"。通过对国外电视业的梳理，我们可以看到，无论是公共电视台还是商业电视台，无论是内容影响力、营销创新性，还是用户黏着度，海外电视媒体都为我们呈现了一副与新媒体博弈过程中的胜利者姿态。不是没有冲击，不是没有影响，只是海外电视业的同人将冲击与影响转化为新生与希望。这对于我国的电视媒体来说无疑是一剂强心针，是重要的参考依据与榜样。

其二，电视媒体并不像外界所想象的那样与新技术绝缘，始终保守落后。事实上，从数据到案例、从政策到实践、从规划到目标，广电力量在技术创新上的实力其实都很强大。OTT TV 掀起了电视智能化的热潮，赋予了电视终端全新的生命力，也给广电派参与新终端平台打造以足够的空间与机会。电视本身就是新技术的产儿，隐含了创新的 DNA，只是，能否意识到外来的压力与危机，而不是坐井观天、无知无畏，在一定的层面上决定了广电派在未来的道路上还能走多远。

其三，电视收视表现、内容创新以及广告经营其实都未显颓势，而是成绩稳定。无论是央视-索福瑞还是尼尔森网联，在收视率的监测中，我国电视媒体在近年来的收视表现其实都相当稳定，甚至略有上升。

其实，在我们诟病中国电视媒体内容时，却没有意识到，即便是"拿来主义"，电视屏幕上能够看到的好节目、好内容越来越多，内容形式也越来越丰富，能够造成极大话题的剧集、节目也多半首播于电视台——这些内容既保障了电视媒体的收视成绩，也带来了广告经营的相应回报。在不少广告主尝试将电视广告投放预算转移至新媒体之后，现实回报并不乐观，于是又不得不再将投放转回电视媒体。"虽然电视媒体在发展的过程中确实面临着一些问题，但是其在主流受众中的影响力没有变，在整体广告市场中的媒体之首地位也没有变，在应对新媒体冲击时的既有优势更没有变，反而拥有了更多元的辅助传播渠道。"① 在笔者就电视媒体广告价值究竟如何评断这一问题询问若干媒介代理公司时，大部分人都较为统一地认为：媒体属性的不同带来了不同的传播价值和传播强势面，所以广告主和专业广告代理机构都更倾向于组合使用不同的媒体。只有份额的流入流出，并不存在完全的用互联网等新媒体取代电视的现象。

综上所述，笔者虽然认为电视媒体坚强地活着，但并不否认电视媒体正处于一个异常危险的生存境地中。要走出这一境地，首要任务就是不可以自我"定义"为"将死"。

---

① 刘珊.王者，电视也：直击对于电视媒体的八大质疑[J].广告大观（媒介版），2013（9）：24–32.

讨论三：制度重设

延续电视未亡的思路而下，自然而然地会将目光投射于数量众多的城市台之上。在中央台和省级台的夹击之下，城市台的处境岌岌可危。城市台还能不能活下去？该怎么活下去？最终能活成什么样？热烈讨论之下，其实蕴藏着对于媒体制度重建的需求。

城市台自诞生至今，始终存在两个生存的支撑点：其一，在行政城市的所有运行和传播中，城市台都扮演着不可或缺的重要角色。统计显示，我国现有县级行政区近3000个，地级行政区300多个，这些行政建制城市的发展，需要一个政情下达舆论引导的传播载体，需要一个号召力量、疏导舆论、化解风险的媒体平台，城市台无疑是首选。倘若这一渠道缺失，就可能出现受众无法获知政令动态遭遇信息盲区、行政缺乏舆论监督形成权力真空等情况。其二，从商业信息传播的角度来看，城市台的市场价值不可低估。中国的各级城市中存在着近4000万个企业，近10亿消费者，且随着三、四级市场消费的激活，企业纷纷开始以渠道为龙头的营销下沉。这些企业的信息发布、品牌建构、市场开拓需要本地媒体的服务，消费者也需要通过本地媒体获悉商品信息、指导购买消费。

公共服务和商业服务是城市台生存的两个支点。20世纪围绕所谓的"四级办台"有过种种争议，出自强化中央声音和公共服务统一管理的考虑，1999年"82号文件"颁布，取消"四级办台"而改为"三级办台"。然而，这种突出公共服务强化中央弱化地方的管理政策，并没有充分考虑到地方媒体与地方政府、地方经济的依存关系，也没有妥善考虑到中央与地方的利益平衡，最终导致政策走样而无法落实，反而造成基层公共服务系统的弱化。那么，忽略公共服务而偏重商业服务，一切以商业逻辑行事，媒体的逐利性就会日益凸显，从而进一步加剧市场竞争。这样一来，马太效应也会更加凸显。对于大多数城市台来说，被淘汰是一种显而易见的命运。然而，城市台所承担的公共服务的职能却是不可替代的，只是其重要性目前还未获得足够

的重视。

所以，如果城市电视的管理者明晰自身的生存逻辑，就需要从个体组织到行业整体自下而上进行新的制度设计，不仅需要调整现存的"三级办台"管理制度，而且要重新设计电视台内部的体制机制，在"总台"的组织框架之下，实行"一台两制"或者"一台多制"，让公共服务和商业服务各自归位，公共部分或将并入电视网，保留和强化本地新闻的制作播出；商业部分则考虑引入"辛迪加"式内容发行商，共享优秀节目的广告收益。

笔者以为，这条道路也许更加适合我国电视媒体的整体发展，尤其是能够保证区域城市台生存活力，甚至催生出县级台、乡镇台来进一步完善媒体公共服务功能的发挥路径。

讨论四：产业化的必然性

不管是大台还是小台，都与"产业化"这个词有着极为密切的联系。笔者曾在17年前探讨过媒体产业化的问题，在2008年发表过题为《中国广电媒介三十年变迁轨迹解析》的论文。在接近2013年底时，笔者发现，我国媒体的产业化已经伴随着时代的发展被赋予了新的含义与要求，并成为其下一步发展中的重大命题。蔡赴朝在2014年亦表示，今年是全面贯彻落实十八届三中全会精神、推进全面深化改革的第一年，新闻出版广播影视产业中的改革需要进一步深化，在凸显公益属性、强化服务功能的同时，也要以培育市场主体、建立健全现代市场体系为着力点，解决市场主体小而散、产业集中度不高的问题。① "产业化"再次成为媒体圈炙手可热的词汇。

首先，我们需要明确的是媒介产业化的概念——这是一种巨大的市场化行为，初始动因是利益的驱动，而其发展受制于市场的诸种因素。最初，我们把这些要素梳理成"媒介产业化变动的三个主要动因"：一是媒介大市场的

---

① 蔡赴朝.改革创新积极作为开创新闻出版广播影视繁荣发展新局面[J].电视研究,2014(2):4-9.

形成，意味着巨大的市场规模；二是对应大市场的存在，媒介内部规模化的趋势，也是打造媒介航母的驱动力；三是作为纽带的大资本的需求作用，资本是媒介生存发展的支撑点，也是最为活跃的领域。当广电媒体的发展走到今天，这三个要素虽然仍是其产业化运作的重要推动力，但是，产业化的任务发生了新的变化。我们将其归纳为：解决广电媒体的"不适应"状态。在今天，这种"不适应"状态主要是指技术的不适应，如何让广电的媒体技术融入当下的新媒体技术浪潮中；市场的不适应，如何满足多样化、多元性的需求市场，而不是将市场理解为利益的获取；政治的不适应，如何让广电媒体的喉舌功能符合国家转型与过渡时期的特殊需求；文化的不适应，如何让传统媒体文化适应现下的互联网思维等。

其次，厘清产业化对于广电媒体的意义，同时正确认知产业化的内涵。产业化将导致广电媒体发展失控，产业化就是简单地为了盘活广电已有的资源，产业化会让广电重视商业、轻视内容从而忽视本职专业，只要捆绑做大就是产业化，产业化会对广电现有体制机制带来全方位的颠覆等，这些论断其实都不正确。事实上，产业化并不是为了解决制度问题而存在的。过去"媒介通过产业化改革将解决原先的制度体制问题，引发新的格局"的观点需要重新审视，媒介"一体两面"的特性从未被真正动摇过。即使是在产业化过程中，媒介自身调整所引发的来自文化、制度上的冲击，也是间接造成影响。与其说媒介产业化改变了环境，不如说环境加速了产业化的进程。国家新闻出版广电总局所公布的数据显示，广电行业在 30 年间收入规模增长 129 倍。1982 年，行业收入为 9.8 亿元，100% 为国家拨款。到了 2002 年，产业规模为 514 亿元，国家拨款下降到 15%。到了 2012 年，行业总收入达到 1270 亿元，国家拨款的比例下降到 12.11%。政府拨款虽然比例下降，但绝对值却上涨了 40 倍。产业化的必要性不言而喻。

从广电媒介 30 余年的改革来看，媒介产业化的过渡并不是阶段性的，也绝非立竿见影的一锤子买卖，而是持续的、伴随性的长期过程，将与中国渐进式的改革同轨演进。所以，广电媒体的产业化进程会因为现实发展当中的种种变数和重重博弈，而有所徘徊或停滞，又因为每个机构的发展现实、资源条件、文化与惯性千差万别,并没有固定的范本可以参考。所以,唯有不断调整、不断试错、不断探索,以矛盾内包的方式稳步前进,尽量避免伤筋动骨的大型改革。下一步,大传媒产业中,通信的、网络的、终端的,各个领域都将发生爆发性的融合,一个巨大的产业即将诞生。

讨论五:帝国结局

结合前四个论点,媒体产业目前的发展方向究竟是什么?笔者认为产业化是一个事实,也是内在逻辑,不管承认与否。既然如此,其发展路向与国际的传媒巨头是一样的,应当是建构产业帝国,为与意识形态所言的"帝国主义"区别,笔者将其命名为"媒介帝国主义",媒介组织在"最快""最高""最大"的三大成长逻辑的引导之下,产生垄断与寡头。

成长逻辑之一:效率最优的技术逻辑。当价格不变时,集成电路上可容纳的晶体管数目,每隔 18 个月便会增加一倍,性能也将提升一倍。"摩尔定律"用最直观的对比,诠释了数字时代人类对效率的追求和技术提升的辩证统一关系。从 3D 到 4K,从 1G 到 4G,从光纤到热气球……技术的逻辑起点就是更高的效率,越快越好,越高越好。① 然而技术对于媒介而言,只是搭了一座桥,铺了一条路,而推动媒介生态向前发展的还在于另外两个动因。

成长逻辑之二:利润最高的商业逻辑。自古以来,商人们为了以更低的成本获取更多的客户和更高的利润,不得不用尽各种方法去竞争、抢夺,通过不断拉大差距与压缩成本从同业者手中掠取资源与空间。了解了这一点,我们对国内的三网融合路径也就不难理解了。2009 年,我国六家上市的网络公司的平均市盈率曾一度高达 62 倍,而国外有线网络的平均市盈率也在 33 倍左右。除了技术、产值等各种原因之外,这种差距产生的一个重要原因就在于国内网络公司所面临的政策壁垒。终于,2010 年初,国内三网融合重提,产业的融合步伐在尘封数年之后再次破冰。过去,我们每每讨论融合问题时,

---

① 黄升民. 看"帝国"是如何炼成的 [J]. 广告大观(媒介版),2014(12):1.

总是止步政策、囿于监管。但是"管控"从来不是根本性的解决方法。所以，今天的三网融合破冰于商业成长，表现为各家的跑马圈地之争。

成长逻辑之三：规模最大的产业逻辑。当广电、通信、互联网产业的定义越来越模糊的时候，过往拟定的政策、方针、战略也同样面临着严峻的挑战。融合的概念如此彻底地横扫全球，渗透到每一个角落，这是媒介历史上前所未有的。经济、文化的全球化发展加速了这种规模最大化的产业逻辑。在这三个逻辑的支撑之下，无数媒介组织以全新的方式进行了重组，融合成为新的角色，加速了这个产业内部垄断与寡头的出现。

由以上的讨论可以看出，过去的 2013 年是媒介转型愈加迫切的一年，甚至关乎媒体的生死。我们看到了报业转型之痛楚，剖析了影剧业战场之惨烈，不得不为彷徨无主的电视业站台撑腰，再给节节败退的城市媒体当头棒喝。三中全会正开，为我们打开一个尘封多年的主题——媒介产业化。在 2014 年的开始，我们蓦然回首，一个庞然大物，也就是我们所讨论的媒介帝国已渐露雏形。未来将会怎样，还需静待。

"互联网思维"之思维*

近两年,"互联网思维"成为媒体产业乃至整个社会共同讨论的热词。尤其在"媒体融合"的概念被中央层面强化之后,越来越多的人开始思考如何更好地运用"互联网思维"去改造传统媒体、去改变传统产业,从而获得更高的效率、更大的价值。然而,"互联网思维"的真实内涵是什么,将其放置在如此位置去推崇是否真有必要?回答此类问题,我们认为要把握"互联网思维"的实质,不妨围绕互联网的发展由来、运行机制以及核心装置进行分析议论。因此,本文从以下五个方面讨论"互联网思维"的议题。

一、用一个客观的、辩证的、理性的视角来审视互联网的发展

视角一,时间维度。互联网诞生、成长至今,已有超过 45 年的历史。互联网进入中国始于 1995 年,多年来,互联网世界已经发生了天翻地覆的变化。十几年前,互联网确实是新鲜事物,但是到了今天,当互联网已经渗透到我们生活的方方面面时,从时间意义上来看互联网已经不算"新鲜"。如果以变化的视角来看待媒体,那么电视、报纸被称为传统,是因为电视开启的是模拟时代,报纸延续的是纸张阅读。可是,今天我们所看到的电视、报纸都已经不再是原来的模样,我国的广播电视将在 2015 年完全停止模拟信号传

---

* 本文原载于《现代传播(中国传媒大学学报)》2015 年第 2 期,与刘珊合作,收入本书时有改动。

输,全面进入数字化时代,报纸杂志也已经极大地网络化、数字化和终端化。在整个传媒行业的信息、传播、服务等各个方面都迅速进入数字化和网络化的今天,虽然不能说互联网由新变旧,但是,当社会普遍互联网化的时候,再强调"新"已经意义不大,不断强调互联网与电视、报刊媒体之间的新旧冲突其实并无必要。我们思考的是,为什么总有人时间倒置强调互联网之"新"呢?首先,社会舆论一般会同情和扶持"新人",法律环境的不完备也多少给予了宽容的空间,从而形成一种时间红利;其次,这种对"新"的强调正好赢得了资本市场的青睐,为互联网媒体争取到了更大的资本可能与空间。

视角二,空间维度。在这里,我们将这种空间维度理解为"平台"。互联网最大的特点是其内容、传输、服务都是一种"无限"的状态,从而构成一个双向互动的、自由共享的平台[①]。当然,所谓的"平台化操作",也是当下互联网产业内市场谈论的一种说法。从谷歌到苹果,从腾讯到淘宝,"平台化"俨然成了互联网巨头标榜自身的重要荣誉。然而,这个平台是不是一把双刃剑呢?它一方面为人类提供了接近完美的信息交流、获取、生产的服务模式;另一方面又以其完美服务去操控人类的思想,逐渐形成一个"黑暗的帝国"。互联网以它的平台,在打破传统大众传播时形成的信息垄断,会不会又形成了新的封闭呢?一个简单而有力的例证就是"大数据"。当互联网大鳄们纷纷高举大数据的旗帜跑马圈地时,我们也发现,大数据正是其获取或出卖用户隐私信息、操纵人们行为与思想的利器。本质上,"平台化"是为了更好地实现信息传播与沟通的自由、平等,是为了更好地开放与共享;然而,走到今天,平台的构建者已经有了新的目标,他们企图通过掌控这个平台,去掌握更多的资源,换取更大的利益。由此,我们引出了第三个视角。

视角三,精神维度。相比于前两者,这是一个更加抽象的维度,因为关乎思想、精神、价值观。例如,互联网的创始者如何看待当今的互联网,今天的互联网精神是否还是初始的模样,有多少人扭曲了这种精神,又有多少人坚守着这种精神。在这个观察过程中,我们发现,"互联网已经蜕变为表面

---

① 黄升民,谷虹.数字媒体时代的平台建构与竞争[J].现代传播(中国传媒大学学报),2009(5):20-27.

热闹背后为大资本所操控的'江湖',在这个互联网江湖当中,寡头帝国若隐若现"[1]。在2014年2月刊的《广告大观(媒介版)》杂志中,我们以"寡头时代的网络群雄"为主题,探讨了互联网精神究竟是什么、现在的互联网产业发展态势如何等问题。我们可以看到,在那些高呼平等自由、倡导公平开放的机构阵营里,声音最大、气势最强的正是谷歌、微软、百度、腾讯这类的超级巨头。然而,被爆出侵犯用户隐私的、被指责思想保守不愿公开自身数据的、被卷入反垄断调查的,往往也是它们。历数巨头们的发家史,其实都是以互联网精神为旗号,攻城略地、跑马圈地,打击了实体经济,唱衰了传统媒体,吞并了同业者的生存空间,获得了资本方的欢心。资本、利润、规模、占有、控制,这才是巨头们的真实面目,这就是互联网江湖的寡头时代。效率最优的技术主义、利润最高的资本主义、规模最大的产业主义,这是我们在《媒介:帝国主义》视点中所归纳出的寡头生存的三个基本逻辑[2]。在这样的生存逻辑之下,掠夺会不会代替平等,独占会不会代替分享,控制会不会代替开放?这,值得深思。

二、如何看待、理解、认知"互联网思维"

正如开篇所言,"互联网思维"其实在很大程度上折射出了互联网机构如何看待自身,如何界定自身。关于这一概念的释义,目前业界众说纷纭,几乎每家互联网机构的高层都有关于"互联网思维"的一套说法。马云曾经在演讲中表示,互联网思维是跨界、大数据、简捷和整合;周鸿祎在接受央视采访时表示,互联网思维应该是用户至上、体验为王、免费模式和颠覆式创新;雷军则将专注、极致、口碑、快视为自身的互联网七字诀。然而,无论是怎样不同的解释,有几个核心点是相通的,也就是关于互联网本身的特质。这些特质包括:在资源上以丰裕替代稀缺;在传播行为上以互动替代单向;

---

[1] 黄升民.冷眼看寡头,热血写春秋[J].广告大观(媒介版),2014(2):1.
[2] 黄升民.看"帝国"是如何炼成的[J].广告大观(媒介版),2013(12):1.

在传播渠道上以平台替代管道。美国《连线》杂志曾经撰文称，新媒体是所有人对所有人的传播，说的正是这样一种现实。再由互联网机构自身将这种现实上升为"思维"，也就是一种产业哲理的层面。事实上，在新产业茁壮成长的过程里，都会出现类似的产业哲理，例如，200多年前工业革命爆发的时候，相对于农耕经济，流行的就是工业化思维，诸如效率、标准和规模等眼下看来颇为普通的管理要义，但在当时是一种先进而高效的意识形态。所以，体现互联网产业精髓的互联网思维的先进性和有效性，也是一种相对的存在状态。有人将其比喻为人类的再一次文艺复兴，我们认为，是不是言过其实有待历史考证：接受新的产业意识形态，用以调整自身的管理理念，换言之就是互联网化，这是对的、有必要的，然而，在这样的一种意识形态风潮之下，照搬互联网企业的做法则是值得商榷的。

首先我们要辨析清楚，互联网经营与互联网化是两个不同的概念，应该有所区别，提出"互联网思维"的时候也应该注意到这个区别。互联网经营的基础在于两点：数字压缩与网络传输。数字压缩化解了信息传输的瓶颈使资源由稀缺变成丰裕，而网络传输技术OTT导致颠覆效应。何为颠覆效应呢？经济学原理开篇就是"解决资源稀缺的有效配置"。如果资源不再稀缺，那么，这个原理就要调整。然而，这个调整非常复杂，常常带有颠覆性，所以，业界和学界所做的调整就是简单地划分实体经济和虚拟经济。两个经济所依据的逻辑起点是不一样的。前者依赖的是稀缺资源的配置，后者是丰裕资源的共享。共享的基础就是平台。平台是什么？人人可以进出，贡献与分享同存。这种互联互通的背后是双边市场效应，边际成本为零，所以，平台规模可以无限扩张。互联网企业的秘密其实就在这里，复制成本为零，虚拟平台可以无限扩张。互联网企业天生就有"寄生性"，本身不产生资源，是在利用资源，不拥有物理网络而是寄生于物理网络，说它是吸血鬼也是一个非常形象的比喻。

其次，除了互动、开放的平台之外，互联网企业还有一个优势，就是上文已经提到过的大数据。我们认为，大数据本身是一个客观存在，例如，政府的人口统计和金融机构的资金往来记录。而数据资源的储存和开发，一向要耗费巨大的社会成本,被视作稀缺的战略性资源,因而形成管道式的封闭使用习惯。互联网经营者用虚拟的大数据替代了实体的大数据,互联网的信息平台一是打破了不同数据库之间的壁垒,二是极大地降低了数据收集的社会成本。互联网企业使用平台机制所带来的开放聚集效应,即时、廉价,且得到海量数据,大大缩短了营销距离,从而形成竞争优势。建构一个虚拟平台,让无数的用户登录、点击、游玩,消耗流量的同时留下痕迹,点点滴滴聚集而成大数据,然后反过来透过这些数据了解用户、了解市场,从而生产、提供适销对路的产品或服务,实现买卖双方的价值交换——这原本属于营销界所追求的理想境界,却被互联网经营者实现并成为一种压制、倒逼甚至瓦解实体经济的竞争利器。

最后,在利用以上方法去打动市场以及投资人时,需要必要的宣传与包装,这就是所谓的互联网思维。对于这个新近出现的被社会舆论所热捧的思潮,可以理解成一种伴随信息产业革命而产生的意识形态,是互联网资深品牌建设过程中的一个重要环节,或者说是一种必要手段,无须过于神化。

三、人人在谈论的电商,是否真的是一种经济与社会的进步?

互联网电子商务的迅猛势头和高调姿态,大家早已有目共睹:超过10万亿的整体市场规模;占全年社会消费品零售总额近8%的网络零售比重;3.02亿的网购网民规模;在刚刚过去的"双十一"中,天猫商城在第38分钟就创造了100亿元的销售额……资本青睐、媒体热捧、消费者狂欢,电商市场一片沸腾。电商作为互联网产业的重要构成,我们今天的议题显然无法避开它。2014年6月,我们在《广告大观(媒介版)》上的主打文章即为《报告,电商凶猛!》,想要论证的问题就是,电商对于媒体产业乃至整个社会来说究竟是怎样一种存在。我们认为,"虽然电商所呈现出的样态是多姿多彩的,但是不同样态的电商企业背后,有着共同一致的特质,这种特质,也正是电商之所以凶猛的'三大利器'——规模、平台和数据"①。

---

① 黄升民. 电商真的凶猛?[J]. 广告大观(媒介版), 2014(6): 1.

一是规模优势。各家电子商务运营商无一不在强调流量，发展规模。对于规模的追求正是电商发展的原始动力，也是行业发展的主流趋势。有规模做前提，获得社会资本就更加容易，实力得到巩固，形成寡头效应使企业后期有更大想象空间。二是平台功能。电子商务基于信息搭建的平台实现了三个功能：互动功能，买卖双方、平台与各方之间都可以进行信息交互，用互联网的方式抹平了"信息差"；低门槛功能，电商平台牺牲利润，凭借着"免费"吸引大量第三方中小卖家，极低的门槛带来平台热度的同时，也因为销售低价而聚集了人气；无边界功能，商品品类无边界、信息服务无边界、产业延伸无边界，电商没有任何限制地随意跨界，金融、游戏、终端设备、文化娱乐等，电商已经冲破这些边界清晰的传统产业空间。三是数据逻辑。对于拥有稳定、丰富数据源的电商企业而言，数据逻辑在于技术与商业的融合，来自消费者的购物习惯、购买评价等，来自生产商的供求信息、成交量等各种数据汇总成"大数据"，经过标准化运营、收集、分析，在电商企业包装下，摇身一变，成为企业的盈利模式。少数巨无霸企业在其中获得了巨大的商业价值，如亚马逊，从亏损到盈利，大数据功不可没。

但是，电商给我们的社会带来的全都是利益点？我们认为并非如此。在此，可以用三个疑问来进行概括。

一是电商是否真的起到了促进内需的作用，对于社会发展，特别是消费需求刺激与升级到底有多大贡献？知名市场咨询公司麦肯锡就曾发布报告《中国电子零售业革命》，称"中国电子零售业不仅仅是线下零售业的替代渠道，而且能够刺激增量消费。让中国从以投资为导向的社会向以消费为导向的社会转型"。事实果真如此吗？首先，促进内需，要看整个内需到底有没有增加。如果说总体市场规模并未增加，那显然只是线上与线下的此消彼长。毫无疑问，电商拿走的这块"蛋糕"，有相当一部分来自传统线下的销售渠道。其次，如果电商"赔本赚吆喝"真的拉动了消费内需，那么这种消费内需的增长是否具有可持续性则仍待观察。集中爆发在类似于"双十一光棍节"的"人造节日"的内需潜力，最终还需落实在细水长流的日常运营中。

二是电商究竟是在建设生态还是在破坏生态？阿里巴巴在 IPO 招股书中

 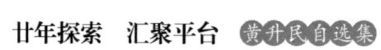

再次强调,"我们不仅仅是在运营一家公司,我们把自己看作这一生态系统的管家,职责是让生态更加繁荣与平衡,让所有参与者获得利益"。但我们也注意到了整个电商行业对于传统生态"杀手级"的破坏:一是价格杀手,以阿里电商为代表,电商让生产者和消费者避开大量中间环节,直接交易,而最终衡量的尺度只有一个——价格,这种"低价走量"的模式,表面看消费者得到了让利,而生产者却在一步步失去利润空间,丧失原本的议价能力;二是品牌杀手,大量的无名企业淹没在信息海洋中,即便是长尾效应,短期内依然难以改变范围经济下大规模集中生产的现代商业文明规则,所以成长空间有限;三是心智杀手,不同的零售形态,对应于人不同的心理能量配置,对于消费者来说,往往场面越大、人气越旺,其消费中的非理性成分越高,而电商恰恰通过价格战,调动大量中国人的心理能量,导致冲动消费。以此来看,电商的成功与光荣,是通过践踏传统消费生态与环境来完成的。只是,此消彼长之间,这真的是一种进步吗?

三是电商到底能走多远,资本的"烧钱"行为何时会走到尽头?没有电商机构敢于自问这样的问题。几乎是被资本一手催熟的电子商务,争流量拼规模、为聚人气营销砸钱甚至不惜打价格战,结果在成本控制、客户服务等方面产生各种潜在问题。只有交易额没有纯利润的模式依然是不可靠的。淘宝、天猫、京东等综合性平台电商,依靠垄断流量、批发流量的商业模式,就快走到模式红利的尽头;尚品、我买网等垂直电商完全受限于品牌商的货物供应,如果无法构建竞争壁垒,将会导致只赚规模、不见盈利的现实难题。说到底,电商的盈利模式始终是短板。

所以,虽然从大众所看到的电商表现来说,电商发展势如破竹,极大地便利了我们的生活,但是从另一个角度来审视电商就会发现,这种凶猛是建筑在对原有经济生态的破坏、让社会财富更加集中的基础之上的,是一种值得我们警惕与审视的发展,盲目追捧有可能是对社会发展与经济发展的一种潜在伤害。

四、被"魔幻化"的大数据

在前文，我们屡次提及互联网与大数据之间的紧密关系，在此，也将着重探讨大数据在互联网发展中究竟是如何发挥作用的。2012年，程序员出身的涂子沛出版了《大数据》一书，以科普方式介绍了大数据的由来与变革趋势，成为社会各界关注大数据的重要启蒙之作。在此之后，中国的互联网产业也确实开始频繁提及大数据。《广告大观（媒介版）》也在同年组稿完成了《大数据，新天地》这期杂志，并在2014年8月进一步推出了《阴阳两面大数据》的封面主题。在这股人人谈论大数据的热潮当中，我们通过对大量案例的分析与梳理，以及对国内外营销传播领域内大数据的使用对比等，发现国内已经出现了一定的"魔幻化"大数据的偏颇。

首先，数据量的由小到大其实是一个渐进过程，而非突然爆发。涂子沛在接受《生活周刊》采访时表示，在美国，20世纪80年代就有人提出"大数据"的概念了，到2000年，由于信息系统的累积作用，人类的数据开始大量增多，有不少企业的数据级进入"太"（Tera byte）的级别，学术界就开始尝试给多少为"大"进行定义。起初流行的定义是"200太就是大数据"，只是没想到，随后数据量以一种更加迅猛的几何级速度递增，这才有了我们今天所认知的"大数据"[1]。事实上，人类文明的构建一直都与数据息息相关。人类从数据到信息再到知识、智慧并以此解决问题的操作方式自古有之；数据处理也随着数据量、数据处理要求的改变，经历了从数据仓库、联机分析、数据挖掘、数据可视化到大数据的演进过程；数据运用于各行各业同样不新鲜，在自然科学、金融、医疗、农业等诸多领域的运用历史、成熟程度都远超人文科学领域。只是，到了今天，我们可以用更加方便、低廉、容易的方式去获取数据、处理数据，并将之运用于人文科学、社会科学的更多领域，让大数据与普通人们的生活有更加紧密的联系。这当然是一种极大的进步，但是

---

[1] 唐骋华，涂子沛. 大数据时代［J］. 三联生活周刊，2013（1）.

这种进步是一种积累和渐进的过程，而不是突如其来的风暴。由此，也奠定了我们对待大数据的基本态度——盲目追捧、过度神化都不必要。

其二，大数据是有效的但不是万能的。谁也不能否认大数据技术的有效性，但是正如人类数据处理历史的演进过程那样，数据处理的技术和理念永远赶不上数据自身的变化速度。到了今天，自然界与人类社会的数据量增长程度超越了任何一个年代，在摩尔定律的作用之下我们甚至很难去想象未来数据量的成长规模需要用怎样的新单位去计量。与此同时，数据成长的速度、数据的类型也都对数据处理技术提出了极大的挑战。从目前的技术发展来看，我们能够掌握、存储、管理、分析和运用的数据还只是沧海一粟，甚至分析能力虽然有了极大的提升却仍然无法匹配数据的量级和种类，技术的滞后是一种必然结果，也是一个客观事实。事实上，在很多领域中，数据分析技术的滞后性让我们得到了大量的数据垃圾和数据冗余，盲目地追捧所谓的大数据技术或者偏执地信任大数据技术的处理结果，反而会在一定程度上妨碍我们对数据信息的掌握，影响我们作出准确的判断与明智的决策。数据从来都只是我们作决策的参考，虽然这种参考很重要，但绝不应当是人类决策的全部。

其三，平台和数据体现的是科学精神而不是花哨的魔幻效果。马云曾经在接受媒体采访时表示，互联网打破了信息的不对称格局，竭尽所能透明一切信息；对产生的大数据进行整合利用，使得资源利用最大化；互联网的群蜂意志拥有自我调节机制。这些都与我们说的"数据＋平台"的互联网核心相契合，只是，当这些要素被"金融"二字控制、一切的标准是为了更快、更大地"盈利"之时，那么平台和数据就难免沦为路演中的魔幻剂，穿上商业化的投机性外衣。当互联网的开放与互动被打破，走向封闭和垄断，异化就不可避免；当数据和平台所成就的海量、迅速、可寻址不再是科学主义的抓手，而是资本路上的点金术与魔术棒，互联网的扭曲发展就再难否认。

其四，大数据的实践并不如互联网企业所宣称的那样先进与强大。以BAT为首，越来越多的机构号称自身掌握了海量数据，以数据指导业务、设计产品、决策内容、重构商业模式，甚至开创了新的技术壁垒，可以与所有竞争者相区隔。然而从我们的角度来看，一来这些数据的"海量性"与"准确性"存疑——国外有政府部门统一管理公共数据，并做了大数据的开源与保护处理，国内本就不具备这样的现实；二来数据量级最大的BAT三者之间的数据也从未共享与开源。那么，单凭亿级用户的网络行为构筑成大数据基础，其实是有违大数据本身"数据库之间可以实现自由流动与关联"的准则的。因此，在我们承认互联网上数据海量，并可以尽量还原用户真实需求的前提之下，这种数据库与数据库之间的隔离、竖井的现实存在也是不可抹杀的。再者，平台化、数据化都不是寡头帝国独有的核心科技，至于所谓的壁垒与区隔，如果没有真正的核心技术，其实也不过是一座空中楼阁。

其五，互联网的大数据泡沫已经逐步显现。从最近几年传媒业的发展轨迹来看，当一个事物被追捧到极致，其出现泡沫的可能性也就不可避免地提升了。比如早年间的互联网金融泡沫，比如影视业的投资泡沫，再比如目前已经初显雏形的大数据泡沫。想必大家都还记得央视"3·15"晚会曾经曝光的内幕，以百度为典型代表的互联网Cookie运用会极大地威胁用户的数据安全与隐私信息保护。百度在普通消费者手机中的预装软件达六款之多，几乎涵盖了百度手机端的全部产品线，包括：百度搜索、百度手机助手、百度浏览器、百度优化大师、百度好123、百度地图。尽管工信部宣布从2013年11月1日起，生产厂商要公示手机中的预装软件的基本配置信息，但是对于百度这样通过第三方来预装软件的方式还缺乏有效的法律法规监管。而这也只是互联网寡头大数据运用与用户数据安全保护悖论的冰山一角。与国外政府、机构在数据技术开发上所奉行的"挖掘越多，保护越多"的准则相比，中国目前的大数据运用在一定程度上是踩着监管的红线、钻了法律的漏洞行进着的。当然，这种行为并不仅限于互联网、媒体产业，在金融、医疗、通信等几个重点行业，此类问题同样层出不穷。然而，正如国家管理层终究将鞭责盗版、盗播、海外视频内容引进、OTT TV竞争乱象一样，迟早有一天，互联网寡头赖以生存的大数据也会成为管控的核心区。到了那个时候，如何在不侵犯用户隐私信息的前提下保住现有的垄断性地位，维持高楼广厦不倒，将是一个很难也很重要的问题。互联网很美好，互联网也很危险，到底是热情拥抱还是警觉远离，还需冷静思考。

五、探析互联网发展中的"云"与"端"

在互联网产业近年来的发展过程中，可以说平台机制相当于心脏，数据流为血液，终端就是互联网机构得以触达受众、用户的手脚与肢体。

之所以将终端放在这样重要的位置上，主要原因大致有三点：首先，从终端产品的迭代更新，到人工智能的创新发明，再到终端所附加的丰富海量的软件产品，用户已经被牢牢捆绑在这一载体之上，通过这个载体，互联网企业和机构能够直接触达用户，并与之紧密相连。其次，终端背后其实是一个庞大的产业关系图谱并衍生出多条复杂的产业链条，所以这也意味着巨大的用户需求、无限的商业机会、新旧思维的激烈碰撞以及产业之间的跨界融合，对于互联网机构来说这是不可放弃的市场机会。最后，终端也是互联网机构的一个信息搜集器，其价值也越来越多地体现在对人类信息数据的采集、计算、反馈以及基于此的信息传播、网络传输和营销服务上，人机合一的美好前景将使得信息数据的获取从自然界、科技界扩展至人类本身。技术研发在终端、内容服务在终端、数据汇聚在终端、营销碰撞在终端，因此也让整个传媒产业都将竞争的核心之一聚焦在终端之上。

在这场竞争之中，也细分出了不同的派系和层面。其中，以BBC、新闻集团为代表的海外传统媒体巨头希望通过内容的强势竞争力间接操控终端，但固守传统导致战略迟缓，战术策略也并不得当，在陌生的终端游戏规则面前传媒业还需不断试错。苹果和小米这样的机构则代表着硬件厂商派系中的新兴势力，植根于硬件实力，辅以"软硬兼施"来赢得用户，然而创新者的身份也让其存在不少战略空当，给硬件厂商的传统派留下了反击的机会；类似联想这样的机构即属于硬件厂商的传统派系，它们已经觉醒并奋起反击，但崇尚工业精神和以盈利为考核指标的现实是其转型中的挑战所在；互联网企业派系则深谙用户体验之道，往往先声夺人，即有谷歌这样凭借概念引领和生态布局来掌握终端主导，以安卓开放平台为核心控制所有谷歌生态系统下的智能终端。

对于这种多样化的战略和发展方向，我们将其总结为"端"和"云"两个字。终端的硬件和软件融合表现在"端"，有单一与繁多之分；内容和服务则体现在"云"，有稀缺与丰富之别。硬件厂商派系奉行的是"一端多云"原则，希望构建一个拥有完整生态体系的终端屏幕端口、囊括五花八门的内容服务，苹果就是典型代表；传媒机构和互联网企业两派更倾向于选择"一云多端"，通过强大的内容或是平台化的服务覆盖所有的终端。以"云"为主还是以"端"为主是两种截然不同的演进路径，且并无对错之分。无论是"一云多端"还是"一端多云"，甚至是"多端多云"，最终的指向其实是"一云一端"，强调绝对的控制力与影响力，强调统一的利润分配模式与绝对的盈利空间，构建自己的产业帝国。我们曾在 2013 年末题为《看"帝国"是如何炼成的》[①] 的文章中提到媒介组织在信息时代产业发展的三个逻辑——效率最优、利润最高、规模最大。终端演进也类似这样，只要符合这三个逻辑，每一家企业都有可能实现自己的终端梦想，成就智能终端时代的媒介帝国，苹果如此，小米如此，微软如此，亚马逊也如此，从虚到实走完全程。

结　语

除了以上几点之外，当我们从经济、社会发展的角度去审视互联网时，还可以发现另一些让人惊讶的事实。

例如，在 2014 年 10 月 17 日的《第一财经日报》上有一篇题为《数字革命搞垮中产阶级？》的文章，其中提到了 1987 年获得诺贝尔奖的经济学家罗伯特·索洛提出的著名的"索洛悖论"。这一悖论认为，虽然企业在 IT 方面投入了大量的资源，但是从生产率上看却收效甚微。"许多本世纪数字技术的膜拜者可能会惊奇于这组数字：1939—2000 年是美国经济急速跃进期，人均

---

① 黄升民.看"帝国"是如何炼成的[J].广告大观（媒介版），2013（12）：1.

生产率年增速达到 2.7%，然而在社交网络、智能手机、人工智能席卷一切的 2000—2013 年，人均生产率年增速降到 0.9%。过去十几年间，生产率增速的放缓和看上去一日千里的信息技术发展很难匹配。所谓第三次数字革命的核心信息通信技术，其变革意义实则'低于'第二次工业革命中电气化、汽车和无线通信技术的发明。"①

《21 世纪资本论》一也表达了类似的观点。作者在概述中写道："如果看最近数十年，我们会发现最发达国家的增长率很低，1990—2012 年，西欧国家的人均产值增长率为 1.6%，北美为 1.4%，日本只有 0.71%。罗伯特·戈登等经济学家相信，大多数发达国家的人均产值增长率注定会下降。戈登的分析基于那些自蒸汽机发明和电力引入以来一波波多样化创新浪潮之间的比较，他发现最近的创新潮流（包括信息技术革命）与之前的时期相比潜在增长量要低，原因在于它们对生产方式的颠覆和对整个经济生产率的促进作用更小。"②

所以，在文章的最后，我们不得不思考的是，在互联网产业及机构通过各种手段获取资本方的热钱、编织引人注目的投资故事、创造蛊惑人心的社会舆论的同时，我们否也该去关心所谓互联网时代与信息技术革命到底给人类社会带来了多大的裨益。

关于"互联网思维"的思考，此文也只是一个开端。

---

① 宋冰. 数字革命搞垮中产阶级？[N]. 第一财经日报, 2014-10-17 (12).
② 皮凯蒂. 21 世纪资本论 [M]. 巴曙松, 陈剑, 余江, 等译. 北京：中信出版社, 2014.

颠覆与重构：中国媒介产业化二十年[*]

从 1996 年完稿、1997 年《媒介经营与产业化研究》正式出版开始，笔者对于"媒介产业化"这个问题的研究已经持续了二十余年时间。在这期间，笔者一方面继续关注媒介经营与产业化的问题，另一方面则通过创办《媒介》杂志与传媒产业界保持紧密的联系，不断调整研究的视角、验证研究的发现。然而在追踪性研究中笔者发现，我国媒介产业化的道路并非一帆风顺，而是充满困难与波折。更重要的是，所谓"媒介产业化"，在不同的时间节点和阶段，呈现出了不同的特征和方向，而这些变化往往容易让学界与业界忽视或误读。笔者多次重提"媒介产业化"问题，其实既存在现实的压力，也有学术的困扰。

提出"媒介产业化"概念二十年，又透过《媒介》杂志研读"媒介产业"十六年，对于这一问题的研究视角可以基本总结为以下三个方面。

一、始终明确媒介产业化的重要性

二十年前，笔者提出"媒介产业化"概念时的一个重要背景是认为："中国的媒介正处于一个十字路口上。二十年的苦心经营，媒介脱离国家财政拨款而发展成一个规模巨大的，可以自我谋生的'准产业'，然而，进入 20 世纪 90 年代下半期，媒介经营的黄金时代已经不复存在。内部竞争加剧，外部

---

[*] 本文原载于《新闻与传播评论》2018 年第 1 期，与刘珊合作，收入本书时有改动。

 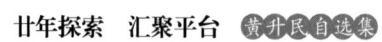

承受国际化和数字化的冲击……而蓄势待发的巨大的社会资本正好把眼光投射到电视媒介。如果能够抓住这个机会，媒介可以得到飞跃发展，国民经济也就此获得一个新的增长热点，传统产业向信息产业转换有了至关重要的杠杆。如果失去了这个机会，困守在政治话语的迷魂阵中，我可以大胆预言，中国的媒介只能步国有企业的后尘，陷入老化、冗员、低效的泥潭。任何强有力的行政干预，只能解决媒介经营的一时之痛，替代不了媒介在市场经济中的自身生存和长久发展。出于这样的一种考虑，换言之，直面媒介的现实需求和经营变动，笔者赋予它一个概念，这就是所谓的'媒介产业化'。"①

那么，中国的媒介，尤其是广电、报刊这样的传统媒介，如今的生存环境是否发生了变化，二十年前面临的问题是否已经得到了解决？

（一）极具张力的"媒介产业化"概念

1996年笔者第一次提出"媒介产业化"时，是希望能够用一个名词来概括我国媒介机构通过各种方式来解决市场空间、市场资源和经营规模问题的发展状态。"之所以选择'媒介产业化'这个概念，是因为它较市场化、商品化，更有张力，更有涵盖力。"在那个时代背景之下，要解决这些发展问题，媒介机构的着力点主要在于理顺内部关系：理念、机制、制度、人才等。但是伴随着我国整体经济文化政治发展的需求，仅仅从自身出发已经不足以适配媒介机构发展需求。但这不代表"媒介产业化"概念的过时，因为媒介发展要解决的根本问题、要实现的最终目标，其实并没有变化。所以，"媒介产业化"应该是一个发展中的概念，其内涵是在不断调整、丰富和变化的。

其实，就在笔者提出"媒介产业化"概念之后的第一个十年之中，其内涵就已经发生了显著的变化：资本化、集团化、国际化、数字化相继出现在我国媒介发展的视野当中，并且始终纠结伴生，共同作用于我国媒介产业、媒体机构的发展。在第一个十年结束之时，笔者将这些不同的作用力总结为经营动力、规模动力和技术动力，这三股力量推动着我国的媒体机构应对不

---

① 黄升民.重提媒介产业化［J］.现代传播（北京广播学院学报），2000（5）：1-5，17.

断变化的外界压力,实现做大做强的核心目标。时至如今,这些力量仍然是影响并改变我国媒体发展的核心。只不过,每个时期的内外部环境不同,博弈中的这三股力量强弱会有所差别,主次矛盾也会有所变化,因而呈现出的媒介产业化发展的阶段性问题都会有所不同。而这也正是"媒介产业化"这个概念具有极强张力和包容力的体现。

(二)媒介的产业化任务仍然存在

自 1979 年恢复广告以来,中国媒介产业化的四十年也是我国改革开放的四十年。通过近四十年的快速发展,媒体的信息产能过剩问题在近年来已经非常明显。尤其对于笔者初期提出"媒介产业化"概念的传统媒体对象来说,这个影响更是极为显著。

先看内部竞争:现在全国有将近 2000 种报纸、300 家电视台、4000 多个数字频道——虽然纸媒的停刊已经成了时有发生的事情,但是数量庞大是一个不争的事实。从经营收入的数字来看,各种公开资料的统计显示,2015 年排名前四的卫视频道群共收获了 268 亿元广告收入,占所有卫视广告收入的 77%;2016 年,排名前五的卫视收入合计超过 300 亿元,其中,湖南卫视的广告收入更是增长到了 110 亿元,四年内复合增速达到了 20%。这是内部竞争的第一问题:马太效应已经非常明显,第一阵营之外的媒体机构如何解决生存发展的问题?而且如果只是依靠广告收入,传统媒体是否足以生存发展?

再看外部竞争:二十年前笔者认为数字化的冲击是我国媒体机构必须应对的问题。今天再看这一点颇有一语成谶的感觉。各大互联网机构的财报和年报显示,2016 年百度全年总营收为 705.49 亿元,阿里巴巴全年总营收达到 1438.78 亿元,腾讯全年总收入为 1519.38 亿元,其中广告收入为 269 亿元(同比增长 54%)。从 2017 年的各项数据来看,这些互联网巨头的收入增长势头仍然不减。对比已经非常鲜明:整个电视媒体的收入还不敌一家互联网机构;五大卫视的广告收入基本只能和腾讯一家打平。尽管近年来传统媒体一直在反复尝试调整,媒体融合、互联网+、中央厨房等概念层出不穷,动辄引发全国上下各级媒体的争相效仿,然而在实际的经营表现上,真正实现了融合、真正让产品变现获益的却是各种新媒体机构。

"媒介产业化"本身指的是媒体机构资源配置及生产方式的分工化、集约化、市场化过程，解决的是如何充分利用资本、技术、政治的力量，去适配市场的问题，所以并没有限定所谓的"传统媒体"还是"新媒体"。也就是说，目前的传统媒体和网络新媒体其实都在探索各自的产业化道路，只是双方阵营的产业化重点和阶段性目标并不相同——传统媒体要解决的是如何在全新的市场与竞争环境中做强的问题；网络新媒体则是需要完成自身的"媒体化"转变，从信息通路和企业机构变成真正的媒体。从这个角度来看，产业化发展仍然是新旧媒体的共同任务。尤其对于传统媒体来说，这条产业化道路显然并没有走到终点。

（三）不同历史时期的产业化任务各有不同

正如前文所述，在这四十年里，我国媒介产业化发展的三大推动力始终在博弈较量，也因而导致媒介产业化的发展在不同阶段体现出不同的需求与任务。

从 1979 年恢复经营，到 20 世纪 90 年代末期，我国的媒体机构完成了对市场化发展的初步探索，广告经营初具规模，不可避免地需要探索更加成熟的发展方式。所以，笔者第一次提出"媒介产业化"时，是我国媒介产业化浪潮初现的阶段。2000 年 5 月和 2007 年 1 月，笔者发表了《重提媒介产业化》和《"媒介产业化"十年考》两篇文章，完成了对我国媒介产业化发展第一个十年的大致总结。在那个时候，笔者已经意识到产业化的演进性和渐进性特征，并判断媒介产业化的路径会在技术、政治和资本三种力量的作用下呈现出较以往更为曲折迂回的形态。

2013 年 10 月，笔者发表了题为《"媒介产业化"再思考》的文章，2016 年 11 月发表了《管控与融合：中国媒体与资本在博弈中探索前行》一文，这是在媒介产业化进入第二个十年发展中思考与总结的成果。相应的产业化理论研究从边缘到纵深，从对业界经营现实的理论回应提出"媒介产业化"的完整表述，到直面产业化进程中的制度难题，将其归纳为"力量游戏"——

政治与资本两者博弈，形成所谓的"中国特色的媒介产业发展路径"，完全的"机关媒体"和完全的"市场媒体"都是不现实的，只能在两股力量的较量中妥协，曲折生存，直至后来结合现实国情提出的"双面属性下的做大做强"。连续性研究也表明，媒介产业化的核心命题又回到了最初的起点，在对有关"媒介产业化"的几个思维误区进行修正和完善中，重新审视"媒介产业化"的核心命题。[①] 在这十年中，技术的推动力体现在数字化、互联网、大数据、人工智能等诸多方面，给全球媒体都带来了不可磨灭的发展印记；资本则成为另一股重要推动力，伴随着我国媒介"走出去"战略的提出与落地，并展现出史无前例的广阔空间。一方面，这十年的发展印证了笔者此前的思考，验证了技术、政治和资本力量不断博弈会深刻影响媒介产业化进程的判断；另一方面也让笔者再次明确了，媒介产业化在不同的发展时期会呈现出不同特点这一规律。

二、全面融合阶段的媒介产业化特点

笔者通过《媒介》这一平台，对中国的媒介产业进行了长达十六年的持续性观察，几乎每一种类型的媒体都有所涉及。2016年，《媒介》杂志的一系列研究选题共同构成了"内容产业"这个核心话题，从影视、节目、动漫、音乐、游戏，到数字阅读和实景产业，大产业格局业已形成，而这恰好是媒介产业化二十年的发展成果。眼下的中国媒介产业化已经进入了全新的融合发展阶段。这个阶段的特点有以下三个方面。

（一）不同量级的媒体机构，可以有不同的产业化道路

在此前笔者提到的五大卫视背后的广电机构中，产业化模式的两个代表是上海文广和湖南广电，这也是笔者始终保持互动的两个广电机构。前者在20世纪90年代已经完成了三次体制机制的改革，并在2000年确立了"上海

[①] 黄升民，马涛."媒介产业化"再思考[J].中国广播，2013（10）：38-43.

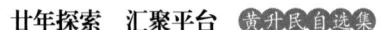

文广"的大致模型；后者在1995年开始改革，并在1999年完成了电广传媒的上市。在此之后，这两家代表我国省级广电机构最强力量的媒体集团也一直走在产业化的前沿：技术、资本和政策的力量悉数运用到极致，虽然也难免遇到挫折、障碍，但仍然是产业化发展的先锋。然而，这并不代表力量较弱的媒介机构就无法走出差异化的产业化道路。

在笔者所接触的广电机构中，"长江新卫视"是湖北、湖南、河南、江西、安徽五省地面频道群联盟，试图以"长江经济带+中部崛起"为纽带，突破省级地面频道的天然局限，打造更大的传播平台，以项目制运行为内容，形成新的区域传播营销空间。2017年8月上市的中广天择是国内首家国有控股的节目制作类上市公司，脱胎于城市广电，在资源有限的生存环境中，通过整合长沙广电旗下优质资源，拓展全国市场，打破了城市台的地域限制。基于对中国广电产业以及县域市场十多年来的研究经验，奥美地亚以"微店"的形式和2000家地方电视台形成合作，为广电媒体尤其是实力较弱的县域广电新媒体运营搭建内容服务平台，也帮助这些地市媒体能够"换跑道经营"，寻找全新的生存方向……所以，产业化的道路是可以结合各自资源和特色，制定差异化的发展战略的。

（二）媒介产业的细分化和媒体融合同时发生，产业化的方向有了更加多元的选择

笔者在《再论内容产业：趋势与突破》这篇论文中曾经提到过，数字化技术赋予了媒体内容全新的含义："在数字技术全面改变人类社会之后，内容的生产与运营真正成为独立而庞大的产业类别——数字技术让内容生产变得集约化、社会化、平台化，每个人都可以称为生产者，生产技能和效率也大幅提升，内容生产呈现出几何级增长的状态。"[1]

由于内容产业跳出了媒介本身的壁垒，在最大限度上实现了融合发展，

---

[1] 刘珊，黄升民.再论内容产业：趋势与突破[J].现代传播（中国传媒大学学报），2017（5）：1-5.

并成为新媒体产业的核心,因此也以最快的速度吸引了各种力量和资本的进入。所以,诸如电视剧、电影、节目、新闻、阅读、音乐、游戏、动漫、体育等,这些媒体内容产业的基本类别会形成互为独立但又彼此联系的产业链条,也会形成与之相匹配的产业规则与盈利模式。然而不管是哪个细分领域,其总体的趋向是统一的,即规模化与融合化。在这个过程中,进入媒体产业的机构越来越多元、丰富,影响媒体产业发展规模和方向的元素也在逐步增加,在这样一个全面市场化的产业中,媒体机构的产业化道路无疑有了更加丰富的可选项。

这种全产业融合发展助推产业化的典型案例就是我国近年来大热的"IP"概念。在 IP 筛选、商业定位、跨媒介互动设计、长期运营的运作流程中,几乎各类细分行业都可以参与进来,上文提及的阅读、音乐、游戏、影视剧、动漫等产业都被同一 IP 捆绑在一起,媒介产业也因而以内容为核心成为大文化产业的重要组成。跨界融合发展正是我国媒介产业拓展生存发展空间的重要途径。

(三)再次明确业务"剥离"与资本"进入"的界限

在笔者讨论媒介产业化问题的过程中,如何协调政治属性和经济属性是最初也是最重要的起点之一。上文也已经提到,资本正是媒介产业化道路中的核心推动力之一。《媒介》杂志在创刊之后的十六年里始终关注着传媒与资本的博弈发展。笔者认为,媒体当然要进入市场,当然要借助资本的力量,但是如何进入,如何借助,如何判定可经营性资源,如何将其有效剥离,这些问题在今天仍然重要。笔者在剖析媒体与资本博弈的论文《管控与融合:中国媒体与资本在博弈中探索前行》中明确了资本运用的四个"有别",这也是媒介产业化过程中需要始终谨慎对待的问题。

一是经营和公益有别。我国的媒体和国外纯粹资本化运营的媒体不同,它兼具商品、政治、公益等多重属性。因此,资本在进入之初首先要将可经营性的业务和公益性的业务理清,经营性的业务可以上市,但是新闻性内容和公共服务性的内容则不容侵犯。二是资本有别。我国的媒体对待各类资本的态度和方式方法是存在差异的,国有文化资本、国有其他资本、社会民营资本和外资在媒介领域的进入权限也是不同的。这种差异性的存在,界限的存在,游戏规则的设计,资本持有者从盈利的角度出发已经有了清晰的认知,而媒体机构的运营方、管理方同样也应该有充分的认知。三是核心和外围有别。在我国文化传媒业的各个子行业中,也有核心行业和外围行业之分。通常偏文化消费的行业可以理解为外围行业,而偏意识形态的行业可以视为核心行业。从资本运作上来说,外围相对宽松,核心必须严控,这是不可动摇的事实。四是中央和地方有别。我国传媒条块分割的现状给传媒资本运营带来了诸多障碍,中央和地方有差异,不仅是财政支持、市场空间的差异,对待资本的态度也有差异。随着大国崛起,我国政治、经济影响力提升,现在走到了推动文化产业发展、文化崛起的关键路口,这时需要中央级大媒体的保驾护航,而中央级大媒体与国际媒体相比,仍有做大做强的需求,所以,必须进一步推动其市场化,引入更多的资本做强自己,参与国际传媒领域的竞争。①

笔者将媒介产业化的过程判断为传媒、资本、政策三方的博弈过程,是在三方利益最大化的前提之下保持的一种相对波动前行路线。因此,在现阶段的媒介产业化道路中充分理解资本的工具性与资本本身的中立性,是传媒类学者、传媒机构、相关主管部门都必须明确的基本认知。

三、为我国媒介产业化寻找新的抓手和高地

那么,再次回应开头所提到的问题,我国媒介产业化的发展是否与二十年前有了不同,下一步需要怎样的抓手?笔者在二十年前已经提到,媒介产业化是为了适应大市场、大资本,成为大媒体,能够参与国际化的竞争。在2016年到2017年的《媒介》封面主题中,笔者涉及了两个关键词,一为内容

---

① 黄升民,刘珊.管控与融合:中国媒体与资本在博弈中探索前行[J].现代传播(中国传媒大学学报),2016(11):1-4.

产业，二为国际化。内容产业之于媒体产业的重要性前文已经做了相应论述，国际化则是从"引进来"到"走出去"的持续性承接——这两点应当成为媒介产业化的新抓手。

（一）从内容产业到内容银行

从 2009 年开始提出内容银行这一概念到今天开始落地开花，笔者探讨内容银行理论的初衷就在于内容产业交易的必要性和风险性同在。内容产业化这个命题的核心在于内容成为可交易的商品，并且通过流通产生价值流动。一方面，内容领域的无限生产、无限传输与无限需求已经产生，内容专业化生产体系崩塌，每个人都可以成为生产者、传播者、消费者，内容的社会化、大规模生产已经是既成事实；同时传输管道资源变得无比丰裕又日益开放。在这样的环境中如果不能解决内容交易的问题，就会产生免费内容盛行、劣币驱逐良币、传输管道滥用等现象，对传播领域的生态环境造成巨大破坏。

另一方面，随着内容产业的不断发展，媒体环境的日益变化，围绕媒体内容的交易方式也发生改变，呈现出多样化的特点：传统广电的媒资管理模式、电视节和电影节模式得到保留；内容版权交易中心模式逐步兴起；互联网内容交易平台越来越多。在各种媒体内容交易模式并行、交易方式从线下变为线上的过程中，问题与缺陷也被暴露出来：封闭的交易模式在媒体融合时代显得效率不足，从线下延伸到线上是一种必然趋势；自产自销式的交易网站难以形成规模效应，真正的交易平台需要从封闭走向开放；在由粗放模式向精细化迈进的过程中，缺乏评估是当前内容交易市场最大的短板；一些平台虽然以在线交易为设立初衷，但交易功能却并不完善。基于内容产业的变化以及现有内容产业面临的问题，要想寻求突破口，必须对整个产业的运营模式进行根本性的改造。受到银行体系的启发，借鉴银行业的相关基本原理，笔者提出了以互联互通的内容交易为核心的"内容银行"的概念，并逐渐将这一概念进行实践，这正是笔者的理论突破与价值。

这个交易体系的核心在于解决三个方面的问题：

第一能够把内容产品（成品、半成品以及围绕着内容的各种需求）货币

化,使得海量的内容产品能够在不同场合做交易的时候以通用的货币单位来表示;第二能够支撑创作者(机构和个人)对内容的存储和取用,保障创作者的内容产品安全存放、自由取用;第三能够搭建交易平台,系统化管理所有内容产品的信息和需求渠道的信息,在数据化信息的支持下,构建交易平台,让买卖双方能够自由议价、安全支付、快捷流通,保障交易的完成。如此一来,内容交易就可以在公开透明的环境下大规模地展开,从而适应内容生产规模化的需求,提升内容产业的价值。①

(二)以国际化发展带动生存空间的增长

2017年,《媒介》杂志的年度核心论题就是国际化:一来是关注国际媒体的全球化发展,二来是探讨当下中国媒体的国际化战略。"走出去"并不是一个新话题,却又值得笔者一而再、再而三地讨论——当新的经济环境成形,新的传播体系稳定,新的"走出去"角色也会出现,新的"走出去"模式随之诞生,对于"走出去"的理解也自然出现了更新。到了今天,当互联网媒体已经在参与全球化竞争时,笔者认为媒介产业化的方向之一就应当是国际化。那么,这种国际化的发展和一直以来笔者所理解的"走出去"又有哪些不同? 在《条条大路通罗马》②这篇文章中,笔者将当下中国媒体机构的国际化发展策略细分为以下三种模式。

一是全球化思维,本土化操作。先进国家的企业和机构带着全球化的战略、眼光和理念,落地并进入相对落后的市场时,既要复制并植入自身的先进体系,也要照顾当地的市场生态、消费习惯与文化传承,去适应并改造这些相对落后的市场。回溯历史,宝洁、丰田、IBM、索尼等跨国公司在进入中国市场之初都屡屡使用过"全球化思维,本土化操作"的策略,且效果卓著。今天,中国企业在进入东南亚和非洲等相对落后的市场时同样采用了类似的策略,而媒体的"走出去"也完全可以借鉴这一模式。

---

① 周艳,龙思薇.内容银行:从学术概念、框架到产业实践——内容银行七年研究综述[J].现代传播(中国传媒大学学报),2016(3):113-117.
② 黄升民.条条大路通罗马[J].广告大观(媒介版),2017(7).

二是本土化思维，全球化操作。与前者正好相反，这往往是后进者的一种"国际化逆袭"。这是一种带有较强文化宣教目的的出海，向世界进行自我宣传与正名传播。中国在参与全球化发展与全球化竞争之时，亟须扭正西方世界的误解和谬论，亟须向其他国家展示实力与成绩，亟须以大国的姿态站上国际传播的舞台，所以，在国际化的布局之中，就有本土化的思维搭配全球化的操作。新华社、中央电视台、《人民日报》都是我国媒体机构"走出去"时秉承"本土化思维，全球化操作"模式的代表。

三是国际化思维和全球化操作。笔者认为，这是国际化传播经历了 1.0 和 2.0 时代之后的 3.0 阶段，也是当下所有传媒巨头进行国际化布局的主流模式。在我国，最典型的代表是 BAT 这样的机构——腾讯游戏、阿里云、百度工具，无一不是这样的操作模式。在这种模式中，媒体机构的战略布局、意识理念、操作手法都是全球化的：针对不同的市场，根据不同的产品和服务，媒体机构的海外布局出现了明显的差异性，是一种真正成熟的操作与理念。当然，除了市场竞争的压力和资本推动的作用之外，当下媒体机构"走出去"之所以能够采用这种模式的另一个重要原因在于，互联网进一步打破了世界的传播壁垒，语言、文化的交流也日益频繁，在年轻消费者群体中壁垒已经基本消失，进而支撑了这种国际化思维与全球化操作模式的可执行性。[①]

（三）接受媒介的"颠覆"，也抓住媒介的"重构"

现任中央政治局委员、国务院副总理、中央财经领导小组办公室主任刘鹤曾经明确地提出过："结构不合理和调整结构是任何经济的永恒主题。技术变化、需求偏好变化及体制的变化必须不断派生结构调整的要求，即使在后工业化经济体美国、日本及欧盟也都存在结构调整问题。"[②] 这一点反映在媒介产业上其实就是笔者所论证的博弈与调整始终进行。当我国媒介产业发展到全媒体融合阶段，笔者认为其功能和定位出现了"颠覆"与"重构"同时发

---

① 黄升民，谷虹. 数字媒体时代的平台建构与竞争 [J]. 现代传播（中国传媒大学学报），2009（5）：20-27.

② 刘鹤. 两次全球大危机的比较研究 [M]. 北京：中国经济出版社，2013.

生的新特征。媒介产业的从业者、管理者和研究者对于这种颠覆的接受和对于重构窗口的抓住是同样重要的两件事。这个观点并非新论，笔者在论及大数据如何重构营销体系时，对于消费者的碎片化与重聚的判断其实也是运用了一样的规律。① 在 2017 年 12 月刊的《媒介》中，笔者讨论的正是媒介功能的颠覆与重构问题。

先看颠覆。

在过往历史中，媒介是作为传输通路而存在的。数字技术的发展让传输通路的稀缺性不复存在，无数的信息平台兴起，任何人都可以便捷地接入其中，便捷地传递信息。一旦稀缺性被打破，管控也就难以维系，逐渐被平台化所取代。而一旦平台化颠覆了传输渠道的管控之后，由渠道所连接的两端：上游的内容和下游的受众，也必然随之被颠覆。

从传统媒介的功能划分来看，信源、信道和受众是三大核心。原本处在上游的产业是内容生产与集成方。彼时，内容的生产门槛很高，需要接受专业教育的精英人士来完成，内容编辑以把关人的身份，替全社会筛选信息。新媒体的出现改变了信息传播的方式，也就打破了媒介的功能划分。当渠道极度丰裕之后，信息内容的生产门槛史无前例地降低，人人都是生产者，内容的编辑功能也不复存在，每个人看到的都是个性化的内容。内容行业被彻底颠覆。与此同时，此前作为下游的受众是媒体内容的接收端，当信息按照自上而下的逻辑进行传播时，受众是被动接收的状态。然而今天的信息平台使得自下而上的信息传递成为常态，同时每个人的需求又都是离散的、碎片的，再也没有一种媒体包打天下的局面，信息传递变得无的放矢。"受众"这个概念被彻底颠覆，"用户"成为更容易被大家所接受的主流。

信源、信道和受众，媒体的三大支点都被瓦解与颠覆，媒体行业自然也就陷入一片混乱之中。身处其中的每种媒体都感受到了巨大的压力。一方面是传统媒体的普遍被"唱衰"：报业早已在隆冬之中，广播电视收入下滑，生

---

① 黄升民，刘珊．"大数据"背景下营销体系的解构与重构［J］.现代传播（中国传媒大学学报），2012（11）：13－20．

存压力巨大。有人寄希望于所谓的"新媒体",通过"媒体化"变现,但是,一旦依循原来的媒体的三个基本功能运营,收入触顶就是时间问题。另一方面,互联网新媒体的迭代速度也非常迅速,从桌面互联网到移动互联网,众多新媒体机构在这个发展过程中消亡或者被淘汰,昔日王者也可能成为被拍在沙滩上的前辈。新浪和搜狐的没落,跌出 BAT 之列的百度,在资本市场焦头烂额的乐视等,其实都是新媒体生存维艰的典型案例。所以,在"颠覆"流行的同时,"重构"也在悄然上演。

再看重构。

第一个重构是指平台的隐形管控。寄生性、开放性和无主体性使得互联网成为最大的平台——一个联结着无限信息生产和无限信息需求的最有效率的交互空间。而依托互联网的企业也是大多采取这种平台模式发展起来的。但是,完全离散的平台让人无所适从,也无法产生良好的经营效益,因此,平台所有者开始不遗余力地重构平台,依靠数据和操作系统实现新的管控。大数据的核心要义是对信息的重新聚合与管理,平台可以通过对大数据的分析处理把信息聚拢在某个点上,从而实现对信息的有序有效控制。操作系统的秘诀在于控制信息从后台走向前台的连接和展示模式,进而掌控信息平台的主导权。PC 时代的微软、智能手机时代的 iOS 和安卓,都是通过操作系统掌控全行业的典范。今天,中国在智能电视行业力推 TVOS,看中的也正是操作系统所具有的控制权。

第二个重构是指内容的重新吸附。内容变得多样、离散之后,如何让内容触达有效用户就成为一个难题。互联网行业找到了个性化推荐内容这一解决方案,在大数据与智能化等技术运用的基础之上尝试用程序化的手段对内容进行生产、集成、分发和传播,典型代表如今日头条。但是,在经历初期的技术崇拜之后,人们很快发现,程序化的推荐存在机械偏差,也无法带给用户高质量的内容,更无法产生持久的经营价值。要想长久凝聚用户、提高变现能力,还得在内容源头上去寻获可以"吸睛"的故事,可以延展的"IP"。因此,互联网巨头在近年来纷纷斥巨资打造自身的原创内容实力,这正是将媒体化视为其产业化道路重要方向的表征。

第三个重构是指用户的重新聚拢。对于媒体经营者和广告主来说,过于碎片化的用户是没有价值的,如何把用户重新聚拢起来?"圈层"成为解决方案。从物理层面来看,圈层是地理位置相同或接近的人群,这些人群会在一定程度上具有相似的生活需求。近年来分众媒体的成功正验证了其"生活圈层"打造的成功。从精神层面来看,圈层是指具有相同和相似兴趣爱好、价值观念的人群。从各类社交媒体中划分的粉丝群、贴吧、小组等,其实都是这些群体的集合。通过情感,通过偶像,通过价值观,离散的用户实现了另一种方式的重聚。

这种颠覆与重构,其实也是对当下媒介"产业"的重新解读。一方面,在这个颠覆与重构的过程中,传统媒体机构通过"产业化"的方式进入全新的产业市场,而数字媒体则通过"媒体化"的过程加持自身的产业状态,殊途同归、同场较量。另一方面,大数据、人工智能会成为这个过程中日益重要的技术工具,同时也在重塑着"产业化"的道路。至于究竟重塑方式如何、效果怎样,也将是笔者今后持续关注的话题。

结语:媒介产业化进入下半场

伴随中国改革开放,中国的媒介经营已经走过四十年的历程。在这四十年的历程中,第一个二十年是欣欣向荣求生存的二十年,第二个二十年则是波澜壮阔谋发展的二十年,也正是笔者提出"媒介产业化"概念的二十年。在这二十年里,各方力量轮番登场,相互间的博弈、竞争达到空前激烈的状态。笔者之所以提出"媒介产业化"这个概念并不断延伸,无非是希望中国的传媒业顺应中国改革开放的潮流,应对环境的变化,解答媒介机构如何生存发展,如何做大做强等问题。今天,走过四十年的发展,笔者发现其实种种问题又回归到了媒介产业化的原点,产业化发展进入了"下半场"。

首先,生存的问题再次被摆在了台面上。1996 年笔者提出"媒介产业化"概念的时候,是当时以广电、报刊为核心的我国媒介产业走过第一个二十年获得生存根基的时代节点,面对逐渐复杂和多元的市场环境,进入求强求大的发展阶段。当下,媒体环境的复杂程度和竞争的激烈程度更胜以往,技术的融合与迅猛发展带来了媒介产品的融合、生产方式的融合、传播方式的融合,也因而带来制度融合、文化融合的需求。正如前文所述,全面融合的媒介环境颠覆了传统的媒介作业方式。新媒体生来即有融合的基因,在当前的环境中游刃有余,而广电、报刊这样的传统媒体则面临着极大的生存挑战。由此,笔者认为媒介产业化道路回到原点,而且,环境更加严峻。

第二,经营仍然是生存发展的关键。我国的媒介产业一直以来都在政治和经济的博弈中生存,妥协在所难免,但是极端化的选择是需要避免的。一方面,如果新闻媒体机构由于生存困难就选择放弃经营,倒退成为依赖财政拨款生存的"机关媒体",那么,这些媒体机构的经营能力会迅速退化,只能"生存",而无从"发展",也妄论"强大"。另一方面,新兴媒体本身带有市场基因,如果任由资本操控,违背中国媒介产业双重属性的发展基准,同样会失去经营空间。因此,要不要坚定媒体的经营属性,以及如何在融合环境中健康、有序地经营,仍然是摆在中国媒体机构面前的关键问题。

第三,机制体制顶层设计缺失的问题仍然没有得到良好的解决。正因为我国媒介产业有事业和产业双重属性,所以笔者无法照搬国际媒体机构的生存发展模式,所谓的"先进经验"也并不一定能够适合中国媒介产业和媒体机构的需求。在四十年的发展周期中,笔者借鉴过诸多海外经验,例如网络融合、集团化、中央厨房,事实已经告诉笔者,概念上的粗放借鉴是不可能在中国特色市场中落地生根的。所有行之有效的发展模式,都必须结合自身的发展需求和市场特色来设计。从这个角度而言,缺乏系统化、体系化的体制机制、发展模式设计将会在很大程度上限制我国媒介产业的发展。

适应环境的生存问题、经营问题和制度设计等问题,都是属于议论多年的老问题。这些问题带入新的时代环境,构成了媒介产业的下半场。这个下半场的时间会是二十年还是四十年?

暂时无解。

融合媒体演进的四条路径*

媒体演进（media evolution），又可以称为媒体演化、媒体进化，是媒体为了增强环境适应性和媒体系统稳定性，通过对技术、内容、渠道、产品、平台、人才等媒体资源的优化配置重构运营模式，实现媒体从低级到高级、从无序到有序发展的不可逆过程。因此，媒体演进的趋势也被理解为资源不断优化的过程[①]。传统意义上，不同媒体的演进由于其所掌握的媒体资源不同而拥有不同的路径，但是随着1994年互联网接入中国，不同媒体之间泾渭分明的界限被打破，各种媒体资源开始走向融合，塑造出新的融合媒体形态。在这种情况下，国内媒体演进的路径发生了怎样的变化？未来的媒体将是何种形态？这是本文将要回应的问题。

一、融合媒体重构媒体演进路径

互联网和数字技术的普及，促使国内媒体资源的量级和分配机制发生变化，颠覆了传统媒体主导的媒体格局，重构了媒体的演进路径。

（一）互联网驱动融合媒体的建设

互联网的普及，打破了原有传播渠道的稀缺性，驱动信息传播向线上迁

---

* 本文原载于《中国广播》2022年第2期，与刘晓合作，收入本书时有改动。
① 郑恩，林大力. 原则·理论·趋势：研究媒介进化的断面理论［J］. 重庆工商大学学报（社会科学版），2009（4）：140-144.

移。互联网将"一切媒介作为自身的内容,成为一切媒介的媒介"[1],整合了所有媒体的功能特征,构建了媒体运营的底层体系。由此,媒体格局开始从传统媒体条块分割、各司其职的封闭场域中脱离出来。曾经认为划定的、用以界定某一特定产品和服务市场的边界变得越来越不清晰,报纸、电视和通信行业的划分正在逐渐失去意义[2]。这种变化体现在多个方面。

一是媒体功能的整合与延展。传统意义上的媒体,围绕报刊、广播或电视等媒介各司其职,具有单一的媒体功能。随着互联网普及、政策准入和媒体产业化的推进,各种媒体功能基于单一机构实体实现了整合,支持媒体对全媒体传播渠道的建设。与此同时,互联网的开放共享性赋予媒体连接更多社会、产业资源的机会,驱动媒体开辟新的业务场景、重构运营机制、对接其他产业领域,以信息传播为核心构建起"媒体+"模式,成为综合性的信息传播服务实体。

二是市场关系的调整与重塑。国内媒体在互联网环境下构建了新的市场关系结构和利益分配模式。首先,用户关系从单向规模式触达走向多向精准化互动,信息生产、传播、变现向用户倾斜,颠覆了传统的信息链条。其次,产业关系逐步走向开放、共享、共赢,建立起政策和市场双重资源调配机制,重塑了传统的产业链条。

三是媒体范围的拓展与泛化。作为市场经营实体,媒体的范围已经不局限于传统媒体,拥有数字技术优势的互联网企业、通信运营商甚至终端厂商都在布局媒体业务,并在争议声中被囊括进"新兴媒体"的范围,与传统媒体并存。

由此来看,媒体的内涵和外延均在发生变化。在互联网和数字技术的支持下,资源壁垒被打破,各种媒体资源调整、重组,正在孕育具备全媒体渠道、多业务功能、跨产业链条等特点的新的媒体系统结构,我们姑且称之为融合媒体。

---

[1] 徐立军,王玉飞. 2018年中国传媒的基本面与机会点 [J]. 现代传播(中国传媒大学学报),2018(1): 17–21.

[2] 道尔. 理解传媒经济学: 第二版 [M]. 黄淼, 董鸿英, 译. 北京: 清华大学出版社, 2018: 19.

（二）媒体从动态线性式演进走向数字融合式演进

融合媒体的建设让国内媒体演进路径"另起一行"，进入新的阶段。以往，媒体演进基于技术革新媒体形态的视角，沿着时间轴顺序脉络呈现出报纸、广播、电视、互联网等媒体的"顺序—线性"演进路径。这种演进路径符合美国媒介理论家保罗·莱文森提出的补偿性媒介理论，呈现出新旧媒体的功能互补与替代趋势。而随着不同形态媒体之间的壁垒被打破，各种媒体资源走向汇聚，融合媒体开始建立，以媒体形态为核心的纯粹的动态线性式演进已经成为过去，我们必须摒弃基于中心、边缘、层次和线性等思想的概念体系，取而代之的是多线性、点状、连接、网络的范式。①

那么，如何重新审视国内媒体的演进路径？首先要明确的是，融合媒体的建设不再以媒体形态为核心呈水平线性延展，而是将各种媒体资源汇聚于数字融合系统中重构其配置链条，以支持其全媒体、跨产业等业务、经营、管理等机制顺利运行，由此推动了媒体一体化趋势。这促使媒体演进路径不再以横向媒体形态变化为核心，而是注重调整垂直纵向的媒体资源优化配置机制，强调数字融合系统整体的革新升级。

因此，新的媒体演进阶段，基于互联网和数字技术驱动下的融合媒体建设需求，国内媒体怎样重新构建媒体资源流动链条，又是如何优化媒体资源配置机制的？我们认为，以数字技术为起点，国内媒体在落实资源数字化、建设融合媒体过程中，逐渐形成了四条环环相扣、尤为关键的媒体演进路径，分别是数据化、融合化、平台化和智能化。这四条路径可以揭示国内融合媒体建设的本质规律，并为探索国内媒体未来演进趋势提供线索。我们将在下文对这四条路径展开具体探讨。

二、路径之一：数据化

互联网和数字技术的普及，将真实的物理世界解构为以"1"与"0"为

---

① SCOLARI. Media evolution [M]. Buenos Aires: La Marca Editora, 2020: 2.

核心的比特结构，重构了现实世界中媒体资源的表达方式。由此，数据成为基础资源形态，支撑着媒体数据化演进。

（一）数据的属性转换与媒体数据化

数据之所以能够成为媒体资源的基础表达方式，与其属性从数值向比特的转换有密切关联。传统意义上，数据是经过人类的统计活动获得的，体现出数字、数值的大小和可算性，是一种数值数据，发挥着测量价值。而数字技术赋予了数据新的价值内涵，其基于采样定理将物理世界多元复杂的信息转化为二进制比特代码，脱离了单纯的数值的限制。由此，数据就成为信息的物理符号和介质，是虚拟世界"复刻"现实世界的关键一环，自动承担着信息记录功能。经由数字技术，现实世界的各项资源均可实现比特数据化转换，在虚拟世界储存为数字信息。由此，在数字技术赋能下，各种媒体资源通过比特数据结构的排列组合形成文字、图片、视频等，流动于数字体系之内，将原本传统的IT成本中心转换为价值中心，构成媒体数字化的内在本质。

（二）媒体数字基础设施升级，强化数据量级和流速

互联网和数字技术的崛起，驱动了媒体从数字化迈向数据化。其中首要一步就是，媒体要基于数字基础设施获取规模化数据。国内媒体拥有了充足的数据化演进外部环境，可以实现规模化数据的获取与流动。同时，媒体也对内部数据存储、处理体系进行了调整与升级。一方面进行了底层数据技术体系的"中台化"与"云化"，另一方面不断优化从无序到有序的数据逻辑建设。通过高质量的数据清洗和细颗粒度的数据标签化处理，媒体逐步实现同源数据关联性匹配，形成了媒体运营管理的大数据基础。

（三）从辅助工具到价值资产的数据应用调整

一直以来，数据会通过数值大小变化以可视化量表的形式辅助媒体从业人员，帮助其进行决策。而随着数据的属性转换为比特，各种媒体资源解构

为数据进行流通，媒体所拥有的数据规模、结构、类型发生了巨大变化，全面渗透至媒体运作过程中。国内媒体通过数字基础设施的建设与升级，实现了海量且实时的比特数据积累，并将这些数据应用至媒体内容、经营、管理的各个环节，辅助高效、精准决策。例如，媒体可以通过市场内容热度、用户偏好等大数据表现进行选题决策等。在这个过程中，媒体掌握的数据规模越大、数据颗粒度越细，就越能通过数据表现获取更为精准的决策支持。

而当媒体所掌握的数据规模达到一定量级时，数据就不再仅仅是辅助决策的量化工具，而是可以实现流通和交易的价值资产，成为媒体拥有或控制、能给组织及公司带来未来经济利益的数据资源。[①] 这是数据的比特属性带来的最为重要的应用改变。在媒体演进过程中，曾重视媒体资产管理系统的建设，重视内容资料的存储和二次利用、交易，实现内容资产化。在数字技术支持下，媒体内容资源通过标签化，被解构为数据，进行存储、交易，这体现出数据资产化的过程。同样，用户、广告、渠道等媒体资源均可以被解构为比特数据，成为媒体的价值资产。在此基础上，媒体逐渐挖掘数据的商业价值，最为直接的表现方式是开发出各种数据产品对外出售。例如：人民日报社推出了大数据舆情系统、互联网热点聚合系统等大数据产品，将数据打包，进行产品化，输出大数据的价值。由此，数据成为可流动的媒体资产。

三、路径之二：融合化

在数字技术支持下，各种媒体资源以比特数据为基本单元，拥有了统一的表达方式，原本泾渭分明的媒体资源界限开始实现交叉重叠，这带来了媒体融合化的趋势，形成了媒体演进的第二条路径。

（一）媒体融合：从简单传播活动到复杂媒体实践

媒体融合，可以界定为数字技术驱动下各种媒体资源整合重组、实现一

---

① 康旗，韩勇，陈文静，等.大数据资产化［J］.信息通信技术，2015（6）：29–35.

体化的过程。这个过程以传播表象的融合为起点，引发一系列的媒体实践变革。我们认为，有五个融合层次尤为关键：一是传播技术的融合，由此实现传播形态的融合；二是业务融合，在技术融合支持下，媒体对内容、经营等业务资源进行融合式运作；三是组织融合，为配合业务融合进行人员、部门甚至机构等层面的调整；四是产业融合，即在业务和组织融合基础上受到规模经济和范围经济的影响，向其他产业拓展来丰富媒体功能；五是文化制度融合，即建设适配媒体融合实践的新的管理、文化制度。由此，媒体融合的概念范围不断拓展，且不同层次的融合互相影响，促进各种媒体资源实现一体化整合。

（二）从技术到制度的媒体融合纵深化发展

一般认为，国内的媒体融合开始于传统媒体的上网潮。互联网和数字技术革新了信息传播方式，催生出新的信息传播渠道。为拓宽信息传播范围，国内媒体开始脱离单一业务体系局限，强调数字电视、IPTV（交互式网络电视）、网站等全媒体渠道布局，并重视入驻微博、微信等新媒体平台，传播各式各样的融合信息。为强化多元且碎片化的媒体业务分支之间的关联性、实现降本提效的媒体运营目的，媒体还开始强调对内容、经营等媒体资源的整合化运营，并由此推动各个层面的融合。

具体来看，从 2008 年以烟台日报传媒集团为试点研发的"全媒体数字采编发布系统"，到 2015 年人民日报社推出的"中央厨房"，国内媒体正在全面重构融媒体内容生产、分发流程。与此同时，以广告营销资源为核心的经营资源整合再包装也在持续落实中，腾讯、百度、字节跳动等新兴媒体业务运营者都建立了统一的广告经营管理系统，而诸如中央广播电视总台等主流媒体也推出了象舞广告营销平台等一站式服务平台，提供融合式的广告营销服务。在这种业务融合的趋势下，国内媒体革新了传统媒体单一的、分散的、缺乏灵活性的直线职能制组织结构。一方面进行了内部业务部门的交叉融合，推出"全媒体新闻中心""融媒体工作室"等新的组织形态；另一方面开始推动整体组织机制创新，通过资本运作成立融合性的新型机构，例如新华社与阿里巴巴公司合作成立的新华智云科技有限公司。与此同时，媒体领域的业务和组织层面的融合也纳入政务、电商等其他产业资源，形成了"媒体+"模式，在为媒体带来新的营收收入的同时，实现了产业融合。

媒体融合的边界不断拓展，紧接着就会形成产业政策和产业利益的碰撞、博弈，从游戏规则到法律制度，再到理念文化，在这个或短或长的过程中达到融合之后的新平衡。[①] 这就要求媒体管理者对相关管理、文化制度进行调整。媒体融合系列政策的推出说明，媒体融合将愈加纵深化。

四、路径之三：平台化

媒体在数字技术的支持下打破了原本媒体运营的封闭机制，汇聚各种媒体资源走向融合，模糊了媒体边界，促成了媒体资源无限丰裕的市场环境。对于媒体资源掌控者而言，这就产生了一个关键问题：如何实现丰裕媒体资源的承载、组织、管控，并促成其价值转换与实现。平台的出现与发展，正在逐渐解决这个问题，也催生了媒体演进的第三条路径，即平台化。

（一）平台的关键要素与媒体平台化

信息时代，平台被视为一种技术概念，是承载比特数据的技术系统，采用分布式网络结构，实现海量网络节点之间的信息共享。因此，平台本质上就是一种实现双方（或多方）主体互融互通的"通用介质"（标准、技术、载体、空间等），它能够实现需求力规模经济和供给力规模经济的对接。[②] 在这种运行规律下，平台有四个关键要素：一是或现实或虚拟的平台架构，可能是某种空间场所、技术体系、终端界面等，提供交互空间；二是平台节点，也被称作海量端点、双边或多边市场等，由供应方和需求方双重身份组成；三是价值单元，也就是平台上流动的各种资源，支持平台功能的实现；四是交互规

---

① 刘珊，黄升民. 解读中国式媒体融合［J］. 现代传播（中国传媒大学学报），2015（7）：1-5.
② 黄升民，谷虹. 数字媒体时代的平台建构与竞争［J］. 现代传播（中国传媒大学学报），2009（5）：20-27.

则，是构建、规范平台与平台使用者关系、平台使用者之间关系的基础，是平台得以顺利运行的核心。这四大要素支撑平台进行资源的汇聚与交互。

21 世纪初期，平台的概念开始在媒体行业中广泛应用。互联网的普及带来了媒体资源的无限丰裕、碎片化和广泛融合。对此，媒体开始通过平台化的思维模式，建设并运营为媒体资源供需双方交换互动提供基础环境、运行规则的平台架构，重塑媒体资源的汇聚、管控和流通交互机制。由此，被解构为比特数据的各种媒体资源被承载于平台架构之上，实现了融合、共享、交互，推动了平台"系统性工具—聚合机制—管控机制"的价值演变，驱动媒体走向平台化。其中，有两个环节颇为关键：一是连接机制的建立，二是交互规则的重塑。

（二）多层级媒体平台架构实现海量节点连接

媒体平台化演进过程中，首先解决的是在海量媒体资源之间建立连接机制的问题。实际上，由于国内媒体持续推动从技术到制度各个层面的融合化，驱动承载各种融合资源的平台逐渐成为媒体运营各环节的基础设施。结合不同平台架构的基础性、通用性、具体功能等，媒体演进过程中逐渐形成了五类相互关联的平台架构：一是基础网络平台，支持媒体资源的网络传输；二是基础技术平台，提供网络基础上的技术服务，例如大数据技术平台；三是业务系统性工具平台，基于基础网络和技术平台，为媒体业务运行提供具体技术支持，比如内容生产分发平台、广告营销平台等；四是业务应用性产品平台，包括应用性软件和承载软件的终端硬件，聚焦于具体的业务应用场景；五是平台型组织管理架构，为其他各类平台架构提供组织管理支持。

不同平台架构之间通过内部开放接口、注册账号的方式对接海量平台节点，实现了各种媒体资源的共享互通。在这个过程中，根据平台的开放程度和不同平台节点的属性，国内媒体的平台化分为了内外两个方向：一方面，媒体以底层网络和技术平台为起点，将内部各部门、人员视为平台节点，将不同业务线、管理线的媒体资源解构为比特数据后进行整合，打破内部资源流通壁垒，实现内部的网络化连接；另一方面，将封闭的平台架构进行开放，对接外部其他产业主体甚至用户节点,汇聚外部资源。例如:中央广播电视总台旗下的央视频以及字节跳动旗下的抖音等,通过账号体系赋能内容创作者,获取了大量外部信息资源,丰富自身平台的内容生态。可以说,通过多层级的媒体平台架构,国内媒体实现了海量节点的连接,汇聚了丰裕的媒体资源。

(三)以匹配机制和利益机制为核心重塑交互规则

平台的功能,除了构建连接机制外,还需要具备供需对接的交互规则。国内媒体演进过程中,有两种交互规则逐渐成为媒体平台实现资源流通、交互的关键。

首先是匹配机制。在聚焦海量媒体资源的基础上,媒体要做的是对资源进行加工、处理,然后进行供需匹配,这是媒体进行媒体资源组织管控的重要流程。在媒体演进过程中,随着平台开放度和媒体资源量级的提升,媒体的匹配机制发生了三次变革:一是媒体平台化初期,媒体方对媒体资源特别是内容资源进行人工编目,支持资源需求方进行"目录式搜索",比如早期的中央电视台音像资料馆就主要提供以数字编目为主的查询服务。二是随着资源量级的提升,基于资源标签化实现的关键词搜索的匹配机制开始发展,2009年百度公司推出的"框计算"是典型例证,并由此支持了搜索引擎的发展。三是实现用户标签与资源标签双向精准化匹配的推荐匹配机制开始迅速崛起,变革了传统的交互规则,这也是今日头条等内容开放平台具备颠覆性意义的本质所在。

其次是利益机制。平台作为供需交易的场所,本身就具备较强的经济属性,在平台与平台节点之间、平台节点与平台节点之间均存在一定的利益交互。在媒体演进过程中,这种利益机制发生了两个方面的变化:一方面是利益机制的丰富化。由于媒体在平台化过程中逐渐优化平台功能,在原本平台服务费的基础上,面向资源供应方增添了各种层面的收益分成,面向需求方新增了会员费、直播打赏等利益输出机制。另一方面是利益机制的共享化。由于媒体平台开放程度逐渐提高,平台的利益机制也开始强化广告分成、流量分成、会员分成等利益共享机制，赋予了平台使用者更多利益获取空间。由此，媒体愈加重视平台化演进，从而支持其优化商业模式，提供媒体运营管理的经济支撑。

五、路径之四：智能化

海量媒体资源被数据化解构后，通过各种平台架构实现融合，并由平台重新组织管控和配置，这就要求媒体平台具备足够有效的海量资源优化配置利用手段。对此，人工智能的崛起提供了解决方案，其承载于媒体平台架构之上，以"数算力"为基础，替代人工成为核心的媒体资源配置机制，驱动媒体向智能化演进。

（一）媒体智能化的实现机制

"智能"一词本来是心理科学术语，后被应用至计算机科学领域，来形容计算机基于特定函数、算法进行计算，实现结果自动反馈的性能，这被称为人工智能。人工智能专家尼格尼维斯基将人工智能定义为："机器具有学习和理解事物、处理问题并作出决策的能力。"[1] 这说明，人工智能的最终目的是要模仿人类。人类智能的实现是以在实践、生活中所积累、记忆在大脑神经系统中的经验、知识为基础，对外部世界进行认知、理解，并对其作出适当反应。这意味着，人类掌握的经验、知识越丰富，其智能水平就会越高。同样，人工智能的实现也要以"经验""知识"为基础。该能力的实现主要依赖于机器学习机制，即机器通过海量数据训练优化程序的性能标准，形成基本的认知能力。因此，从"主体生成智能的共性机制"来看，智能的生成经过了"客体信息→感知信息→知识→智能策略→智能行为"几个过程，可以概括为感知、理解和决策三个阶段。[2]

---

[1] 尼格尼维斯基.人工智能：智能系统指南（原书第3版）[M].陈薇，等，译.北京：机械工业出版社，2012：1.

[2] 钟义信.机制主义人工智能理论：一种通用的人工智能理论[J].智能系统学报,2018(1):2-18.

对媒体演进而言，媒体智能化将媒体视为机器智能的实现主体，是媒体在智能技术支持下，逐渐具备类似于人类的感知、学习和理解事物、处理问题并作出判断及对策的能力的过程。在数字技术支持下，媒体资源以比特数据为单元走向融合，承载于媒体平台之上。媒体通过人工智能技术对这些媒体资源进行深层分析、理解，并进行优化配置，实现媒体功能的升华，这是媒体智能化的本质。这意味着，媒体智能化不能局限于技术工具论视角，满足于零碎、单纯的智能技术应用，而应考虑到从底层网络、技术到表层业务应用的全面智能化，建设成为真正的智能媒体。

（二）搭建媒体感知系统增强媒体有效数据化

媒体实现智能化演进，首先要具备智能技术能力。有技术、资本实力的媒体开始进入AI（人工智能）赛道，投资实验室建设、加大人才培养和AI开源，增强智能技术研发能力和应用能力。同时，在数据量级和计算能力逐步提升、算法模型持续优化的基础上，媒体将零散的"数算力"进行整合，搭建统一的智能引擎，对接媒体各层面平台架构，推进媒体全面智能化。例如：央视网筹建AI中台、百度推出了百度大脑、阿里巴巴推出了飞天AI平台等。在此基础上，国内媒体可以基于智能技术进行各层级平台架构的改造升级，通过生物特征识别输入系统、视觉识别系统等，建设其机器感知（Machine Cognition）能力。

从技术实现的角度来看，这种媒体机器感知能力的优化和提升，依赖于机器经过对大量数据集的有监督学习或无监督学习训练，逐渐降低训练误差，提升算法效果。[1]

（三）算法逻辑沉淀理解能力实现精准化高效决策

通过机器感知系统，媒体开始具备了听觉、视觉、触觉等感知能力，并

---

[1] 古德费洛, 本吉奥, 库维尔. 深度学习[M]. 赵申剑, 等, 译. 北京：人民邮电出版社, 2017：63–70.

增强了媒体数据规模和结构，基于此，开始通过算法逻辑构建离散数据之间的关联，实现从数据到知识的转换，增强媒体理解能力，从感知智能向认知智能演进。而随着媒体智能化程度升级，在海量数据规模和深层理解能力基础上，媒体开始寻求知识图谱的建设，从数理逻辑向知识逻辑调整，真正构建媒体的"知识大脑"，形成其媒体理解能力的核心引擎。

在此基础上，媒体对不同数据类型、不同实体的关联性理解匹配，成为其解决问题、实现决策的前提。例如在不同算法模型的支持下，内容与用户数据的关联性得以建立，帮助媒体解决"用户喜欢什么样的内容"这一问题，而不同内容数据的匹配，可以支持不同内容形态的相互转换。由此，媒体构建"机器思维"，在数据关联性构建中，进行资源的优化配置，作出判断，实现智能决策。在媒体演进过程中，媒体的智能决策机制已经在各种具体的业务、管理执行场景中有所体现。例如：以新华社"媒体大脑"为代表媒体内容业务可以实现"策、采、编、审、发、呈现"的全链路智能化，体现机器决策的高效性和精准性。当然，目前的人工智能技术还存在有限性和缺陷性，媒体智能化的程度仍无法与复杂的人类高级别抽象思维相比拟，特别是媒体拥有引导舆论的特殊功能，其在人机协同过程中实现价值理性和工具理性的统一，还有很长的一段路要走。

六、融合媒体的未来：新型媒体

媒体演进沿着数据化、融合化、平台化、智能化四条关键路径发展，从媒体资源流动的全链条重构着媒体运营模式，展现出媒体从底层基础设施到中层各种资源的组合配置，再到表层媒体业务与管理运营的全面革新。在这种演进路径中，媒体的差异性被忽视，而媒体的资源配置方式备受重视。这揭示着媒体演进的本质规律，并随着融合媒体建设的持续深入催生新的媒体形态，我们称之为新型媒体。

结合媒体演进的"四化"路径，我们认为新型媒体的基本结构主要包括以下内容（图1）：

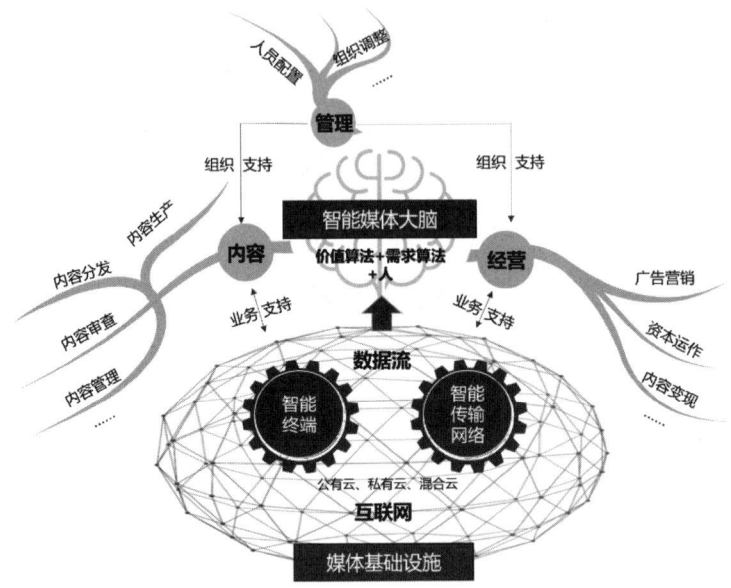

图 1　新型媒体的基本结构（拟）

一是媒体基础设施层，主要是在媒体数据化、融合化演进过程中形成的架构在互联网上的媒体智能传输网络、终端及在其中流动的数据，是新型媒体运营管理的底层支撑；二是媒体中枢决策层，可以称之为智能媒体大脑，是媒体智能化演进过程中构建感知、理解、决策能力的核心，通过"价值算法＋需求算法＋人"的人机协同体系，为媒体运营管理提供决策支撑；三是媒体业务场景层，由内容和经营两个部分组成，在媒体融合和平台化演进中实现整合统一，是媒体功能和竞争实力的具体体现；四是媒体组织管理层，为媒体的正常运营提供组织、人员、制度保障，并在媒体平台化演进中呈现出扁平化趋势，具有明显的平台型组织结构。

与此同时，四个关键组成部分之间形成相互支撑、依存的关系。其中，媒体基础设施层提供数据、网络等基础支撑，是其他三部分运行的底层基础。智能媒体大脑整合媒体技术和数据能力，为业务、管理层提供理解、决策支持。同时，媒体业务场景层与媒体基础设施层有效联结，通过与用户、客户、合作伙伴的接触、协作获取各种资源提供给智能媒体大脑。而媒体业务场景层和媒体组织管理层则涉及媒体的正常运行，管理层为业务层提供组织部门、人员配置支持等。可以说，融合媒体的建设，将会在"四化"路径的指引下持续优化媒体资源配置机制，建成新型媒体。这揭示了未来媒体的可能形态，为当下融合媒体建设提供了指引。

结　语

互联网革新了媒体传统的封闭式、线性演进路径，驱动媒体的融合建设。对此，我们提出了新型媒体的未来形态，脱离了传统媒体或新兴媒体的媒体类型限制，从以比特数据为基本单元的媒体资源流通、配置的角度解读媒体演进的未来形态。从主流媒体的实践来看，它们均在通过"四化"路径向新型主流媒体演进。

数字与智能

发展·冲突·创新[*]

——解析中国广电数字新媒体的发展演变

市场、技术、政策三者及其之间的博弈推进了我国广电数字新媒体的发展，在发展中各种矛盾的冲突演变成就了数字新媒体发展的现实状况。并且，正是这些冲突演变构成了产业政策不断调整的基础。

一、发展

自2007年以来我国广电媒体数字化发展速度更快、力度更强，整体战略布局也日渐清晰：优化数字化服务的传输通路，多元开拓基于家庭和个人的新媒体业务，深度延展区域广电数字版图，从而最终实现全部人口的数字化接收。

（一）数字新媒体的战略布局构架基本完成

经过多年探索，我国广电在数字新媒体领域的战略布局构架基本完成（如图1），其核心特点有二：

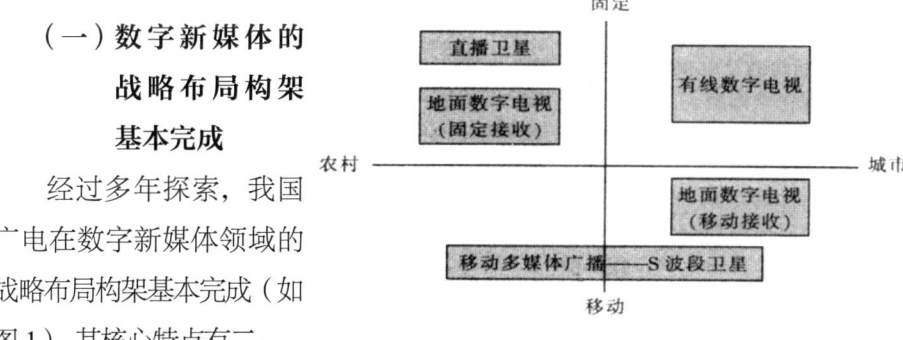

图1 中国广电在数字新媒体领域的战略布局图

---

[*] 本文原载于《现代传播（中国传媒大学学报）》2008年第5期，与周艳、王薇合作，收入本书时有改动。

1. 多种数字新媒体形态的数字化

广电正在构架一个多种形态的发展蓝图,包括数字电视、直播卫星、移动电视、移动多媒体广播(CMMB)、IPTV 和 DAB/DMB 数字广播业务等多种数字新媒体形态的综合发展。

2. 涵盖所有人群的数字化

以涵盖所有人群的数字化和以家庭为核心的信息化为目标,实现广电从模拟到数字的全面转型。在城市,通过有线电视实现固定家庭用户的数字化,通过地面移动电视和移动多媒体广播实现移动人群的数字化;在农村,通过地面数字电视实现固定家庭用户的数字化,通过移动多媒体广播实现移动人群的数字化。由此实现所有人口、所有状态下,广电的全面数字化。

(二)广电数字新媒体发展现状

1. 有线数字电视

自 2001 年广电布局有线网络的数字电视技术试验开始,有线的数字化就已经初露端倪,2003 年被国家广电总局确定为"网络发展年"和"广播发展年"。在这一年,我国启动了有线电视数字化试点工作,之后由于逐步确定了"四大平台[①]"和"整体转换[②]"的战略,有线数字电视开始进入较快的发展阶段。

至 2007 年底,我国有线数字电视用户数超过 2500 万户,已经有 60 多个城市完成了整体转换,有线数字化势不可挡。与此同时,有线数字化的发展方向也从单向转移到双向、互动、多功能上来,杭州、深圳、青岛等地的有线数字电视运营商已经开展了诸如 VOD、信息查询、在线游戏、远程教育等多种多样的增值业务,带来了新的经济增长点。付费频道数量越来越多,商业化运作程度有所提高。产业链中的各个环节开始了基于市场的自主联合。

---

① "四大平台"指的是节目平台、传输平台、服务平台和监管平台,它们共同构成了有线数字电视的完整体系。国家广电总局 2003 年 6 月颁布的《建立有线数字电视技术新体系的实施意见》对此有完整论述。

② "整体转换"指的是在同一时间内,统一完成一定范围内有线电视用户的数字化,是我国有线电视数字化的过渡办法。见国家广电总局 2003 年 5 月颁发的《我国有线电视向数字化过渡时间表》。

所有这一切都表明,我国有线数字电视发展的各方面条件均已具备,市场已经比较成熟。

2. 地面数字电视

地面数字电视有两种接收方式:移动接收和固定接收。

移动接收方式通常被称作"移动电视"。自从2002年上海开始启动移动电视运营以来,以广告经营为盈利模式的移动电视在全国遍地开花,各地广电机构纷纷开展移动电视业务,并且出现了全国性的以移动电视为平台的系统外运营公司,如江西巴士在线、厦门世通华纳、华视传媒等。

固定接收方式因为牵扯面广、影响大,国家的政策规划是以无偿提供义务性的公益服务为主,因此虽然在湖南株洲、上海崇明、河南安阳等地出现了一些技术和运营试验,符合国标的芯片、终端等设备也已经生产出来,但总体来看仍属于技术试验阶段。只有香港自2007年12月31日起开始全面应用,以及深圳、北京等地进行了高清地面数字电视的试播。

在这几年的地面数字电视发展历程中,传输国标的出台[①]可谓对整个产业影响最为深远的事件了。国标出台为地面数字电视的推进扫除了最大障碍,标志着我国的地面数字电视进入全新发展阶段。

3. 卫星数字电视

相比较于有线的蓬勃发展和地面无线的有序推进,卫星数字电视目前最大的应用仍然是在"村村通"工程上,其发展尚处在等待观望过程中,其中最大的等待就是直播卫星何时才能发射成功。

规划中的直播卫星将直接服务于国家广播电视"村村通"工程和广播电视卫星直播领域,一方面为实现广播电视全人口的数字化覆盖奠定基础,另一方面为广电数字新媒体多业务发展战略提供优质的传输通道保障。

2006年10月,我国首颗具有自主知识产权的大容量广播电视直播卫星"鑫诺二号"发射升空,但由于定点过程中出现技术故障,该卫星无法提供通信广播传输服务。2007年12月25日,中国直播卫星有限公司完成重组,正

---

① 黄升民,周艳,王薇,等.中国数字新媒体发展战略研究[M].北京:中国广播电视出版社,2008:9-10.

式挂牌成立,标志着中国卫星通信广播电视运营的"国家队"开始面向公众提供服务。此举可以看作中国直播卫星电视市场开始启动的一个信号。

2008年北京时间6月9日晚8时15分,中国在西昌卫星发射中心用"长征三号乙"运载火箭成功将"中星九号"广播电视直播卫星送入太空。本次广播电视直播卫星的成功发射,奠定了中国直播星业务市场启动的基础。

4. 移动多媒体广播

从技术角度来看,用手机等便携终端接收多媒体服务(即通常所说的"手机电视")有两种技术实现方式:一种是通信方式,利用移动通信技术,通过无线通信网(如3G、GPRS、CDMA 1X等)向手机点对点提供多媒体服务,由电信业主导;一种是广播方式,利用数字广播电视技术向手机、Pad、数码相机、笔记本电脑以及各种小屏幕终端提供广播电视节目,由广电系统主导,在中国被称作中国移动多媒体广播(China Mobile Multimedia Broadcasting,简称CMMB)[1]。

2006年10月24日,国家广电总局正式发布中国移动多媒体广播行业标准,结束了在标准领域与电信系统的争执。自此CMMB加快了发展步伐,在标准体系建立、关键技术研发、产业化推进、覆盖网络建设、业务需求开发等方面取得了重大进展。

标准体系方面,截至2008年4月,移动多媒体广播已经制定并颁布了信道、复用、电子业务指南、紧急广播、数据广播等五项行业标准[2],目前只剩下加密授权和终端方面的标准有待发布。

关键技术及其产业化推进方面,广电也在有条不紊地部署,从衡量一

---

[1] 黄升民,周艳,王薇,等.中国数字新媒体发展战略研究[M].北京:中国广播电视出版社,2008:195.

[2] 这五项标准分为是2006年10月24日颁布的GY/T220.1—2006《移动多媒体广播第1部分:广播信道编码、调制和帧结构》;2006年11月29日颁布的GY/T220.2—2006《移动多媒体广播第2部分:复用》;2007年8月10日颁布的GY/T220.3—2006《移动多媒体广播第3部分:电子业务指南》;2007年11月16日颁布的GY/T220.4—2006《移动多媒体广播第4部分:紧急广播》;2008年1月23日颁布的GY/T220.3—2006《移动多媒体广播第5部分:数据广播》,见国家广电总局网站。

个标准是否成熟的首枚 CMMB 标准信道解调芯片 IF101 的诞生[①]，到手机、MP3、MP4、USB 等接收终端的相继面世和大规模商用，目前，CMMB 已经形成了从发射机、复用器、核心调制电路等前端设备到手机、MP4、USB 等多样化的终端的完整产业链。

在技术产品开发的同时，广电也加快了覆盖网络的建设。自 2007 年 8 月以来，CMMB 已在北京、青岛、沈阳、上海、秦皇岛、天津等 6 个奥运城市和深圳、广州共 8 个城市开通了发射站，开展了地面网络覆盖工作。截至 2008 年年中，CMMB 已经实现在全国 37 个城市的覆盖[②]。

2007 年 5 月 29 日，CMMB 获得了原信息产业部划分的 2.5GHz 频段的 25M 带宽资源，业务系统开始进入实际规划阶段。2008 年 6 月 26 日，国家广电总局和北京奥组委在北京联合举办"国家广电总局向北京奥组委赠送移动多媒体广播（CMMB）接收终端仪式"，国家广电总局向北京奥组委赠送了 1000 台移动多媒体广播（CMMB）接收终端。这标志着 CMMB 正式开始为北京奥运会提供服务。

CMMB 规划的业务体系，包括基本视频服务和多媒体业务。基本视频服务预计可以收看 20 多套电视频道，用户只需支付较少费用；多媒体业务则包括紧急广播、电子业务指南，以及政务、新闻、天气、股市行情、交通路况、电子商务等信息服务，可进行个性化定制。

自 2007 年 6 月开始，CMMB 在网络实现覆盖的 37 个城市进行试播，试验城市的用户只要从市场上购买一个具有 CMMB 接收芯片的终端，就可以免费接收 7～8 套电视节目和 3～4 套广播节目，包括中央电视台第一套综合频道、第三套综艺频道、第五套体育频道、第九套英语频道和新闻频道、少

---

① 2007 年 3 月，由北京创毅视讯科技有限公司研发的 CMMB 关键芯片 IF101 面世，随后被广泛应用于手机、MP4、PMP、SD 卡接收器等接收终端中。该公司表示，2008 年预计将销售芯片 500 万枚左右。
② 2007 年底，国家广电总局启动了 CMMB 第二批 "27+2" 城市网络覆盖建设工作，其中 27 为除去奥运城市的全国其他部分直辖市、省会城市、计划单列市，2 为拉萨和贵阳，再加上已经建设的 8 个城市，总计 37 个城市。

儿频道、中央人民广播电台、中国国际广播电台的 2 套广播节目，以及本省、本市各 1 套广播和 1 套电视节目。除了基本服务外，CMMB 还将开辟政务信息、互动节目、信息服务、紧急广播、个人管理和服务奥运等频道。①

5. IPTV

IPTV 面向的是电视机用户，传播方式和运行模式与有线数字电视完全相同，只是传输的物理网络不同。目前主要方式是利用城市电信网构建内容的集成播出技术平台，向与 IP 机顶盒连接的电视机传输广播电视节目。特殊的技术平台和内容设置以及接收人群的个性化状况，使其在广电数字媒体布局中定位较为特殊，是区域性数字业务发展中满足个性化需求的一种手段。

截至 2007 年底，国家广电总局共向 4 家广电机构批准了 IPTV 的全国性运营牌照，分别是上海文广、央视国际网络、南方广播影视传媒集团和中国国际广播电台。获得牌照之后，各广电机构通过跟电信机构合作，开展 IPTV 业务。

截至 2007 年 11 月 30 日，我国 IPTV 用户为 114.2 万户，占有线数字电视的 1/20，但在全国发展不平衡。上海、浙江、河南和黑龙江四省市 IPTV 用户增长速度较快，占全国用户数量的 80.7%。其中，上海 IPTV 用户达到 24 万，居全国之冠，表 1 是 IPTV 用户分布情况。

目前国内成熟的 IPTV 业务主要包括直播、点播和时移。另外，江苏电信的"网络视讯"平台和广东电信的"我的 e 家"也是目前 IPTV 业务里发展成熟的模式。其中，"网络视讯"系统已经初步具备了视频监控、会议电视直播、卡拉 OK、互动游戏等多种业务能力；"我的 e 家"系统用户更是足不出户就可预订机票、酒店、鲜花、礼品等。

此外，IPTV 运营商还在积极开发多种业务模式，如电视购物、在线支付等。

---

① 马丽婕.借奥运之风，CMMB 破冰起航［J］.广告大观，2008-07：44-45.

表 1 2007 年国内 IPTV 用户分布[①]

地区	发展情况	用户数
黑龙江（网通）	2005 年 5 月商用，由哈尔滨扩展到全省	12 万
上海（电信）	2006 年 9 月正式商用	24 万
河南（网通）	在党建的基础上发展公众用户	20 万
杭州（华数＋小网通）	在数字电视基础上以有线＋宽带的方式发展互动电视用户，面向公众和酒店	25 万
安徽（电信）	党建用户及部分公众用户	3 万
广东（电信）	试商用用户	7.5 万
福建（电信）	试商用用户	10.5 万
浙江（电信）	试商用用户，酒店、行业量多	6.3 万
四川（电信）	电视上网	1 万
江苏（电信）	企业用户＋公众用户	3.5 万
云南、湖北、陕西、宁夏、沈阳等各地电信和网通（党建＋公众）		5 万
其他零散用户：（行业、酒店）		3 万
合计		120.8 万

6. DAB/DMB 数字广播业务

除电视之外，广播的数字化也是广电系统需要重点关注的问题。目前广播的数字化主要有 DAB 和 DMB 两种技术实现方式。DMB 是在 DAB 技术上的升级，除了支持音频业务之外，还可以支持视频和数据类业务，使得数字化的广播也成为一个集音频、视频、数据等于一体的移动多媒体综合业务平台。

从 20 世纪 90 年代初的规划，到国家广电总局开始规划建立 DAB 实验室，再到今天，我国广播的数字化历程已经有十多个年头。技术标准方面，2006 年 5 月 18 日，国家广电总局正式颁布了《30MHz—3000MHz 地面数字音频广播系统技术规范》行业标准，该标准适用于在 30MHz—3000MHz 频段内，向移动、便携和固定接收机传送高质量数字音频节目和数据业务，为

[①] 数据来源：数字电视中文网。

DAB 在我国的发展提供了有力保障。市场方面,"九五"期间,建成珠三角 DAB 先导网和京津塘 DAB 先导网,1999 年珠三角 DAB 先导网与欧共体合作开展 DMB 试验,截至 2007 年已经有上海、广州、北京、大连等地开始了 DAB/DMB 运营。

我国 DAB/DMB 在经历技术和政策准备之后,开始进入实质性运营阶段。国家广电总局即明确了 CMMB 和 DAB 的产业格局。两者的主要区别在于:一是规划的不同,DAB 主要用于声音广播的数字化,CMMB 在于多媒体业务的移动接收。二是运营的不同,包括频率的不同和全国与地方关系的考虑。CMMB 是全国一张网,采取统一运营;DAB 是本地运营,靠本地内容支持。作为对 CMMB 全国布局的补充和辅助,DAB/DMB 将以地方运营为主。

随着 DAB/DMB 业务的推进,广播将迎来新的发展机遇,彻底改变广播低效、过时的论调。

二、冲突

诚如上面两个问题所描述和展开的那样,正是在中国广电特殊的环境下,技术凸显非常明显,数字新媒体取得了很大发展,只是这个发展必然要跟市场磨合,也需要原有管理政策的调整。这个过程充满着各种各样的冲突,突出表现在主导权的冲突、市场行为与管理政策的冲突、技术标准的冲突、消费市场的冲突等,这些冲突的日益演变都将挑战广电现有的管理思维和管理体制。

这个部分我们就一些明显的冲突进行描述和分析。

(一)主导权的冲突

由于数字新媒体是以往所没有的全新体系,因此在某些方面与原有的管理体制和运营方式不相适应,在破旧立新的过程中各利益集团都希望由自己主导该行业的发展。谁取得了新媒体行业的主导权,谁就会在行业发展过程中取得最大化的利益,因此也就导致了主导权的冲突在数字新媒体发展过程中随处可见。一方面广电、电信等大部门之间会争夺行业的管理主导权,另一方面在广电行业内部各利益集团又在争夺对各种具体新媒体业务的运营主导权。

1. 行业监管主导权的冲突

数字新媒体行业管理主导权的冲突主要发生在广电和电信之间。在数字新媒体产生之前,广电和电信分属不同领域,没有交集也就不存在冲突。而数字技术逐渐模糊了媒体之间的界限,原本分属不同行业的媒体具有了共通性,不同传输介质可以传输相同内容,从而使得数字新媒体具有了跨媒体的特征。无论是广电还是电信的主管机构,都会涉及这种新媒体管制中的一部分,又都不能完全涵盖这种新媒体的所有内涵和外延,因此由谁来主导这个行业的管理就出现了争议。

以往的行业监管是按照机构和业务来监管的,如电视台、有线网属于广电部门监管,通信网和互联网属于通信部门监管,视频类业务属于广电行业监管,通话和网络接入服务属于电信部门监管。但是数字新媒体的业务中往往同时包含视频、通话和网络接入等多种业务类型,这就很难纳入以往的任何一个监管体系中。在对这些新媒体的行业监管方面,广电和电信就谁来主导这一问题发生了冲突,突出表现在 IPTV 和手机电视的发展中。

(1) IPTV 的主导权之争。IPTV 的接收终端是电视机,使用的网络是通信网,传输的内容是广播电视节目,按照传统的行业监管分工,网络监管属于通信机构,内容监管属于广电机构,所以在运营时传输和内容的统合中广电与电信出现主导权争议,而且这种争议还蔓延到两大阵营的内部,彼此互不相让。此类事件屡屡发生,例如福建泉州就曾经发生过广电机构叫停 IPTV 业务的事件[①]。缺乏统一的管理致使 IPTV 在发展中受到很大制约,目前只是国家广电总局开始颁发 IPTV 运营牌照,坚持自己在内容方面的监管权力;同时,电信网的运营还继续归属电信部门监管,但是双方的冲突一直没有得到解决。

---

① 邵芳卿. IPTV 泉州被阻事件调查:地方广电错位竞争阻碍共赢路 [N]. 第一财经日报,2006-04-05.

(2) 手机电视的主导权之争。手机电视方面的冲突更为严重。由于用手机接收视频内容的技术本身就有通信和广播两种方式,通信网和广播网均可实现信号传输,所传输的信号又同时包括视频、语音和数据三重服务,因此双方在手机电视的监管主导权方面更是竞争激烈。电信部门延续以往对手机监管的思路,认为由自己负责监管顺理成章,强调的监管重点在"手机";广电部门则认为接收终端可以多样化,手机不过是其中的一种形式,只要传输广播电视节目信号,就应该受到广电部门监管,强调的监管重点在"电视"。为了跟电信竞争主导权,国家广电总局发布了移动多媒体广播行业标准(CMMB),搭建了完整的CMMB技术和运营体系,使得广电系统完全具备了监管和经营手机电视的可能。与此同时,电信的基于3G技术标准的手机电视业务也开始推向市场,从而基本形成了当前的格局,即:广电总局行使CMMB的行业监管主导权,而电信部门行使通信类手机电视的行业监管主导权,同时所有以手机为终端的视频内容则都要受到国家广电总局的监管。

虽然如此,但随着两个模式在业务类型及消费群方面的竞争,或许相互之间的融合也会发生,比较可能的融合方式如:下传信号采用广播方式,而上传信号、实现互动利用通信方式,内容则打通上传和下传的界限。如果这种方式实现的话,当前貌似清晰的监管权限划分将再次面临现实冲突。

2. 运营机构主导权的冲突

(1) 中央与地方之间的冲突。数字新媒体的发展在不同级别广电机构之间也引发冲突。"四级办台"的政策虽然扩大了广电行业的规模,但同时也衍生出中央和地方两种势力。这两种势力在发展中一直在内容资源、经营资源、受众资源等方面存在难以回避的矛盾,矛盾的双方都在竭力优化自己的资源配置,从而形成了当今的中国媒体格局。进入数字化时代,新媒体的出现打破了传统广电行业的格局,给各级广电提供了一个利益重新分配、格局重新构建的可能,在这个过程中,不同级别广电机构之间的冲突在所难免。

在数字新媒体发展过程中,中央级广电一直试图通过优质内容直接控制各区域用户,以弥补自身在模拟时代不能直接面向用户的不足,从而主导新媒体行业的发展。为此中央级广电也积极尝试了各种可能,这一点在有线数字电视推广初期终端如何推广和内容加密方式等方面表现得最为突出①。

省级广电跟市级广电之间的冲突也随着数字新媒体的发展而进一步突显出来。以有线数字电视的发展历程为例，有线网自身从下而上的属性使得大多数的省级网络公司并不拥有用户，省网于是希望能够通过以省为单位的网络整合，实现对用户的控制，从而主导本省有线数字电视产业运营。但地市网络的发展并不平衡，有些经济条件优越、发展态势良好的市级网络就不会同意被整合，在这个过程中如何保障地市网络的利益就成为重要焦点问题，很多整合因此而陷入僵局，进而阻碍数字化进程。

除了有线数字电视之外，无线数字电视、卫星数字电视、IPTV、手机电视等新媒体形式都将面临类似的情景。其中，中央和地方、省级和地市级广电之间的利益分配是冲突的焦点，而且这种冲突还会随着这些新媒体日益发展、利益越来越显现而更加激烈。

（2）网、台之间的冲突。在不同级别广电发生冲突的同时，不同角色广电机构之间也存在明显冲突，网、台的冲突不仅表现在一种数字新媒体内部的角色地位、业务经营方面，甚至在每一种数字新媒体行业的发展中也会出现这样那样的矛盾。

在有线数字电视发展过程中，电视台和网络公司有矛盾，矛盾集中在由谁来主导有线数字电视发展。电视台希望通过内容来控制数字化发展，而网络公司则希望通过用户来控制，最终国家广电总局提出了"四大平台"的体系来平衡彼此之间的矛盾：电视台是节目平台，负责内容提供；地方网络公司是服务平台，负责面向用户的业务推广及运营。由此双方的角色地位得以确立。但是在数字电视业务运营的过程中，双方又发生了冲突，如付费频道、VOD等视频类业务的经营主导权问题，电视台提供内容参与到业务运营中，网络公司则提供传输网络来参与运营。在同时参与的情况下，谁是主导者？另外这些业务直接冲击了电视台的原有频道经营，电视台如果不能在业务经营中处于

---

① 陕西省网就是一个典型的例子。陕西省网最早于2003年就启动了网络整合，但是直到2007年才开始推广数字电视，而2003年启动数字电视整体转换的青岛、杭州等地早就已经完成了整体转换，开始大规模的增值业务运营了。

积极地位的话，就会反过来抵制这些业务的开展，导致网、台矛盾的继续。

在地面无线数字电视领域，广泛出现了对无线数字电视经营主导权的争夺，电视台、有线网、无线网、无线局都是这场冲突的参与者。因为无线网的覆盖人口要远远超过有线网，是当前我国用户数最多的网络，而且牵扯进来的角色更为复杂多样，冲突也就更为激烈。模拟无线电视中，传输网由专门的无线局负责监督、管理、使用，但有的地方无线局会委托给电视台经营，因为无线发射的主要使用者就是电视台；有的地方则会委托给有线网来负责，因为都是进行网络传输；有的地方则是无线局自己直接负责。这就使得数字化转换有多种力量角色参与，每种机构都有充足的理由来主导该行业发展。电视台因为错失了有线数字电视的主导权，因此更迫切地希望能够控制无线数字电视，为自己赢得市场；而有线网络公司也希望能够扩大覆盖面积，通过对无线网的控制来控制市场，同时也通过自己控制无线网来避免跟自身有线网经营的竞争与冲突；还有的地方在模拟网时代就已经存在独立的无线网运营机构，而这个机构顺理成章地希望能够由自己来负责数字无线网的运营。

（3）中央和地方、网和台的交叉冲突。在数字新媒体发展中，有的时候则出现中央和地方、网和台交叉冲突的现象，其根源还是在于对运营主导权的争夺。这一点在直播星和移动多媒体广播领域表现最为突出。

在直播星领域，行业主导权的冲突突出表现在对地面段运营主体资格的争夺上。空间段的主导权已经明确，属于卫星运营公司，但地面段的运营主体却迟迟不能确定。因为卫星是覆盖全国的，所以中央级广电希望能有一个全国统一的运营主体，由自己负责，如中数传媒；具体到地方，由于之前并不存在直播星相关业务运营机构，所以无论是电视台、有线网还是无线网，都没有直播星的运营经验，这是一个空白，充满变数。从当前态势来看，可能会成立独立的直播星运营机构，但这一机构不可能脱离广电系统，到底由哪一个广电机构来负责成立则是个问题，现在来看局势还很不明朗。

移动多媒体广播对广电系统来说是一个全新的产业，完全没有可参考的先例，更不知道由谁来主导了，于是各种力量角色再次进入角逐场，电视台、无线发射机构、有线网、卫星运营商都可能成为新的行业主导。从目前的规划态势来看，国家广电总局希望成立一个全国性的运营公司来全面负责移动多媒体广播的运营，地方广电作为分公司，实行统一标准、统一管理、统一经营，类似目前电信企业的运营机制[①]。但是这个全国性运营公司由谁来成立将成为下一个冲突焦点，如果按照此规划来布局的话，这将是与传统广电管理体制完全不同的方式，中央和地方广电之间的利益冲突将成为影响移动多媒体广播发展的重要因素。

（二）市场行为与监管政策的冲突

新媒体的发展还带来了市场与政策的冲突，这是由广电系统事业与产业的双重属性所决定的。产业属性希望市场竞争开放，经济效益放在第一位；事业属性则要求传输和内容安全、公益，社会效益放在第一位，最终演变为运营机构的市场行为与主管机关的监管政策之间的冲突，几乎各种新媒体行业都多多少少存在此种冲突。

1. 直播星

直播卫星电视是相对于分配式卫星电视而言的，可以直接到户的、一种全新的卫星电视形态，用户只需使用小型卫星接收天线（俗称"小锅"）和卫星接收机即可直接接收来自卫星的节目。直播卫星电视近年来在国际上发展非常迅速，海量的内容、清晰的声像、便捷的收视和优良的性价比等优势使其逐步成为卫星通信广播和相关电视产业发展的主要方向，在世界许多国家都获得了广泛应用。而我国的卫星电视市场则是在意识形态管制下形成了星网结合的格局，个人接收来自卫星的节目信号被明令禁止（129号令）[②]，卫星产业一直带着紧箍咒，这就无法启动直播卫星电视业务。为此多年来市场一直呼吁希望能够放开个人接收市场，但是政策层面出于安全因素的考虑一直

---

① 马丽婕. 中国 CMMB 发展现状 [J]. 广告大观，2008（3）：34.
② 1993年10月5号国务院正式发布了《卫星电视广播地面接收设施管理规定》（129号令），其中第九条明确规定："个人不得安装和使用卫星地面接收设施。"第十条规定："违反本规定，擅自安装和使用卫星地面接收设施的，由广播电视行政部门没收其安装和使用的卫星地面接收设施，对个人可以并处五千元以下的罚款，对单位可以并处五万元以下的罚款。"历经十多年此条规定还在生效。

没有撤销或修改129号令，个人接收卫星电视节目一直处于被禁止状态，直播星业务由此受到严重阻碍。近年曾有政府官员表明国家129号令正在修订中①，但是却没有明确信息发布，直播星产业能否顺利推进还需等待政策层面的调整。

2. 地面数字电视

在地面数字电视行业中，市场与政策的冲突集中表现在国标、频率资源分配及服务类型等问题上。

我国地面数字电视传输国家标准于2006年8月正式颁布，该标准是国家强制性标准，要求所有的广播电视机构在开展地面数字电视业务时都必须采用；如果已经开展业务而没有采用该标准，必须在一年之内转换到国标上。此举从国家政策层面来说是为了采用具有自主知识产权的标准，保护全国市场，但对于那些已经采用非国标开展业务的运营商来说，却要遭受重大损失。而在国标正式颁布之后，由于国标本身采用的是单载波和多载波融合的方案，所以对市场上的实际运营商而言，在两种方案中如何选择又如何融合也是冲突所在。

频率资源方面的冲突更为激烈。没有频率资源就没有办法开展地面数字电视业务。一些地方为了开展业务出现了随意占用无线频率资源的现象，对此政策层面给予了严格控制，2006年发布规定要求各地"严格执行广播电视无线电管理的有关规定，严格遵守频率规划。未经批准，不得擅自占用广播电视频率、通过卫星或地面无线覆盖网传输数字多媒体广播业务"②。2007年2月1日再次下发通知，要求"任何单位不得擅自进行地面数字电视技术试验"③。不久后再次发布通知，要求清理和规范地面数字电视技术试验，"对于擅自进行地面数字电视技术试验和非法使用电视频道的情况要坚决予以制

---

① 2005年8月18日在北京召开的2005中国数字电视产业高峰论坛上，国家广电总局科技司副司长王联在演讲中表示国家正在进行129号令的修订。
②《广电总局办公厅关于规范移动数字多媒体广播技术试验的通知》。
③《广电总局关于进一步规范地面数字电视系统技术试验的通知》。

止"①。如此密集地发布管理规定，正是市场行为与政策管理发生激烈冲突的表征。

服务类型方面，政策层面把地面数字电视定性为"义务性公益服务"，要求免费提供给广大用户，并认为这种情况至少需要持续10年。但是对于负责直接运营的运营主体而言，这种性质显然就没有盈利可能，损害了自身利益，加之一些区域市场上由于地理环境，或当地有线发展较为弱势等因素，运营商已经在实际运营中采取了收费方式，市场行为的逐利本性与国家公益服务的性质产生矛盾②。

可以说，地面数字电视领域的冲突是长远利益与当前利益的冲突，国家利益和部门利益的冲突。在相当长时间内，政策层面还会继续强化对地面数字电视标准和频率资源的监控力度，市场行为必须在此范围内向前推进。

3. IPTV 和手机电视

IPTV 和手机电视行业中市场与政策的冲突集中体现为融合经营与分立管理的冲突。

如前所述，IPTV 采用通信网传输、用电视机接收；手机电视具有通信和广播两种技术实现方式，通信网便于实现信号回传和互动业务，广播网便于实现下传和单向广播业务，接收终端包括手机、MP4、笔记本电脑等多种小屏幕终端，二者提供的都是以广播电视内容为主的多媒体服务。这两种数字新媒体天然具有跨媒体、跨行业的融合经营特点，只有两个行业进行合作才能顺利推进。但是就目前我国的监管制度来看，对 IPTV 和手机电视的监管在内容和传输上是分而治之，广电和电信都具有一部分的监管职责，双方在各自的范围内对相应部分进行监管，缺乏专门的、集中的管理制度。由此引发

---

① 《广电总局关于清理和规范地面数字电视技术试验的通知》。
② 在有线数字电视推广初期，曾希望通过跟机顶盒加密系统捆绑的方式来控制内容，后来在付费频道推广过程中，又通过双加密的方式控制内容。这种方式从一开始推出就受到了地方网络公司的强烈反对，因为它直接触动了地方网的利益。用户是直接跟地方网络公司联系的，对用户的推广、服务、收费、管理等均掌握在地方网手中，网络公司也要通过向用户收费来获利，如果中央级广电一直坚持用内容控制用户的话，跟地方网之间的矛盾将不可调和。

了两个阵营和阵营外的运营商在市场运作中矛盾重重，或为了市场利益打得你死我活，或为了各自发展而利用监管的争执适时变化。市场行为与政策监管的冲突的存在，阻碍了这两个数字新媒体产业的健康发展。

（三）技术标准的冲突

对于新媒体行业来说，标准可谓行业发展的命脉和基础，掌握了标准也就掌握了行业发展的主动权，因此在新媒体领域，标准争执一直异常激烈。无论是地面数字电视传输标准长达10年之久的博弈，还是手机电视标准领域广电和电信的争夺，其背后的问题是利益之争。

1. 地面数字电视传输标准

地面数字电视传输标准的冲突时间长达10年之久，涉及力量包括科技部、发改委、广电总局等国家部委以及清华大学、上海交通大学等多家科研院所，其间就因为各种利益集团的博弈而几经波折难以顺应市场需求颁发，最终于2006年8月推出了融合单载波和多载波在内的地面数字电视的强制性国家标准。标准虽然推出了，但是围绕地面国标的种种争执却没有停止，因为标准是融合标准，这就给芯片研发、设备制造、运营推广等环节都在一定程度上增加了难度，再加上国标出台前已经开展试验的地方还需要强制转换到符合国标的系统上，因此整个市场依然动荡不定。到2007年8月，按照国标颁发时的规定，此时国标应该开始正式推行，但是事实上却没能按时完成。直至2007年12月31日，香港地区开始正式采用国标系统开展地面数字电视业务，该行业才可以说真正实现了商业应用。2008年，借着奥运会的东风，符合国标的地面高清数字电视将正式开播，此举将有利于地面数字电视标准的全面市场化。

虽然最终地面标准得以确立，但在标准争执的漫长过程中，我国地面数字电视的发展已经远远落在了后面，延误了很多发展时机。比起我国有线数字电视已经超过2700万的用户以及丰富多彩的业务类型，地面数字电视发展才刚刚起步。由于标准之争而造成的产业发展延误问题，应该给业界带来警醒。

2. 手机电视国家标准

在手机电视行业中，关于标准问题的冲突就像一个迷局。这次的标准之争由电信部门挑起，国标委（国家标准化委员会）从 2006 年开始至 2008 年初一共发起了四次标准征集，有多家企业参与竞标[1]，但这次广电吸取了地面数字电视标准之争的经验教训，不再纠缠于单纯的标准争论，而是迅速推出了行业标准，并以此行业标准推动基于广播方式的移动多媒体广播的运营。至 2008 年初，移动多媒体广播的产业链已经构建完成，标准体系、芯片、前端和终端设备、频率资源、运营模式等均已筹备完成，并基本具有了产业化特征，预计 2008 年移动多媒体广播将正式开始面向用户推广。

在广电行业积极推行本行业的移动多媒体广播服务的同时，电信业却陷于手机电视的标准冲突之中，参与国标委方案竞选的几家企业均没有较为完善的市场行为，通信业的手机电视将采用何种标准体系来推进仍然没有定论。

（四）消费市场的冲突

传统媒体一对多的传输方式决定其很少直接和市场上的消费者发生联系，而数字新媒体不论在业务设计推广上还是收费方式上，都需要直接面对用户，因此消费市场和新媒体产业的运营息息相关。而要让一种新业务在消费市场上逐渐被接收，且还要让人们熟悉并接受从免费到收费的变化，就必须为用户提供更有价值的服务。这些都是对一直以来习惯于只提供信号、不提供服务的广电系统的一次严峻考验。

1. 免费与收费的冲突

一方面，这些年来由于中国广电具有事业属性，为百姓提供免费或廉价的广播电视节目、保证党和国家的宣传需要一直是中国广电所坚持的原则，是中国广电的基本属性，中国的百姓也习惯了免费收看电视节目。另一方面，中国广电又具有产业的属性，国家财政拨款在广电经营中已经微不足道，广

---

[1] 黄升民，周艳，王薇，等. 中国数字新媒体发展战略研究 [M]. 北京：中国广播电视出版社，2008.

电机构需要自谋生路。在数字化之前的通用做法是用广告费收入来维持广电体系的运转，但在数字化之后，广电面前出现了一个具有巨大盈利空间的新平台，而且数字化升级本身所带来的成本压力也迫使广电机构积极寻找新的经济增长点。于是，向百姓直接收费、把百姓从单向看电视的"观众"变为使用数字电视的"用户"，就成了数字电视运营商的必然选择。但是，对广电服务的消费理念和消费行为转变却不可能一蹴而就，如何培育用户的消费习惯，让数字电视所提供的业务真正有效，已经成为数字化进程中的一大难题。在现实运作中，几乎所有的网络商在进行数字化转换中都会面临用户这样的质疑：为什么一定要转到数字电视上去？为什么原来家里只要交一份收视费，现在却要一台机顶盒交一份收视费？为什么只送一台机顶盒，却要我自己为家里的第二台电视机买机顶盒？为什么原来每月交十几元，现在却要交二十几元，甚至更多？如此问题不一而足。问题看起来琐碎，却因为关系用户的切身利益而成为激化矛盾的焦点。如果不能顺利解决这一冲突，数字化推进就会非常难。

当前，国家广电总局已经意识到这一冲突的严重性，或发布正式政策条文，或相关领导做报告，都把保证公共服务作为广电行业的基本原则，要求各广电机构在开展新媒体增值业务的同时，要保证民众的基本收视权，针对有线数字电视提供了必须保留3—6套模拟频道、必须给低保户等特殊家庭以收视费价格优惠等具体措施。这些措施的实施对于缓解用户跟运营商的矛盾可以起到一定作用。同时广电机构必须加强对用户的正面宣传解释工作，让用户尽快了解、熟悉并接受收费这种模式。

2. 服务系统的建构问题

以往的广播电视行业在一对多的传播模式下向受众提供简单的信号传输服务，基本上跟受众没有直接接触，缺乏服务意识和服务经验。但是随着新媒体的发展，要想说服用户接受从免费到收费的变化，"服务"就成为决定性的一环。如何构建一个多层次、立体化的服务体系，为用户提供随时随地都能享受到广电服务的系统，就成为当前广电发展新媒体产业的一大难题。

从目前产业推进的状况来看，新媒体的服务系统建设基本上包含营业厅、呼叫中心、网站、维修等几个方面，需要为用户提供的服务包括收缴费、业务咨询、业务调整、意见投诉建议、上门维修等多个方面。大多数广电机构在这些方面都还不够成熟，在用户服务方面还存在很大不足，需要进一步提升和改进。

政策层面已经对服务提出了明确要求，并开始了相关服务规范的制定，预计 2008 年内会出台相关管理规定，"构建用户服务和质量管理的体系是广电总局 2008 年指定的技术政策重点之一"[①]。

（五）矛盾冲突的焦点：旧体制不能适应新事物

新技术带来了新媒体，新媒体需要新体制。在新媒体发展过程中存在如此多的冲突和矛盾，正是旧体制不能适应新媒体发展的一种体现，这也是矛盾冲突的焦点所在。

这场由数字化所带来的新变革并不仅仅是用户消费习惯的培养、运营商商业模式的选择和服务体系的构建，更是对广电属性的一次调整，最终将深入中国广电的骨髓之中。如前所述，中国广电具有事业和产业双重属性，模拟时代提供的服务就是免费或廉价的单向收视，而数字新媒体所带来的丰富增值业务使得数字新媒体天然具有更强的产业属性，于是事业和产业的双重属性、单一的服务系统开始遭到质疑。在这样的背景下，国家广电总局针对不同的运营主体和服务对象，提出把广播电视服务分成三大类别，即：义务性的公共服务、公益性的有偿服务、个性化的市场服务，从而把公共服务和市场服务进行区分，希望以此来解决双重属性的矛盾。此举效果如何目前尚待市场检验。

数字化进一步深入下去，管理体制也必然受到冲击。在模拟时代，中国广电的管理制度是基于频率资源稀缺、网络之间相互独立而建立起来的，所

---

① 出自国家广电总局科技司司长王效杰在 2008 年 3 月 CCBN 主题报告会上的讲话。王效杰. 广播电视数字化技术政策解读 [J]. 广告大观（媒介版），2008（5）：51.

以出现了中国广电有系无统、条块分割的格局。数字化之后，频率资源得到极大释放，广电网络本身也因为需要规模效益而不得不走向联合。更有甚者，随着技术的发展，原本独立发展的广电和电信网络也开始出现互相渗透和融合的趋势，双方所能提供的业务趋同，用户市场也逐渐趋同，尤其是一些融合了广电和电信双方特点的新的媒体类型，比如IPTV、手机电视等，更是难以用传统管理模式来进行管理。因此模拟时代禁锢式的、保护主义的管理体制必将不能满足数字化所带来的融合、开放、合作、竞争的现实需求，开放和联合将成为数字时代管制的核心理念。

事实上，一些新媒体形式的出现既是对模拟时代管理体制的挑战，也可以说是广电管理体制进行调整的一次良好的历史机遇，当前中国广电系统在强力推进的移动多媒体广播就是一个历史机遇点。移动多媒体广播的体系构架并没有延续以往每个城市单独建网、单独运营的历史传统，而是统一标准、全程全网，也就是说，技术标准是全国统一的，网络架构是全国统一的，就连运营也是由一个全国统一的运营主体来操作。这种新的技术和运营体系也就决定了不可能用原有的"条块分割"的体制去管理，必然要建立全国一盘大棋。随着移动多媒体广播在全国范围内的推进，中国广电的管理体制将进入一次大调整的历史新阶段，有可能是对现行管理体制的一次彻底改变。

最新政策也表明，国家层面对推进三网融合的态度已经非常明确，然而如果只是"鼓励"广电参与电信的增值业务，而"支持"电信进入广电的基本业务[1]，这显然是一种不对等的"融合"和"开放"，很可能糟蹋了"三网融合"的美丽构思。因此基于广电和电信互相准入，构建新的管理体制已经势在必行。十七大报告提出"大部门制"可以视作一个信号，但是如今大部门制却采取了将电信和工业等其他产业融合的方案，并没有采取和广电、新闻出版等行业融合的方案，可见意识形态力量的巨大影响。

---

[1]《关于鼓励数字电视产业发展的若干政策》（国办发[2008]1号，简称"1号文"），该文件由国家发改委、科技部、财政部、信息产业部、税务总局和广电总局联名具署，国务院办公厅同意印发正式公布，2008年2月1日正式实施。

三、创新

新媒体产业发展的影响力不仅仅体现在广电行业体制和机制方面,随着产业发展的不断深入,最终必然要求整个产业政策发生改变,进行创新。在新技术催生了这些新媒体之后,原有的管理体制、运行机制逐渐不能适应新媒体的需要,新媒体环境要求有新的政策。近年来,伴随着新媒体的发生发展,广电政策已经在悄然发生变化。传统的媒体依然存在,旧有的管理政策难以发生重大改变,而新媒体因为前所未有,旧的体制不能适应发展需要,所以管理政策会是全新的,虽然带有旧体制的痕迹,但新媒体将采用新办法。

(一)创新的具体表现

面对以上种种矛盾,政策层面并非无动于衷,在近年来的发展历程中,已经开始针对这些矛盾进行一些调整和创新。

1. 针对主导权之争

行业监管主导权的争执关系到一个行业的生存空间,在这一点上,广电跟电信各不相让,广电的基本原则是牢牢掌握对媒体及视听内容的监督管理权。广电跟电信融合的行业强调对内容的监管,广电领域的全新行业则强调其媒体属性。

对于IPTV、手机电视等融合了广电和电信特征的新媒体产业,广电通过发放许可证的方式来进行监管。[①]根据相关管理办法,国家广电总局先后给上

---

① 2004年10月11日国家广电总局颁布《互联网等信息网络传播视听节目管理办法》(国家广电总局第39号令),规定从事IPTV、手机电视等业务必须获得由广电总局颁发的《信息网络传播视听节目许可证》,没有许可证的将予以查处。2005年5月13日,国家广电总局又颁布《广电总局落实中办国办〈关于进一步加强互联网管理工作的意见〉实施细则》,规定从即日起对全国从事信息网络传播视听节目业务的单位进行清查,符合申请审批条件的要在5月20日前报送国家广电总局;未获批准的,责令其于6月15日前停止违规开办的信息网络传播视听节目业务。

海文广、中央电视台等数家机构颁发了 IPTV 和手机电视运营牌照，对于那些没有牌照就开展经营的地方进行查处。通过这种方式，广电实现了对这些新媒体产业的控制。

另外，对于全新的产业，如 CMMB，则强调了其媒体属性。张海涛在 2007 年 BIRTV 主题报告会上的演讲中明确表示："移动多媒体广播属于新媒体业务，中央已明确要求由广电主导，产业运作，加快发展，并纳入媒体管理。"

2. 针对技术层面的冲突

由于各种数字新媒体都是由技术催生出来的，所以在新媒体发展过程中，技术层面的政策调整也最为频繁、深入。通过颁发大量的技术规范、行业标准等方式，力图给行业一个健全的发展空间。

有线数字电视领域中，影响最广泛的当属"四大平台技术新体系"的建构，这个体系明确了台网之间和中央、省、市三级广电机构之间的职责；地面数字电视领域，配合传输国家标准的实施，广电系统进行了相关测试，为配套标准的制定做准备，同时还在进行频率规划；CMMB 领域，发布了具有完全自主知识产权的行业标准及一系列配套标准，完全是由广电系统的技术建立了这个新产业。

对于新媒体来说，技术问题往往成为决定行业发展的核心关键问题，政策层面通过解决技术问题，为新媒体发展扫除障碍。

3. 针对消费市场

针对用户市场对服务能力要求的提高，广电系统也随之通过相关管理政策进行了调整。要求各级广电要重视服务，提高服务水平，把"服务"这一以往被忽视的环节提升到了一个重要的位置。

总体上，政策层面把广电系统目前所提供的所有业务从服务范围的角度划分为"义务免费""有偿公益""个性市场"三个层级，其中包括各个新媒体行业。此规定的提出便于广电有针对性地提供更多更好的服务。

有线数字电视发展最早也最成熟，用户接触也最多，因此国家广电总局专门针对有线数字电视的服务情况作出规范，明确要求各地在提供有线数字电视服务的同时，必须至少保留3—6套模拟信号，保证所有人都可以看到电视，同时在价格方面要求各地运营商根据本地用户的需求和市场来进行调整。构建用户服务和质量管理的体系还被列为广电总局2008年指定的技术政策重点之一，在2008年出台有线数字电视服务方面相关管理规则，提出一些量化的规范性指标[①]。可见，服务问题已经被提升到了一个重要地位。

4. 针对市场行为

政策层面还对产业经营作出了积极回应，提出一些适应新媒体发展的、指导市场运营的方针政策。

整体转换策略的提出集中反映了政策对市场的指导。在此策略提出之前，市场对有线数字电视的推广一直采取销售机顶盒的方式，在此方式被市场验证无法推行的时候，政策结合市场行为适时推出了整体转换策略，用机顶盒免费配送的方式解决了用户推广硬件门槛这一瓶颈问题，这才有了今天有线数字电视迅猛发展的局面。

CMMB则在筹备一个跟现有广电行业完全不同的运营结构，即由国家广电总局牵头组建一个全国运营的股份制总公司，各地方广电参股，并设立地方分公司，由总公司进行统一集成、统一运营、统一管理、统一服务。[②]这种方式将是对现有广电条块分割现状的颠覆。

虽然政策层面仍有不少跟市场行为相抵触的地方，但同时，政策也在根据市场需要提出指导性方针策略，甚至构建全新的战略结构，这都会对促进市场发展起到积极作用。

（二）创新的特征

通过新媒体发展过程中政策创新的表现，我们可以看到一些普遍性的规律和特征。具体表现在：一改往日纯粹行政命令的方式，开始采用市场化思路设置产业政策；同时由于媒体自身的特殊性，政策层面并非完全导向市场

---

① 2008年3月CCBN主题报告会上，国家广电总局科技司司长王效杰作出上述表示. 王效杰. 广播电视数字化技术解读 [J]. 广告大观（媒介版），2008（5）：51.

② 马丽婕. 产业链共同推动，CMMB势如破竹 [J]. 广告大观（媒介版），2008（3）：27-32.

化，还是会继续坚持一定程度的意识形态和公共服务属性；这种创新并非一蹴而就，而是循序渐进地展开；政策与市场行为之间还具有明显的互动特点。这些都是新媒体产业政策创新过程中所表现出来的明显特征。以下将对这些特征进行分析论述。

1. 用市场意识来实现政策创新

新媒体环境下，新媒体提出了新的运营模式和管理要求，政策层面逐渐意识到原有的纯粹的行政命令式的政策思路不适合数字新媒体发展，开始以市场思维、经营意识来管理新媒体，重视媒介机构的企业化管理和产业化经营，以竞争促发展。

在付费频道发展过程中，一开始集成运营机构只有一家，国家广电总局通过出台《关于推进广播电视有线数字付费频道运营产业化的意见》，鼓励有条件的机构成为集成运营商，先后批准了中数传媒、上海文广、鼎视传媒、华城等四家付费频道集成运营机构，为行业发展创造公平竞争的环境。此举对于促进我国付费频道市场的健康发展大有裨益。在IPTV产业，国家广电总局通过发放牌照来规范市场行为，同时也从内容角度推进IPTV发展，通过引入IPTV的竞争，刺激了有线数字电视加快发展。而CMMB的整个发展过程，本身就是跟电信行业竞争的过程，其中广电并没有纠缠于标准问题，而是积极跟产业界合作，把标准推向市场，推动相关产品的市场化运营，吸引了超过150家相关企业加入CMMB工作组，迅速建立起了完整的CMMB产业链，在跟电信竞争的过程中占据了先机。

以上种种政策都清晰地展示了市场思维在其中的作用，正是这种以竞争促发展的管理思维，给了新媒体蓬勃发展的压力和动力。

2. 坚持公共服务属性和宏观监管

政策层面在由单纯行政命令向市场化方向转变的同时，并非一味地向市场妥协，而是坚持了新媒体作为"媒体"所应该具有的公共服务属性，坚持政策宏观调控的能力。

其一，在数字电视的传输通路的选择政策上，尽管在萌芽阶段就已经出现了发展卫星数字电视先行的意愿，而且随后的政策也推动了中央电视台和省级电视台对卫星数字传输技术的应用，但还是更多地从意识形态的角度考虑到了国家安全问题，最终没有卫星数字电视先行，而以在城市发展较好的有线网络的数字化先行。

其二，尽管数字新媒体在发展初期就面临着内容缺口的问题，而且行业外资本有迫切进入的想法，但是我国广电仍然沿用了模拟体制下对频率资源严格管制的思维，控制着内容的生产，没有给业外资源进入数字内容产业一个可行和有效的政策，所以内容缺口仍然是数字新媒体发展中不能绕过的坎。

其三，考虑到最广大民众的收视权利，政策坚持了某些新媒体的公共服务属性。地面数字电视被定性为面向广大农村提供义务性公益服务；直播星在初始阶段的主要应用范围被界定为"村村通"工程，所提供的服务也是义务性的公益服务；在有线数字电视的服务中，也要保证基本电视节目的信息服务；只有那些个性化的市场服务才会采取完全市场化的手段来推动。不管是新媒体还是旧媒体，一定程度的公共服务都是不可或缺的职能。

其四，考虑到频率等国家资源的统一调配，政策层面对某些新媒体行业的发展进行了一定限制。在地面数字电视领域，政策层面坚持在频率规划没有完成之前，各地不得擅自进行技术试验，更不得违规使用频率资源。对于那些违规占用频率进行地面数字电视试验的地方，政策层面进行了整顿。

有时候政策层面的这种坚持会对产业发展起到一定阻碍作用，或者损害部分运营机构的直接利益。但是，从国家宏观战略和民众需求角度来看，适当的保护和宏观调整是非常必要的。因为，一个行业的长久健康发展不能只考虑当前利益和部门利益，还需要考虑长远利益和国家利益，对公共服务属性和国家宏观调控的坚持，是长远利益和国家利益的体现。

3. 政策制定的渐近性

与任何事物的发展规律类似，我国数字新媒体产业政策的形成也不是一蹴而就的，而是带有鲜明的渐进性特征。政策在制定过程中不断反思并修正，到逐渐成熟，再到游刃有余地处理问题，每一阶段都随着产业进展而不断调整。数字电视产业政策发展相对比较成熟，从它的发展历程中就可以很清晰地看到政策创新的渐进性特点。

在数字电视的萌芽阶段,政策的特征是模仿和跟风,主要是对国际潮流的模仿。在这个过程中忽视了中国现实国情,并且产业政策单薄而不成体系,比如在广电内部的有关技术发展的会议中的讨论,都还没有跨越技术的限制,进入广电管理和运营中。

随后我国数字电视产业政策开始反思和回归现实,也开始引导我国的数字电视试验,在有线、地面、卫星三种通路中,针对我国现实提出了有线先行的战略方针,调整了高清的发展思路。

在确定有线先行之后,政策开始较为成熟地引导产业发展。产业政策的体系已经基本构架起来,包括技术规范、数字内容建设、业务形式、运营保障政策等。正是这些基本规范和逐渐系统化的产业政策,推动了有线数字电视行业的快速发展。

至此我国数字电视产业政策已经比较成熟,开始游刃有余地处理市场上的问题了。体现在三个方面:其一是不再强硬地命令式地要求执行机构如何做,而是采取一定的制衡策略,引入新的竞争,通过压力来促使执行机构对产业政策迅速作出反应;其二是树立榜样,处罚错误做法,更加有节奏感地推进其政策实施;其三是设定期限来推进政策的实施。

其他行业的发展因为没有数字电视这么长时间,政策的渐进性表现得还不是特别明显。但可以想见,随着这些新媒体行业的逐渐发展,其产业政策也将不断深入,推动市场发展。

4. 市场与政策的互动性

我国数字新媒体产业政策的形成还有一个鲜明的特征,那就是它不仅仅是内部的反思、修正和调整,而是在与外部市场行为的互动中不断成熟和发展。

在我国数字新媒体的发展中存在着许多政策与产业互动的真实案例,机顶盒推广过程就是一个很好的例证。机顶盒推广是市场先行的,但当销售机顶盒的方式遭遇瓶颈、青岛推出整体转换模式之后,政策层面迅速领悟了这一模式的内涵,据此正式提出整体转换策略,并向全国推广。推广之初市场并不认可,政策层面又通过努力推出配套辅助措施,如争取物价部门、税务部门、金融机构等相关方的支持,给产业界更大帮助;产业界在获得这些支持之后,一部分先行者开始按照整体转换策略进行市场推广,这些先行者的成功经验进一步激发了后来者的热情,由此使得整体转换成为当前我国数字电视推进过程中的核心方式,在全国普遍推广开去,政策和市场获得了双赢。

CMMB 的系统构建也是一个政策与市场互动的典型。针对电信行业采用通信方式发展手机电视的行为,广电开始研发采用广播方式发展移动多媒体广播的技术,研发成功后发布了行业标准。在行业标准发布之后,重点转向市场层面。随即市场层面开发出来符合标准的芯片以及一系列配套设备,产业链上各环节所需技术设备已经基本准备完善。此时又需要政策层面继续深入,于是我们又看到政策层面争取到了 CMMB 发展所需频率,随即提出了 CMMB 业务规划。此后市场层面开始行动起来,各地方广电积极搭建 CMMB 覆盖网,争取成为当地 CMMB 运营商,市场活跃起来,而政策层面则开始反思。为了防止出现各地分散经营的不利局面,实现统一标准、统一管理、统一经营,政策层面又在各地方广电之上筹备一个全国性的运营主体。

在新媒体发展过程中,此类事件还有很多,可以说,政策和市场互相促进:政策从市场中来,随后又会指导市场运行,并随着市场推进而进行调整和修正。这是一个动态平衡的过程,生生不息,永无止境。

结　语

21 世纪是数字化、信息化的时代,对于媒体行业来说,也是如此。无论是广播、电视等传统媒体的数字化,还是 IPTV、手机电视、CMMB 等数字新媒体成长,都是未来的媒体行业的必然发展趋势。

与此同时,我们也看到,数字化带给媒体的绝不仅仅是技术变革,更是一次全面的产业升级。除了本行业的发展之外,更会带来整个传媒产业的管理制度、产业政策的变革,最终还会影响到其他行业,带动国家信息化进程。可以说,这场数字化的变革带给传媒行业的,将是一次彻底大换血。

另外,我们也应该看到,虽然数字新媒体是媒体行业发展的必然趋势,但在当前环境下我国媒体的数字化才刚刚起步,很多数字新媒体还没有建立起完善的产业链条,没有找到适合自己的运营模式,没有跟用户建立起良好的互动关系。因此,新媒体行业仍然任重而道远,还需要政策监管层面、产业运营层面甚至理论探讨层面的进一步深入探索。

数字媒体时代的平台建构与竞争[*]

数字技术、网络信息技术和现代通信技术的融合发展使得传媒和信息产业在生产、传播和消费三大环节都呈现"无限"的状态。在这种状态下，对企业主体竞争的讨论将不再是基于"资源匮乏"的前提假设，而是面对"三大无限"的"丰裕的竞争"。丰裕的竞争，焦点不再是对某种稀缺资源的争夺，例如过去广电把控着内容资源，现在内容产业化了，产业化是标准化和规模化生产的结果，内容资源极大丰裕了；再如过去电信把控着渠道资源，现在广电网也能百兆入户、双向接入了，渠道资源也极大丰裕了。于是，广电和电信之间的竞争，不再是以"把控资源瓶颈"为核心战略的竞争，而是为"三大无限"的无缝对接和效率匹配提供支撑环境的竞争。丰裕的竞争，从生产、传输和需求三个环节一下释放了大量的资源，表面上的和平，实质上意味着更大规模、更深层面以及更为残酷的竞争，是生存和死亡之争。那么，究竟双方要争夺的是什么呢？什么才是这场竞争的制高点呢？我们认为，丰裕的竞争就是平台的竞争，广电和电信之争，将是一场以平台为目标的抢攻战。

一、丰裕的竞争就是平台的竞争

（一）平台是什么？

平台是一个来自计算机操作系统的术语。以前一个硬件都与一套软件配

---

[*] 本文原载于《现代传播（中国传媒大学学报）》2009 年第 5 期，与谷虹合作，收入本书时有改动。

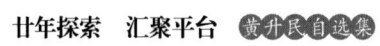

套,现在在一个硬件上面可以运行多种不同的软件,实现不同的应用功能;而同一款软件也可以安装在不同类型或型号的硬件上面。这一切的实现,得益于操作系统的产生。操作系统就是一种典型的平台,用户通过操作系统来驱动各种硬件设备,实现人和硬件之间的对话,使应用软件完成各种既定的任务。

平台最核心的功能是实现双边(或多边)主体之间的互融互通。我们可以看到很多类似的平台的例子,就像购物商场之于买家和卖家、信用卡之于商家和消费者。虽然它们处于不同的产业领域,有的是通过技术实现的,有的是通过物理空间实现的,有的是通过无形网络和数据库实现的。但是它们都有一个共同点,那就是通过一定的"通用介质"(标准、技术、载体、空间等),使双边(或多边)主体实现互融互通,这就是平台的基本内涵和功能内核。《连线》编辑部给新媒体所下的定义——由所有人面向所有人进行的传播——体现出传输的双向性、不确定性、多角度和去中心化。这里,不分生产者和消费者,不分传播者和接收者。这是个非常重要的概念。平台在这里要解决的问题就是,如何在庞大而离散的生产和需求之间,搭建一个相互交换的场域,使得需求力规模经济和供给力规模经济能够实现对接。

(二)从"通路"到"平台":一个核心角色的出现——平台方

从传统媒体所依赖的大众传播模式中我们看到,平台诞生之前,信息从一方主体到另一方主体的传播路径是"通路"或者"通路的集合",通路的特点是垂直的、线性的,通路之间是分隔的。平台的出现,等于在一方主体和另一方主体之间搭建了一个扁平的、通用的交互场域,从而打通了联结双方的各种通路,双方主体只要通过接口接入这个交互场域,就可以实现与另一方中任何主体的联通。平台的出现有助于效率的提升,这是平台的经济性,从而使得平台成为一个具有经营价值的对象。

对于传媒和信息产业来说,平台化有三个基本内涵:第一,"通用介质"包括数字技术、互联的网络和通用的传输协议。数字技术的发展使得文字、声音、图像等信息形态可以转化成"0、1"编码，网络和通信技术的发展又使得这种以"0、1"通用编码的信息能够实现无障碍传播和交互。第二，"接入与互融互通"，用户可以将任何一种多媒体终端（例如手机、个人电脑、有线数字电视等）作为平台的接入口，获取来自报纸、电视等的信息，甚至实现交互通信；而报纸、电视等传统的媒体源也可以通过数字网络向用户提供多媒体形态的信息服务。第三，内容产品、信息应用服务以及用户之间存在双边（或多边）的依存关系，是典型的交叉网络外部性[①]。

信息传输形态和产业组织形态的变革必然带来市场格局的重构。从软硬一体化到软硬分离，从内容介质一体化到内容介质分离，从市场利益主体和功能一体化到主体与最终功能分离，一个核心角色将在这场变革中逐渐凸显，那就是基础平台运营商。原有的市场利益主体（如报纸、广电和电信等）除了相互之间竞争加剧以外，最重要的战略调整必然是朝着基础平台运营商的方向发展，抢占平台高地（图1）。谁先占领平台，谁就将掌控未来的整个市场。而这场平台争夺战中的失败者，将转变为服务于这个基础平台的应用平台甚至专项服务的提供商。对于报纸等纸质媒体来说，由于不具备向平台过渡的技术和资源基础，很有可能在未来沦为文字信息内容的提供商。而广电系统和电信系统都有能力成为基础平台运营商，因此目前双方都在通往平台的道路上展开激烈的竞争。

---

① "在单边市场内存在着具有网络外部性特征的产品或企业，但从某种意义上说，平台型产业双边用户间的网络外部性是一种具有'交叉'性质的网络外部性。交叉网络外部性是指一边用户参与平台的数量取决于参与到该平台上的另一边用户的数量。"程贵孙，陈宏民，孙武军.双边市场视角下的平台企业行为研究［J］.经济理论与经济管理，2006（9）：55-60.

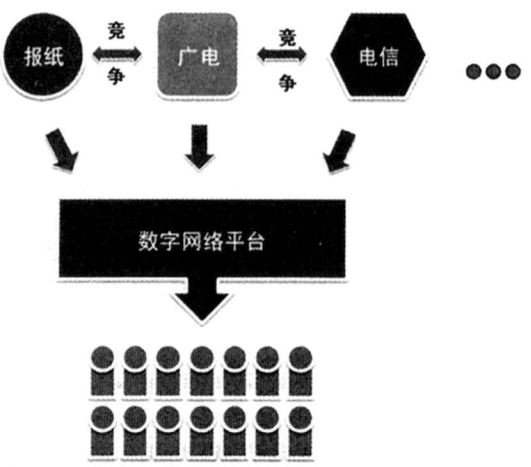

图 1　传媒信息产业各市场主体竞争关系与格局演变

（三）平台竞争的特点：弱肉强食、赢家通吃、替代性竞争

如果说传统媒体之间的竞争是基于差异化的平行的竞争，那么，平台之间的竞争则是基于双边市场规模化的替代性竞争。由于平台的异质同构，其实现的基本功能将逐步趋同，当不能通过差异化来建立核心竞争优势的时候，规模化成了唯一的手段。随着技术的发展，广电网络不仅能够传输视频节目，还提供高速互联网接入和语音通信服务；而电信网络在传统的宽带和语音服务以外，也可以承载大量的视频点播等增值业务。有学者提出"具有网络型特征的平台企业，如银行卡支付网络平台、电信服务网络平台、操作系统平台，由于这些平台企业需要较高的投资成本和较高的技术要求，进入壁垒相对较高，并且由于这些平台运营企业本身所具有的网络效应特征，致使这些平台运营企业在产业市场中市场规模都相对较大，占据了绝大部分甚至是全部的市场份额，呈现出'赢家通吃'的特征。因此在具有网络型特征的平台型产业中，该市场集中度一般都比较高，市场格局表现为'垄断'或'寡头垄断'的市场结构状态"①。对规模化的终极追求、网络自外部性和交叉外部性

---

① 程贵孙. 平台型产业反垄断规制的理论误区与释疑：基于双边市场理论的视角［J］.商业经济与管理，2009（3）：54-60.

的极致体现、无差异全面替代的危险、巨大的投资成本和较高的进入壁垒等，使得平台的竞争格局呈现天然的寡头垄断特征，是弱肉强食、赢家通吃的竞争。广电系统和电信系统对平台的争夺，将是一场生死存亡之争。

二、平台竞争的关键

（一）核心指标：延展性与规模性

既然平台之争是全面替代性的生死较量，那么平台运营商可以从哪些方面来构建自己的竞争力呢？延展性和规模性是一对核心指标。延展性指的是该平台能够承载多样性应用服务的能力，能够承载的应用服务类型越多，延展性越强，为用户提供一站式服务的能力就越强，对相关应用服务行业的整合力以及控制力也越强。用于信息传播的平台的承载能力受到带宽、双向、安全性、互联程度和传输协议的通用性等因素的影响。目前来说，广电系统的基础网络具有较高的下行带宽，能够推送大量的视频内容，而且是封闭的可控可管的专网，安全系数较高，但是相对来说，较小的上行带宽阻碍了其双向业务的开展，网络的互联程度和开放程度也没有达到多样性应用的要求。而电信系统的网络状况则刚好相反，支持点对点的双向互动业务，具有良好的开放性和多样性，但是内容、下行带宽和安全一直是其业务拓展的瓶颈。

规模性，确切地说是基于双边（或多边）市场的规模性，对于传媒和信息产业来说，就是应用服务和用户的数量，而这两者也是互相依存的关系。平台有个很重要的概念，就是双边，"如果一方的需求消失，另一方的需求也会随之消失"[①]。还是举操作系统的例子，它联结的是应用软件开发商和最终用户，能够在该操作系统装载的应用软件数量越多，用户也将越多；反过来，如果该操作系统的用户越多，愿意为该系统开发应用软件的开发商也会增多。"基础平台要想获得成功，必然要求承担起为市场培育（甚至在最初提供）一方或双方用户的任务，以此推动该平台获得全面的成功。"[②] 无论是广电系统还

[①] 徐晋.平台经济学：平台竞争的理论与实践 [M].上海：上海交通大学出版社，2007：8，9，21.
[②] 徐晋.平台经济学：平台竞争的理论与实践 [M].上海：上海交通大学出版社，2007：8，9，21.

是电信系统的相关机构,要从物理网络的维护者真正转变成平台运营商,就必须具备培育双边(或多边)主体需求、协调双边(或多边)主体关系以及平衡双边(或多边)主体利益的能力,只有这样,才能占据供给方和需求方的"双规模经济"的制高点。

(二)平台的层级性——在基础平台上捆绑核心应用平台

由于功能和服务范围的差异,平台之间的关系是多种多样的,有平行的,有交叉的,有相互包含的,也有相互叠加的。其中,我们最为关注的是层级结构的平台系统(图2)。其中的基础平台是需求协调者的角色,它"制造产品和服务,这些产品和服务能引起两个或多个市场方客户之间的间接的网络外部性"[1]。基础平台铺设基础网络,提供基础产品和服务,例如作为市场主体的广电网络的平台运营商和电信网络的平台运营商;而应用平台则是在基础平台上开发应用服务产品,例如作为一级市场主体的内容平台运营商、通信平台运营商等。基础平台和应用平台共同组成完整的产品组合提供给消费者使用。

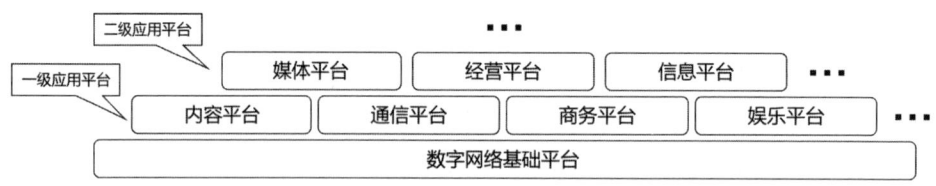

图2 层级结构的平台系统

本来应用平台和基础平台之间可以是企业间的上下游合作关系,为什么广电和电信在全速推进各自数字网络建设的同时,要大力开发各种应用平台和相关服务产品,把基础平台与核心应用平台进行捆绑和叠加(图3)呢?这就是在认识到平台层级结构的基础上,采取的主动培育应用服务主体,从而获得双边市场成功的一个重要战略,也是把核心应用平台产生的网络外部性内生化的有效途径。首先,基础平台不能直接向最终用户提供产品和服务,

---

① 徐晋.平台经济学:平台竞争的理论与实践[M].上海:上海交通大学出版社,2007:8,9,21.

必须结合一定的应用平台才能实现功能性服务。其次，应用平台通过最终产品和服务与用户相连，是用户体验的最重要环节。再次，核心应用平台，集中了该产业的核心资源和能力，必然是基础平台整合的对象。现阶段，推进中的广电、电信的基础数字网络都互有优势和软肋，应用平台就成了博弈的重要筹码。最后，核心应用平台能够带来巨额的市场利润，捆绑在同一个平台系统能够极大增强该基础平台的竞争力。

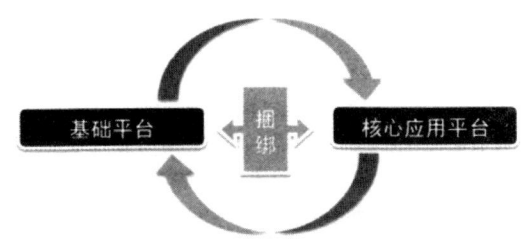

图 3　基础平台捆绑核心应用平台

基础平台捆绑核心应用平台的战略，是基于对平台的层级性认识和培育双边市场的需要，更是基础平台运营商角色和功能的革命性转变，集中体现为广电和电信都在全力推进的"全业务模式"。"随着所有的网络都能经营所有的业务，全业务捆绑已经成为吸引用户的主要手段，其品牌效应也决定了必须向全业务发展。竞争门槛将大大提升，开展全业务，未必能大幅提升收入与利润，但不开展全业务，将在竞争中被淘汰。"[①]

（三）三管齐下的平台竞争战略

沿着这个思路，广电和电信在现阶段的竞争战略已经非常清晰：对于基础平台（数字网络），抓紧升级扩张；对于核心应用平台，如广电的视频内容平台和电信的通信平台，在牢牢把持自己核心资源的基础上伺机相互进入；对于诸如商务平台、信息平台等新兴的增值平台，双方正通过投资和兼并的方式整合社会其他资源，齐头并进。打造基础平台捆绑核心应用平台的"全

---

① 曾会明. 广电和电信将如何双向进入？［EB/OL］. http：//www.sarft.net/a/7894.aspx.

业务运营"模式。

异质同构的网络系统，殊途同归的竞争战略，使得广电和电信在三网融合的平台之争中，呈现出明显的复制性竞争的态势。两者在内容、传输和用户三个环节的优势不尽相同，广电系统目前的强势资源集中在内容端，电信系统的强势资源集中在用户端，两者的优势恰恰分别是对方的软肋（图4）。在实际改造层面也各有侧重，电信运营商仍然处在技术层面的完善阶段，如内容的获得、存储、管理和分发，以及数字版权保护或知识产权保护等。而有线电视运营商则在提供视频、数据、固话、移动电话四重服务的同时，进一步完善 BOSS 系统的建设。①

图4　广电系统和电信系统三个环节的竞争能力对比

三、广电与电信竞争现状：复制性竞争

（一）高度相同的复制性竞争

展开广电和电信的规划蓝图，两个系统呈现出来的平台全景和布局是高度相似的。图5清晰地显示出广电和电信平台系统在平台体系构建中基础平台和各个核心应用平台的实力强弱。

"内容平台"的主要功能在于视频产品的获得、存储、管理、交易和分发，广电系统拥有丰富的内容资源和强大的视频节目制作能力，同时拥有视频内容的审查和视频牌照的发放权，在这个平台上广电占据绝对优势。

---

① 马庆平．"双向进入"首先应是不对称的［EB/OL］．http：//www.sarft.net/a/7993.aspx．

"通信平台"的主要功能是语音通话以及数据交换，电信系统双向网络的天然优势和完善的用户管理在这个平台上表现得淋漓尽致，加之手握语音业务、手机入网以及互联网国际出口的许可权，电信在这个传统业务领域占据绝对优势。双方的优势领域恰恰是对方最薄弱的环节，这也使得两大系统互相牵制、博弈角力的局面一直持续。

"信息平台"相当于整个平台系统的中枢神经，通过各种监测终端搜集用户行为的普查式数据形成分析信息反馈到其他应用平台，是广电系统和电信系统都正在着力建设的平台。

"商务平台"是类似于互联网上的B2B、B2C以及C2C式的电子商务网站，能够实现商品和服务的在线选购、交易及结算。广电和电信系统于此都没有绝对优势：广电网络具有较好的安全性和区域覆盖优势，但是商务交易所必须要有的双向互动性和用户消费习惯培育不够；运行于互联网的电子商务网站，如阿里巴巴和淘宝等，虽然发展势头强劲，但是电信网络的基础平台运营商并没有能力整合这类网站，难以实现与其基础平台的有效捆绑。

"媒体平台"对内容产品所形成的用户注意力资源进行二度贩卖，获得来自广告商的收入。在这个领域，广电系统作为传统媒体具有庞大的广告客户资源和销售经验，相比起来，电信系统在这方面才刚刚起步。

其他诸如"经营平台""娱乐平台"等则是有待开发的新兴增值领域。在这场平台体系的争夺战中，谁能先补齐短板，构建能够承载全业务的平台系统，谁就能赢家通吃。

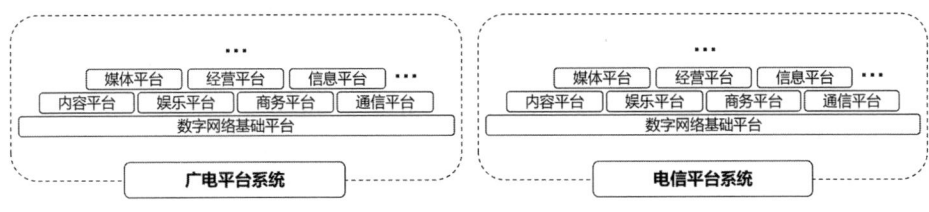

图 5　广电和电信平台系统的复制性竞争

下面，我们通过具体的数字和事实，对比一下广电系统、电信系统在基础平台及核心应用平台方面相互博弈和复制性方面的竞争状况。

(二)广电和电信在基础平台(数字网络)建设方面各自全速推进

1. 网络传输能力及终端用户对比

表 1　广电和电信系统网络传输能力及终端用户对比 [①]

2008 年	传输能力	终端用户
广电系统	中、短波转播发射台 808 座,发射机部数分别 2122 部和 461 部;调频转播发射台 12,087 座,调频发射机部数 18,899 部;电视转播发射台 18,490 座,电视发射机部数 32,615 部;卫星地球站 34 座,移动卫星转播车 60 辆,卫星收转站 17,388,752 座;微波传送线路长度 96,826.58 千米,其中数字微波线路长度 33,571.88 千米;有线电视网络约 300 万千米(其中光缆约 60 万公里);CMMB 网络在全国 100 多个大中型城市共建设、运行了 61 个大功率发射点,覆盖了约 3 亿人口	全国广播、电视综合人口覆盖率分别达到 95.96% 和 96.95%;有线电视用户 163,979,442 户,有线电视入户率 41.63%;有线数字电视用户 45,278,632 户,有线双向网络覆盖用户超过 2,400 万户;CMMB 先导用户约 67 万户
电信系统	光缆线路长度达到 676.8 万千米,其中长途光缆线路长度 79.2 万千米;固定长途电话交换机容量达到 1,704.6 万路端;局用交换机容量达到 50,878.9 万门;移动电话交换机容量 114,350.8 万户;互联网宽带接入端口 10,928.1 万个;互联网国际出口带宽 640,286 Mbps	固定电话用户总数 34,080.4 万户,普及率达到 25.8 部/百人;移动电话用户总数 64,123.0 万户,普及率达到 48.5 部/百人;互联网宽带接入用户达到 8,342.5 万户,宽带网民达到 2.7 亿人;IPTV 用户 235 万户

2. 传输网络带宽容量对比

图 6 对几种传输网络的带宽容量进行比较,我们能够粗略地看出这几种传输网络在承载能力方面的差异,广电网络的带宽容量远远高于电信网络。但是电信系统的传输网络(ADSL、3G 移动通信网等)是双向的,而广电系统的传输网络(CMMB、有线网等)目前主要以单向为主。

---

① "2008 年广播电视技术情况""2008 年广播电视综合情况"引自国家广播电影电视总局统计信息,电信系统的数据皆出自《2008 年全国电信业统计公报》。

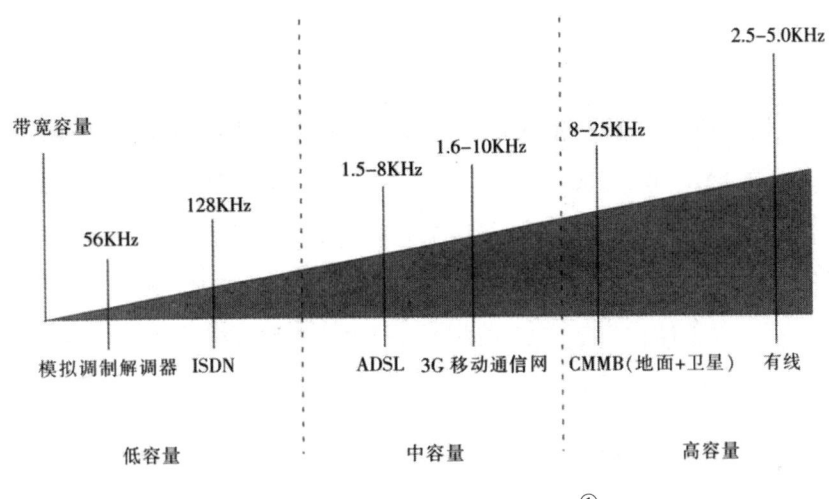

图 6　不同传输网络的带宽容量①

通过以上的对比我们发现，在基础平台也就是数字网络的升级改造和拓展方面，无论是固网还是移动网，广电系统和电信系统都通过各自的技术、资源加速推进，而且是两套异质同构的网络体系，是相互独立且不能融合的。

（三）广电和电信在应用平台建设方面互为攻守

1. 核心应用平台牢牢把持、伺机进入

在应用平台方面，广电系统和电信系统相互融合、双向进入的趋势越来越明显，从业务类型到商业模式都呈现出强烈的复制特征，当然，这是在牢牢把持自己核心资源的前提下的相互进入。广电系统在牢牢把控视频内容平台资源和控制权的前提下，伺机进入电信系统的通信平台业务；而电信系统则相反，在固话、宽带接入等通信业务的 ARPU 值（averagereward peruser）不断下降的情况下，对视频内容和广告市场寄予厚望。另外，核心应用平台也是广电系统和电信系统相互钳制、角力的焦点。广电对内容平台资源的把控限制了电信在这个领域业务的开展，而电信对通信平台资源的把控也对广电的相关业务造成了障碍。

---

① 帕加尼.多媒体与互动数字电视：把握数字融合所创造的机会［M］.罗晓军，王佳航，王震宇，译.北京：人民邮电出版社，2006：111.对照我国的情况补充修改而得。

内容平台是广电系统的核心应用平台。在有线数字电视的增值业务里面，除了传统直播频道以外，增值业务类型包括时移、回看、VOD、NVOD、高清等。在格兰研究监测的60个地市有线运营商中，有46个开通了VOD。① 在CMMB方面，截至2009年6月，CMMB的广播电视业务包括6套清流节目和4套广播节目。② 无论从节目源数量、质量还是业务开展的丰富程度，广电系统的内容平台建设都要远远好于电信系统。在电视终端，电信系统的IPTV只有上海电信百事通开展了较为丰富的直播和点播业务。在手机终端，由于节目内容的缺乏和网络带宽的限制，移动通信运营商绕开了视频内容，主要集中在手机报业务拓展上。中国移动公布的财报显示：2008年手机报付费用户达到4149万，传统媒体通过手机报平台已发行110份手机报。

通信平台是电信系统的核心应用平台。《第23次中国互联网络发展状况统计报告》数据显示，截至2008年12月31日，中国手机上网网民规模达到1.18亿人，较2007年增长了133%。而通过有线网络开展宽带接入业务则是广电固网增值的重点，截至2009年3月，格兰研究调查到中国有线宽带发展较好的76个城市的宽带用户总数达到231.51万户，约占中国有线电视用户总数的1.4%。③

2.新兴增值业务平台齐头并进

在其他增值业务平台，如商务平台、娱乐平台和生活资讯平台方面，双方都处于起步阶段，需要联合外部资源发展。截至2009年第一季度，在格兰研究监控的60个地市有线运营商中，14个开通了股票系统或股票交易，5个开通了互动游戏，55个开通了数据广播业务，主要内容有政务信息及百姓生活资讯。④ 上海电信IPTV也开通了互动游戏、购物资讯、理财、远程趣味教

---

① 格兰研究.中国有线电视数字化暨机顶盒发展研究报告［R］.北京：北京格兰瑞智咨询有限公司，2009.
② 开通CMMB的178个城市及频道列表［EB/OL］.http：//www.sarft.net/a/4722.aspx.
③ 格兰研究.中国有线电视数字化暨机顶盒发展研究报告［R］.北京：北京格兰瑞智咨询有限公司，2009.
④ 格兰研究.中国有线电视数字化暨机顶盒发展研究报告［R］.北京：北京格兰瑞智咨询有限公司，2009.

育等增值业务。另外，电信的 IPTV 运营商还利用 IP 网络为党政机关、宾馆酒店、城市社区、大中小学等行业性质的用户提供专项平台，以此运营牌照和内容的制约。① 在 CMMB 的业务规划中，除了已开通的广播电视频道业务以外，还有紧急广播业务和数字内容业务。规划的数字内容业务有超级视频、电子报纸、电子杂志、热点新闻、生活资讯、股市财经、交通导航等。②

四、两大系统角力的竞争领域与竞争态势

（一）三个竞争维度

在两大系统的平台之争中，用户是基础平台赖以生存的最重要的一方主体，围绕个人、家庭和城市三个不同层级的服务对象，广电和电信的平台体系将在"个人信息平台""家庭信息平台""城市综合信息平台"三个维度展开全方位的激烈争夺。这三个维度的划分，是以服务对象为标准的，在对每一类用户应用服务开发上，电信和广电系统都将搭建起全业务捆绑的应用平台体系。

所谓个人信息平台，是指"以满足个人信息需求为目标，以个人信息服务技术体系为标志，以数据库体系为运营核心，实现海量信息需求与海量信息供给精准适配的系统"③。蜂窝通信型平台是唯一成形的个人信息平台，现在已经成为市场化最成功的平台，随着三大电信运营商的 3G 建网和投入使用，电信系统对个人信息平台的抢占正在加速。另外，广电系统自主研发的 CMMB 利用传输带宽大、图像质量高、覆盖面广、接收终端广泛、经济实用、不受用户数量限制等优势快速切入市场后，个人信息平台的 3G 手机和 CMMB 之争将日趋激烈。

所谓家庭信息平台，是指"基于数字电视系统，以家庭用户信息数据库和数字内容库为基础的，为家庭用户提供各种信息服务，以满足家庭用户信

---

① 格兰研究. IPTV 的细分市场 [R]. 北京：北京格兰瑞智咨询有限公司，2009.
② 李玉薇. CMMB 手持电视运营与业务发展 [J]. 广播电视信息，2009（6）：15-18.
③ 张豪. 个人信息平台研究 [D]. 北京：中国传媒大学，2008.

息需求的系统,其核心是可控的实时互动的家庭信息的获取及处理"①。在对广电系统和电信系统何者为构建家庭信息平台的主导力量的分析中,黄升民、王薇指出,广电系统具有建立家庭信息平台的天然优势,主要表现在内容优势、网络优势、终端用户优势以及政府支持四个方面。②然而,随着三网融合的政策松动,电信系统IPTV将与广电系统的有线数字电视展开对家庭信息平台的激烈争夺。

城市综合信息平台的服务对象涵盖了政府、企业、家庭、个人等各个层面,是有线和无线相结合的一个网络系统,因此我们可以把竞争的焦点落在下一代网络(NGN)和下一代广播电视网(NGB)上面。2004年2月,国际电信联盟电信标准局提出了下一代网络的定义、具体技术指标和相关业务要求,我国电信系统以此作为"三网融合"的解决方案。NGN是"下一代网络(Next Generation Network)"或"新一代网络(New Generation Network)"的缩写,它继承了现有电信技术的优势,以软交换为控制核心、以分组交换网络为传输平台、结合多种接入方式(包括固定网、移动网等)的网络体系,支持通用移动性,能够提供话音、视频、数据等多媒体综合业务。2008年12月,国家广电总局与科技部签署《国家高性能宽带信息网暨中国下一代广播电视网自主创新合作协议书》,由此提出下一代广播电视网(NGB)的"三网融合"方案,即以有线电视数字化和移动多媒体广播电视的成果为基础,以高性能宽带信息网核心技术为支撑,构建中国"三网融合"的、有线无线相结合的、全程全网的新一代广播电视网络。在此网络基础上,广电系统可以提供高清晰度电视、数字视音频节目、高速数据接入和话音等一站式服务,而且全部双向交互,互联互通,多功能,全业务。虽然目前还未能看到具体技术架构和业务形态,但是NGN和NGB概念的分别提出,必然带来最高层面的主导权的争夺。

---

① 黄升民,王薇.家庭信息平台:数字电视运营模式新突破[M].北京:中国传媒大学出版社,2008:10.
② 黄升民,王薇.家庭信息平台:数字电视运营模式新突破[M].北京:中国传媒大学出版社,2008:10.

（二）竞争在强化，垄断也在强化

传统的经济学理论把市场结构分成完全竞争、垄断竞争、寡头垄断和完全垄断。技术的创新打破原有的产业边界，电信和广电两大系统在三个维度展开全面竞争，在这个信息和传媒产业融合的领域，将出现竞争在强化，同时垄断也在强化的局面。一方面，产业融合带来了增值业务市场边界的不断扩大，成本约束和资源依赖被打破，替代品增加，消费者选择增多。这是一个增量发展的市场空间，必然吸引大量的利益主体进入，竞争将在平台内外以及各个层面同时展开。任何一个企业想要获得垄断，都必须承担来自技术、策略和政策方面的成本，而如果垄断成本高于重复建设的成本，那么竞争将是有效率的。另一方面，在信息和传媒这些规模经济和网络外部性极其明显的产业中，技术标准化决定的基础平台的完全替代性最终将导致赢家通吃的局面，同时应用平台的复制性竞争也使得用户的选择减少，而需求方规模经济的特性使得垄断程度不断提高，这必然提高市场集中度，形成寡头垄断竞争的市场格局。

（三）平台竞争之悖论：去中心化的表述，再中心化的重构

平台化实现了双边主体间多点对多点的高效率互动传播，与传统的"通路"形态相比，表面上是一个去中心化的过程，无论是应用服务提供商还是用户，都获得了更大的自主权。应用服务提供商不再受制于一定的"通路"资源限制，不再被迫收敛于一定的产业边界，也不再囿于产业链上下游地位的局限，而能够自主地进入开放的产业领域，自由地形成各种合作或交易关系。用户则可以廉价地、便捷地从开放的平台获得无限丰富的信息产品和服务。平台化的过程，去中心化只是表象，事实上，这是一个再中心化的重构过程。随着基础平台双边主体规模的不断扩大，无论是应用服务、内容提供商还是最终用户，对平台的依赖将会不断提高。基础平台运营商能够通过各种数字终端，对用户进行普查式的监控，获得用户各种消费行为和生活形态的数据信息，反馈给各种应用服务提供商。应用服务提供商再根据这些"踪迹"追踪它所圈定的目标用户，为其提供"个性化"的服务。表面上看，这是一个实现供需无缝连接和实时匹配的过程，事实上，对于用户来说，则是

一个用隐私换服务的过程。在大众传播时代，社会控制在信源和信道，信宿接收与否无从得知。而在平台化的传播时代，社会控制的重点转移到社会的每一个个体的任何一个微小的举动，无所不在、无时不在。这就是社会再中心化的重构过程。

五、政策层面的抉择——融合与博弈

在国家层面，对于广电和电信的融合与博弈，是放在"三网融合"的大背景下考虑的。随着 2008 年初 1 号文的颁发，一连串旨在推动"三网融合"取得实质性进展的政策文件出台，部委改革，机构重组，特别是 2009 年 5 月刚发布的 26 号文，表明了国家层面推进"三网融合"的决心和迫切要求，双向进入势在必行。下面，我们从平台博弈的角度剖析国家制定的"三网融合"政策将对广电和电信的融合与博弈产生何种影响。

（一）前博弈阶段，融合存在可能

有学者指出，"在网络经济学和信息经济学中，互联互通可以优化资源配置，提高社会福利……可以促进市场竞争。而市场在位者出于对自身利益的保护，会抵制互联互通。既然无规制环境中无法形成双边平台自发的互联互通，政策制定者就必须制定相关的互联政策来强制双边平台进行互联，以提高消费者剩余和社会福利"[1]。这就是国家层面大力推进"三网融合"的根本目的。然而，如何融合、何时融合、在哪些层面融合，这些问题都是随着时间的推移以及两大系统发展进程而不断变化的。在两大系统各自的技术、网络体系还不存在交叉重叠的时候，从国家层面强力推行融合，也许能够实现"优势互补"的整合局面。打个比方，就是说当两个人还没有进入同一盘棋局时，握手言和的可能是存在的。在 10 年前甚至更早的时候，从国家层面推行

---

[1] 纪汉霖，王小芳. 双边市场视角下平台互联互通问题的研究 [J]. 南方经济，2007 (11): 72-82.

"三网融合"的战略规划,从部门设置到物理网络,只建设一套体系是可能的。然而,时过境迁,博弈一旦开始,就不可逆了。

(二)博弈一旦开始,简单的物理层面的强制融合不可能

当两大系统的技术和网络结构越来越趋同,业务边界逐渐模糊并相互渗透之后,两大系统已经进入了同一盘棋局,成为博弈的对手。这个时候,简单的物理层面的融合是不可能的。因此,"三网融合并非三网合一"已经在政府和业界达成了共识。正如工信部部长李毅中所言:"三网融合指电信网、广播电视网、计算机网高层次业务应用的融合,表现为技术上趋向一致,网络层上可以实现互联互通,业务层上互相渗透和交叉,应用层上使用统一的通信协议。"[1] 不少学者也从技术层面分析了"三网合一"的不科学性:当前并不存在由一种技术完全替代电信网、计算机网和广播电视网的可能,三种网络有一个同质异构的问题。[2] 中国科学院声学研究所高级研究员侯自强也指出,"未来的三网融合是内容和业务的融合以及终端的融合,但各种网络有不同的优势,有技术的优势,也有归属的优势,网络的多样性会长期存在"[3]。因此,"三网融合"的本质在于业务和终端的融合,而非物理网络层面的融合,特别是希望以一种网络取代另一种网络的想法是非常不现实的。

(三)"双向进入"是否对称进入的抉择

那么,在业务上鼓励双向进入、互相渗透的背景下,博弈双方的广电系统和电信系统会全面开放自身资源、自觉实现互联互通吗?答案是否定的,这是囚徒困境的典型例子(图7)。如果两者都自觉对等开放自身资源,当然能够实现互联互通,利益最大化。然而,作为已经建立了独立的平台体系、具有独立利益、独立决策的企业主体,在几乎是同时且相互独立地选择

---

[1] 李毅中:欲加快三网融合,发展3G或成重要引擎[EB/OL]. http://wireless.people.com.cn/GB/113344/116135/8586045.html.
[2] 马庆平.不对称开放是国际通行做法[EB/OL]. http://www.sarft.net/a/7994.aspx.
[3] 马晓芳.广电加速布局交互业务,三网融合待新解[N].第一财经日报,2008-12-24.

策略，双方都很清楚策略选择失误的后果将是被全盘替代。而且在无法相互约束、无法惩罚违约者的情况下，双方参与者必然遵循自身利益最大化的原则，最优策略就是不合作，也就是保护核心资源，相互钳制，独立发展各自的体系。

这个时候，政府层面用行政手段强推双向进入，从客观的角度将加速双方主体完善短板从而建立独立的全业务运营平台的进程。然而，最终是否能够形成互融互通又相互独立、相互制约的寡头垄断结构，还要看下一步政策的具体导向，那就是目前政策的分岔口：双向进入是对称进入还是不对称进入。这将直接导致两种不同的结局。鉴于目前广电和电信实力悬殊，如果是对称双向进入，唯一的结局就是广电被吞并，内化为电信基础平台的视频内容提供商。而如果是非对称进入，通过一定的政策扶持广电，使其成为能够与电信三大巨头相抗衡的第四极，形成"3+1"的寡头垄断格局，则将是一个比较均衡的局面。不少业界人士列举了英美等国融合进程的实例，它们从政策导向上都是首先采取非对称进入，将电信业务开放给广电，待竞争实力大抵相当之后再进行对称开放。①

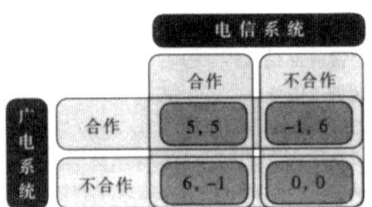

图 7　广电系统和电信系统博弈的囚徒困境 ②

---

① 马庆平：《不对称开放是国际通行做法》《"双向进入"首先应该是不对称的》，曾会明：《广电和电信将如何双向进入？》。

② 该模型参考克雷普斯《博弈论与经济模型》中的"囚徒困境的博弈模型"。补充说明：每个象限的两个分值分别代表双方选择既定策略情况下，广电系统的报酬和电信系统的报酬，该报酬只是模拟分值而非定量评估得到的分值。

(四)平衡点:"3+1"的均衡格局

从博弈论的思想来看,"均衡"是一个很重要的概念,它甚至比"最优"更具现实意义。从定义上看,"纳什均衡是一种策略组合,每个参与者各自选择策略,一旦实现纳什均衡,任何参与者都不再企图改变策略,如果有人改变策略,他所得的报酬必然减少"。来自电信业的管理者也提出,在电信系统三大全业务运营商以外,扶持广电系统成为第四大全业务运营商,形成所谓的"3+1"的行业架构,"既是国家有限资源的最佳配置,又是考虑了历史和现实的理想选择,不多不少,一个不少"[①]。既然博弈在所难免,就应该通过一定的政策,使得博弈的参与者拥有相当的实力,形成均衡的局面。具体来说,这种均衡局面的形成,有四个方面的现实意义:第一,对于博弈的参与者来说,均衡不是最坏的结局。第二,在推进"三网融合"的过程中,"电信网和有线电视网的真正融合,仅靠广电和电信运营商很难实现,在这个过程中,需要一个角色出现,以平衡和协调双方利益"[②]。而政策推行的程度和速度,也取决于两大系统主体的接受程度。这种方案,对于政策制定者来说,能够最大限度地平衡广电和电信两大系统的利益,因而执行的阻力最小。第三,对于市场来说,寡头垄断均衡能够在一定的规模性和竞争性之间找到平衡点。而且来自广电系统的这个第四极,能够对其余三极产生重要的制衡作用。例如在互联网接入业务中,有专家就强烈呼吁在目前的两大固网运营商中国电信和中国联通之外,通过广电网和中国移动的联合,建立能与前两者相制衡的第三极,形成互联网"三足鼎立"的模式。[③]第四,也是最重要的,在具有网络属性的产业中,寡头垄断均衡的局面有利于社会公共福利的最大化。

[①] 韦乐平.三网融合与3+1行业架构的设想[J].广播电视信息,2008(3):24-26.
[②] 李毅中:欲加快三网融合,发展3G或重要引擎[EB/OL].http://wireless.peopl.com.cn/GB/113344/116135/8586045.html.
[③] 侯自强:广电网的新一代要与互联网融合[EB/OL].http://news.xinhuanet.com/zgjx/2009—06/03/conten11480128.htm.

结　语

数字技术、网络技术和现代通信技术是"裂变型"的技术(Disruptive Technology)，它们不仅打破了传媒业和通信业的产业边界，带来了媒体形态的革新和演进，更催生了新的业务领域、商业模式和用户市场。"三网融合"并非物理网络上的简单合一，而是业务上的交错进入、卡位并存、增量发展，因此，"三网融合"必然是一个长期的动态发展的过程。要把握未来传媒信息产业的发展方向，解释原属传媒产业、信息产业体系内诸多企业主体在这场变革中的策略选择和市场行为，以及由此形成的种种市场结构和竞合关系，需要理论层面的回应。以传统媒体经营管理为导向的传媒经济、传媒产业理论已经面临严峻的挑战，以"平台"为核心的数字新媒体产业竞争理论提供了一个崭新的研究视角。这个理论领域还有很大的拓展空间，包括针对传媒信息业的平台概念的深化、双边（多边）市场理论和平台运营理论的完善、平台间的非合作博弈与平台系统内的合作博弈的探讨、以平台为核心的组织重构以及管理思路的革新等。

"全媒巨人"：智能融媒体发展方向理论构想*

"全媒巨人"，是对新形势下的智能融媒体的形象比喻。它以人体功能映射智能融媒体的功能，通过数据化、智能化，媒体可以实现智能化的人的延伸。"全媒巨人"有由智能化算法构成的"媒体大脑"，有由智能化内容构成的"内容心脏"，有进行智能化资源配置的"经营之肺"，有由智能网络和终端构成的"支撑骨架"，有大数据作为维持机体运行的"流动血液"。各部分功能有机结合，高效智能运转，使得媒体成为一个嵌入社会传播沟通体系的体量庞大的智慧有机体。

一、"全媒巨人"构想提出的背景

（一）媒体机构演化的两条路径和四个核心问题

进入21世纪，数字化、产业化成了中国媒体机构的重要发展方向。纵观这20余年的发展历程，在数字化和产业化两个方向上，传统媒体机构和互联网机构形成了两种截然不同的演化路径。

传统媒体机构的数字化转型起步并不晚。过去20年间，数字报、数字电视、IPTV、OTT、客户端、微博、微信、短视频……传统媒体紧跟技术发展变化，把自身内容拓展到所有可能的新媒体平台。但是，受制于体制机制问题，其所推出的新媒体业务往往产业化运行能力较弱，没能形成有强大影响

---

* 本文原载于《新闻战线》2021年第11期（下），与王薇合作，收入本书时有改动。

力的平台和产品。可见，传统媒体走了一条更侧重于数字化技术逻辑的演进路径。

互联网机构从诞生伊始就有网络化和数字化的基因，又没有传统媒体那样的体制机制制约，再加上跟资本的深度合作，在产业化发展方面取得了卓越成就，培育了诸多用户过亿、影响力巨大的平台，成为具有强大传播力的媒体平台。在这一过程中，互联网机构走的是一条依托产业化发展的路径。

从 20 年演化路径的内在逻辑来看，传统媒体机构和互联网机构虽然走了两条不同的路，但同样面临四个关键问题，即：数据化、融合化、平台化、智能化。数据化是媒体数字化的基础，数据正在成为媒体的基本要素，再造媒体机构的生产流程。数据的汇聚形成融合，且正在从技术和内容等表层的融合，走向资本、制度、文化等方面的深度融合。平台承载并管控媒体资源，拓宽产业发展机会，重构传播机制，同时也在更改媒体机构的定位，让媒体从重视自我内在发展，逐渐转为联合广泛的社会资源、进行资源配置的开放式平台。智能化支持媒体平台的决策优化，推动资源优化配置，改变的是媒体机构的运作模式。

数据化、融合化、平台化和智能化四个问题相互关联，环环相扣，推动传统媒体机构和互联网机构不断进化，并逐渐走向深度融合。

（二）两条演进路径融合，关键要素进化

随着"四化"问题的深度推进，传统媒体机构和互联网机构出现了越来越多的融合交汇点，尤其是在大数据和算法层面。大数据彻底把内容变成了数据信息流，内容的形式差异被数据消解，算法重塑了信息传播路径，改变了媒体经营方式，二者结合，彻底改变了媒体的内核逻辑，也对媒体发展所需的关键要素提出了新的要求。

对于智能融媒体来说，它需要全业务流程和管理流程的数据化，需要灵活流动的大数据；需要强大的网络基因，形成数字化联动和融合的基础；需要平台化的运行模式和管控机制；需要产业经营的支持，实现对资源的优化配置；需要保障媒体信息传播的核心功能，并实现价值观引导；需要智能决

策机制掌控媒体机构运作。如此一来，媒体机构就需要进行根本性的重构。"全媒巨人"理论构想的提出，就是对如何实现媒体机构的智能化、融合化重构进行思考的结果。

二、"全媒巨人"理论构想

麦克卢汉在"媒介是人的延伸"这一理论中，对各种媒介是人体各种感官的延伸进行了生动的描述。借鉴这一经典理论，基于传媒行业数据化、融合化、平台化和智能化的发展思路，我们提出"全媒巨人"这一理论构想，力图为我国智能融媒体发展方向提供顶层设计。"全媒巨人"，是对新形势下的智能融媒体的形象比喻。它以人体功能映射智能融媒体的功能，通过数据化、智能化，媒体可以实现智能化的人的延伸，是媒介组织向着智能化方向进化的产物。"全媒巨人"有由智能化算法构成的"媒体大脑"，这是媒体机构的神经中枢和决策中心；有由智能化内容构成的"内容心脏"，这是"全媒巨人"得以存活的内在驱动力；有进行智能化资源配置的"经营之肺"，为"全媒巨人"的生产提供"氧气"；有由智能网络和终端构成的"支撑骨架"，保证"全媒巨人"能够立得住、行得远；有源源不断的大数据，作为维持"全媒巨人"机体运行的流动血液，为全身输送养料。各部分功能有机结合，高效智能运转，使得媒体成为一个嵌入社会传播沟通体系的庞大智慧有机体。

（一）智能算法构成"全媒巨人"大脑，指挥智能融媒体行动

智能算法是"全媒巨人"的大脑，也是整个"全媒巨人"有机体的神经中枢。智能融媒体离不开算法。算法重构了媒体的信息传播逻辑，改变了媒体的运营模式，实现对"全媒巨人"的各项功能的辨析、协调、决策、管控。

"全媒巨人"的算法是效率和价值的统一。算法在媒体领域的应用，首先解决的是效率问题。智能融媒体必然是平台化的，平台化也就意味着连接着海量多边角色，在此基础上共建媒体生态。对于智能融媒体平台来说，它需要对接无限的内容生产者、广告主、营销服务商、用户等多种角色，并实

现无限信息在不同角色之间的高效精准匹配。在媒介生产力无限提升的今天，生产关系也需要作出调整才能适应生产力的发展，而算法就是调整生产关系的工具，成了重构媒体生态、驱动平台发展的关键要素。

但是，作为"全媒巨人"指挥中心的算法大脑，单纯考虑"效率"显然也是片面的，还必须有媒体的视角。媒体应该具有凝聚社会共识、塑造价值观的社会价值。而算法无法完全理解"内容"以及媒体内容背后的"价值"，不能完全独立于人脑判断而存在。在媒体环境中，具有价值观导向的、人机协同的算法体系是必然需要，在考虑到影响力、传播力的同时，也不能忽视引导力、公信力。

算法的构建是一个多维度、多层次的体系。"媒体大脑"的算法构建，将是一套不断学习和演进的算法体系。底层算法的优化和提升才能实现面向应用场景的算法，更进一步支持智能化工具的研发和应用。以今日头条为例，其算法架构分为检索层和打分层，前者主要用于筛选用户感兴趣的内容，后者则基于用户和内容标签，使用实时学习技术进行建模打分，从而决定推荐给用户的内容。因此，算法绝非一个"个性化推荐"就能够囊括，而是在多个维度、多个层次上的综合作用。算法也绝非"代码"这么简单，要想让算法成为管控媒体运行的大脑，还需要把算法放到场景中，跟大数据结合，才能让其不断优化、生长壮大。同时，算法的运行效率也会受到数据的影响。数据的量级、质量、可用性等多个维度共同决定了算法的类型和准确性。在当前媒体环境下，数据问题往往成为影响媒体机构运营效率的关键，尤其是对于传统媒体来说更是如此。

因此，在设计、调整算法的过程中，所需要完成的并不是单纯的"代码"或者"公式"，而是结合场景的具体需求、数据进行的整体体系设计，是一个动态优化的体系和过程。

（二）智能化内容运营构成"全媒巨人"的心脏，是内在驱动力

智能化内容被视作智能融媒体的心脏，是"全媒巨人"得以生存发展的必要条件和内在驱动力。

内容生产的智能化。内容生产是内容运营的起点。智能化内容生产首先要做的是对内容的数据化识别和加工。目前，人工智能技术的发展极大提升了内容识别的能力。例如，通过对海量数据的采集和分析，谷歌的 AI 已经可以从视频中识别景深、识别声音、识别人类的动作，甚至预判视频中人类的下一步行动倾向。奈飞利用人工和算法的结合，可以对电影内容识别出超过 76,897 种"微标签"，以实现对内容的解构。

在此基础上，人工智能进入内容的自动生产和管理环节。近年来，机器人辅助写稿、智能剪辑、智能审核等工具也得到越来越多的应用。

内容分发的智能化。内容分发的智能化最常见的应用场景莫过于个性化推荐。媒体通过对内容的智能分析和用户特征的精准画像，进而对两者进行匹配，从而完成内容的智能化分发。以阿里文娱为例，阿里文娱开发了智能多轮对话式搜索技术和优酷语义模态匹配模型，来提升优酷的语义理解和匹配能力，从而更加精准地分析用户通过语音、文字、图片等表达的搜索意图。阿里文娱还优化了优酷推荐系统的排序模型，将排序模型中的用户画像特征基于用户观看行为和兴趣标签做更为精细化的处理，并参考用户所处时间、所用屏幕大小结合长短视频、直播等多元内容形式提供个性化推荐服务。

内容交易的智能化。在内容交易层面，智能化程度还处于刚刚起步阶段。要想实现内容交易的智能化，背后离不开版权管理的智能化、在线交易平台的建立。版权的智能化管理，可以实现对内容权属的确认、违规盗版内容的追踪，保证每一个内容的版权都得到有效认可，其背后的技术包括区块链、图像识别、视频识别、文字识别等多个层面。在线交易平台则可以实现内容的价格评估、达成交易、收益分配等功能。目前在短视频和素材交易领域已经出现了一些交易平台，如"MF+""版权家""新片场""微博云剪"等。这是因为短视频和素材单笔交易额不会太大，交易对象广泛，交易频次高，比较符合线上实时交易的条件。

目前，内容交易的智能化还面临诸多问题，离普及还有一段距离。一旦广泛的智能化交易形成，将会给内容运营带来颠覆性改变。

（三）智能化经营是"全媒巨人"供氧之肺，调配资源和需求

智能化经营是"全媒巨人"的肺部，作为"全媒巨人"的供氧源泉，它要解决的是全媒资源与海量需求的动态适配问题。通过基于数据互联互通的智能化运营，媒体可以打通内容、广告、用户、品牌多方面的数据，服务于品牌的全链路营销需求。其经营远超广告和流量的范畴，从精准广告服务扩展到定制化营销内容、直接面向消费者的私域营销、销售转化等环节，帮助广告主打造营销闭环，甚至可能影响到企业的产品生产、供应链管理、仓储配送等环节。

为了适应营销数字化、自动化的需求，提升媒体资源运转效率，各大媒体机构纷纷搭建智能广告服务平台。这些智能广告服务平台除了整合媒体机构内部资源之外，还可以开放融合全社会的海量资源，建立全方位的平台合作和资源整合，同时对资源进行实时、智能匹配和优化调整。随着内容和数据的打通、社会资源的引入、平台化的经营，"全媒巨人"的经营是可以无限拓展的。一旦智能融媒体具备了足够的经营智能，将不断自我生长壮大。

（四）智能传输网络和终端是"全媒巨人"的筋骨，提供基础支撑

"全媒巨人"还需要筋骨作为基础支撑，它由智能传输网络和终端构成。这是"全媒巨人"的底层支柱，支撑"全媒巨人"完成站立行走。

智能传输网络由实体物理网和虚拟互联网组成。实体物理网包括有线网、无线网、卫星网，它决定了智能融媒体传输信息的速度、广度和业务承载能力。虚拟互联网实现了信息的广泛链接，促成了信息和数据的自由流动，也催生了大量互联网媒体机构和新型服务形式。对于"全媒巨人"来说，传输网络的技术创新至关重要。网络架构层面，需要全面互联互通，构建有线无线一体化、有源无源一体化、传输接入一体化的融合网络。技术层面，物联网、5G、云服务等都需要不断进行升级改造。

终端是智能融媒体信息触达用户的最终触点，支持媒体触达用户并对接用户需求。终端设备的智能化水平也在不断提升，提供了更丰富、更高效的人机交互模式，比如音频输入与识别、体感控制等。用户端的信息接收与处

理能力得到了极大改善，例如，智能音箱通过人机对话，收集用户的声音信息和潜在需求；智能电视用语音输入解决了遥控器输入繁杂的难题；VR设备给人带来沉浸式感官体验，除了模拟声音图像之外，甚至开始模拟触感、温度、味道。在技术创新的同时，通过建构产业生态和应用场景，智能传输网络和终端融合起来，共同作用，形成"全媒巨人"完整的筋骨和框架。

（五）大数据为"全媒巨人"提供流动的血液和活力

大数据是"全媒巨人"的"血液"，为这一传播有机体实现沟通上下内外、感应传导信息、协调全局供需、推动内生发展的重要功能，为媒体的智能化、融合化提供生生不息的内在活力。

"全媒巨人"的大数据来源是多元化的，它有一个多维度的造血机制。数据来自不同的业务、平台、终端，获取技术也各不相同。对于结构化的用户行为、人口基础属性等数据，针对不同的媒体业务，可以通过抓取、埋点、SDK、传感设备等技术去实现采集。对于非结构化的文本、声音、图像、视频等数据，媒体也需要有相应的识别和数据化处理能力。例如，百度为了识别网页内容，研发了基于词袋模型的人工智能打分标签模型，可以大量、快速、准确地对文章进行标签分类，将不规整的"网页"转化成规范的"数据"。这些多维度的数据采集方式可以促进所有媒体内容和业务的全面数据化。

数据采集完成之后，一般认为要进入数据清洗阶段。实际上，此时进行清洗困难重重。一方面，采集来的数据，质量往往不尽如人意；另一方面，来自多渠道、多终端、多业务线、多种形式的数据放到一起时，其价值的融合和碰撞也比较难处理。为了解决这一问题，"元数据"的概念被提出，也就是在采集数据之前，就预设数据格式，形成标准化数据体系。以爱奇艺为例，其数据的标准化体现在多个方面：流程的标准化，包括如何采集数据、如何存储数据、如何管理对外交换的数据；数据资产本身的标准化，比如数据表的命名、库的命名、字段的命名；数据仓库相关的标准化，比如数据模型、指标系统、维度系统的标准化建设。这样一来，采集到的数据就可以快速实现融合与关联，降低后期数据清洗的难度，提升数据的可用度。比数据采集更重要的，还是重构"血液流通"的技术体系，也就是数据处理能力。数据处理能力是在数据量增加、数据结构复杂，进而提出新的数据处理技术、获得新的数据价值、提升业务能力的动态循环中发展起来的，并不可能有一个一劳永逸的解决方案。这种能力的提升要如何实现，是更值得思考的问题。数据处理能力的提升目标，是实现数据与业务的有机协同，这也将成为决定"全媒巨人""血液"是否顺畅流动的关键。

结语："全媒巨人"需要多重配套能力

从"全媒巨人"的理论构想来看，它并非特指某一家机构，而是一种基于数据化、智能化、融合化、平台化发展而来的媒体产业组织体。这个有机组织体需要具备多种配套能力，包括把握前沿信息传播技术的能力、智能化内容生产与管控能力、智能化经营和盈利能力、开放的平台化运行能力、智能化大脑的运算决策能力、智能化数据采集和处理能力、高效的资本运作能力，而这些能力的建设已经在智能融媒体行业中进行。可以预见，随着智能融媒体的不断发展，一个内外协调、不断深化学习、自我优化的智能化信息传播有机体将出现在我们面前。

重新定义智能媒体*

"人工智能"已经成为一个社会热词,它既是诸多产业竞争的领域,也是国家发展的战略重点。自2017年起,人工智能已连续三年被写入我国政府工作报告,同年7月,国务院正式发布《新一代人工智能发展规划》,将人工智能技术与产业的发展上升为国家重大发展战略。就传媒领域而言,无论是业界还是学界,必然受到这个与大数据技术伴生的人工智能技术的深刻影响;必然在理论层面和实践层面深入思考流程再造和产业布局;必然在国家重大发展战略框架下作出全方位的适应性调整。

通常来说,我们将人工智能应用于媒体带来的改变,统称为"媒体智能化",以描述一个智能化程度不断提升的过程。在这个过程中,出现了"智能媒体"这一概念。学界比较典型的概念界定包括:"在技术助力下能够更懂得人类的需求的信息服务介质或机制。"[1]"以往所有媒体形式融合人工智能技术,同时辅助以最新的技术设备和大数据分析,形成的内容无尽且信息不存在限制的媒体。"[2]"通过模拟人类智能实现各种认知能力以及协同机制,使人与人、物与物以及人与物产生联系的自主实体。"[3]但事实上,这些定义偏向于对智能

---

* 本文原载于《现代传播(中国传媒大学学报)》2022年第1期,与刘珊合作,收入本书时有改动。

[1] 卿清.智能媒体:一个媒介社会学的概念[J].青年记者,2021(4):29-30.
[2] 闫欢,靖鸣,刘家豪.智能媒体时代网络安全隐患与治理策略[J].新闻爱好者,2017(11):56-58.
[3] 喻国明,杨名宜.平台型智能媒介的机制构建与评估方法:以智能音箱为例[J].新疆师范大学学报(哲学社会科学版),2019(2):120-126.

媒体"功能"的解读,却无法阐释智能媒体的"智能"究竟是什么,也缺少对于智能实现路径的体系化解读,因而无法给业界带来相应的理论指导与借鉴。这也是我们试图重新探讨这一话题的重要原因:首先,传媒本身与信息、与人密切关联,具有极强的产业特殊性,这种特殊性决定了人工智能在这个领域的应用和发展具备自身的独特性与差异性,因此需要构建独立的理论体系与指导框架;其次,这种特殊性决定了智能媒体实现的底层逻辑是对事物认知、理解,进而进行预测和决策,完成智能化的运营。接下来,我们将从三个层次展开,剖析智能媒体的再定义与实现逻辑。

一、智能媒体的基础:从"认知力"到"理解力"

清华大学人工智能研究院常务副院长、国家重点基础研究发展计划(973计划)项目首席科学家孙茂松在2018年接受媒体采访时曾表示,目前人工智能总体上依旧处于无理解的人工智能阶段,下一个挑战是开发具有"理解能力"的人工智能。在心理学的范畴,认知和理解是学习的重要过程,认知和理解之后才能产生知识。在当下成为人工智能主流的深度学习,本质就是通过构建具有很多隐层的机器学习模型和海量的训练数据,来学习更有用的特征,从而提升分类或预测的准确性。[1]基于日益优化的数据、算力和算法环境,深度学习被广泛运用于各行各业之中,其中以语音识别、图像识别和自然语言处理三个方面为主[2],其成果显著且成为智能技术的基础。同样,这三项可以让机器"看懂""听懂""可沟通"的认知能力技术,对于传媒领域而言,也是实现理解内容、理解用户、理解场景的基础智能技术。

(一)认知并理解内容

当我们在媒体产业探讨"智能化"这一现象时,"大数据"和"算法"是

---

[1] 余凯,贾磊,陈雨强,等.深度学习的昨天、今天和明天[J].计算机研究与发展,2013(9):1799-1804.

[2] 陈仲为.深度学习的发展以及应用[J].现代计算机,2019(17):46-50.

常常被提及的两个概念，并进一步与"个性化推荐"相关联。但是，当算法作为具有中介权力的把关人时，其执行的两个主要功能是充当"需求预测器"和"内容创造者"。[①] 要做到有的放矢地推荐，平衡"精准"与"信息茧房"，前提就是正确理解内容。

首先，从信息传播的编码与解码角度来看，信息的传播本质是一种编码与解码的过程，媒体在信息传播中需要完成对图文、声音、影像的生产与加工。因此，我们对于智能媒体的基础要求是能够准确地"识别"、合理地"还原"、适度地"加工"。对于计算机来说，"识别"往往和"打标签"相关联，"标签"又常常和"画像"成对出现，表征的都是理解的能力。Netflix 在 2014 年透露，工作人员对内容类型、剧情叙事、角色道德水准等内容属性进行精准的分类和评级，同时在机器算法的帮助下，共识别出超过 76,897 种"微标签"，以实现对内容的解构。目前，在媒体处理引擎 Archer 等技术平台的支持下，Netflix 实现了通过人工智能技术识别内容中物体、人类动作以及文字等各项元素。例如，借助 Archer 平台上的文本检测算法和图像识别算法，Netflix 可以清晰识别视频中所包含的文字，以及视频中人类的姿势动作等。这些探索，能帮助 Netflix 更好地利用 AI 技术拆解内容、理解内容、精准推荐、优化生产。

其次，从媒体传播的引导力和价值观角度来看，用主流价值导向驾驭算法已经成为行业发展的必然与必须。"智媒时代，基于人工智能和大数据的各种识别、分析、分发、互动、创作技术正在逐步嵌入媒介生产系统……这一切为主流价值的传播提供了更大的舞台。但与此同时，一些蕴含在新技术手段中的结构性问题也正在动摇主流价值的根基，成为我们不得不面对的挑战。"[②] 此前，今日头条创始人张一鸣一句"算法没有价值观"，把利用算法推荐和分发内容的互联网平台推上了舆论的风口浪尖。此后，在优化算法价值观的规划中，字节跳动公共政策研究院表示，一要解决内容生产的低质化问

---

① 罗昕.算法媒体的生产逻辑与治理机制［J］.人民论坛·学术前沿，2018（24）：25-39.
② 龙耘，袁肖琨.智媒时代的主流价值引领：内涵、挑战及策略［J］.新闻与写作，2020（12）：40-46.

题，压实社交平台、信息平台和创作者的社会责任，提升全体用户的道德素质和网络素养；二要实现社会价值融入算法设计，发挥对内容生产和传播的"奖优罚劣"把关作用，尽快迈向智能管网治网；三要防范算法黑箱的潜在风险，促进算法的透明化，需要目标设定的公平正义和公开透明、算法原理的科学以实现正确的目标，在有人工训练的情况下，在社会价值的指引下正确选取指标和行为特征，避免产生系统性偏见和歧视。当然，如何为算法赋予价值观的问题需要更加长久的业界探索和学界研究来解决。目前，利用人工智能提升内容审核的效率与效果已经在国内外的互联网平台实践中初见成效。2019年8月1日，字节跳动发布了反低俗工具"灵犬3.0"，采用"BERT模型（Bidirectional Encoder Representations From Transformers）+半监督学习"的技术，提高了相关文本的识别度和图像识别能力。同时，字节系内容平台通过人工标注和模型训练的方式，能够以93%的准确率识别主流价值内容，并在此基础之上优化内容推荐，相关优质文章将获得1.5—2倍的加权推荐。

（二）认知并理解用户

大众传播时代，媒体产业完成"理解用户"这一任务，是在社会学、人类学、心理学等研究方法的基础上进行的受众测量、消费者研究。人工智能技术与新媒体环境的蓬勃发展，让我们可以更加便捷地展开多元化、多样态的用户研究，文本分析、消费者画像等技术被广泛应用，极大提高了理解用户的效率与精度。

首先是理解用户"是谁"。"基于大数据技术的消费者洞察极大还原了消费者在虚拟数字空间以及现实空间中的真实状态。数据更新速度快，保证了消费者洞察的数据时效性；数据来自多元场景，可以立体化、多角度解读消费者的行为和态度。"[①] 目前，新媒体机构普遍将用户画像作为一项基础技术，并且在画像颗粒度方面不断精细化。这一方面要求新媒体机构掌握更多来源

[①] 姜智彬，马欣.领域、困境与对策：人工智能重构下的广告运作［J］.新闻与传播评论，2019（3）：56-63.

和更多类型的数据，另一方面则在很大程度上考验其算法和算力。所以，超大型的互联网媒体机构，更有可能完成精细化程度较高的用户画像。例如，一方面，YouTube 基于 Google 的账号体系，通过 cookie、像素代码、服务器日志等常规意义上的数据采集技术对用户数据进行采集，并将数据大致分为个人数据、设备数据、活动数据以及位置数据四个维度，将数据上传至 Google 服务器并通过后台机器学习技术进行分析处理，刻画用户画像。该用户画像包括基础信息、兴趣爱好、行为习惯等在内的超过 60 个标签，每个标签都详细标注了形成原因，实现了对用户的基本洞察。另一方面，由于机器的认知缺陷以及用户行为偏好的不稳定性，通过机器学习技术自动描绘的用户画像在某些情况下可能失去精准性，为此，YouTube 还开放了一定的权限给用户，允许他们对自身标签与画像数据进行修改，将机器理解与用户人为修正相结合。

其次是理解用户的需求。段淳林等将智能广告的研究划分为三个维度，即用户需求维度、算法推荐维度和场景匹配维度，并认为，利用大数据技术搭建起集数据分析、数据挖掘、数据安全等功能为一体的智能数据管理平台可以准确分析和理解用户行为特性，建立用户需求偏好的算法模型，并不断训练优化，掌握用户的动态化、潜在性需求和预测未来需求。[①] 目前，在人工智能技术的支撑之下，我们基本做到了对用户即时需求和长期需求、显在需求和潜在需求进行精准划分与动态描摹。例如，阿里妈妈在 2020 年 7 月再次升级达摩盘，并将 RFM——最近一次消费（Recency）、消费频率（Frequency）、消费金额（Monetary）——模型与消费者的情感因素相结合，从需求和价值维度对消费者需求进行了重新分类，从而帮助品牌商家找到最具价值的"超级用户"，即高净值用户、高价值用户、高传播力用户。达摩盘同时还支持"超级用户"的 Lookalike 人群投放，系统自动识别种子人群的显著特征和显著商品偏好，投放时加大所选"超级用户"的特征在扩展人群中的权重，找到真正的高价值人群。

---

① 段淳林，宋成. 用户需求、算法推荐与场景匹配：智能广告的理论逻辑与实践思考 [J]. 现代传播（中国传媒大学学报），2020（8）：119-128.

(三)认知并理解场景

"内容"和"用户"产生联结、互动的环境,我们将其称为"场景"。2018年,中国传媒大学广告学院基于对大量品牌主、广告代理机构、媒体平台的调研,推出了《新营销白皮书》,对营销中的"场景"作出了这样的界定:"场景往往是由多维时空交织所形成的特定情境。消费者不同人生阶段、生活状态下会有各种'需求场',传播流程中有不同'媒介场',消费环节有线上线下各种渠道的'卖场',多维度场景交叠,就会勾勒出这一特定情境下消费者的独特画像。"作为人工智能的底层逻辑,算法恰好能够通过对海量数据的挖掘分析,寻找并建立复杂要素间的关系,遵循"海量内容—用户需求—多维场景"的基础逻辑,为用户构建更加贴合沉浸的场景。①

首先,从信息传播的角度理解场景,其关键词是"还原"。约书亚·梅罗维茨在《空间感的失落:电子传播媒介对人的社会行为的影响》一书中提出,场景应该被视为信息系统。媒体智能化带来的理解力升级,可以有效帮助我们还原信息传播的场景,为用户带来更具真实感的沉浸式信息互动。例如,在新闻内容领域,从精确新闻、众包新闻发展到数据新闻和人工智能新闻,其实折射出的都是技术与信息传播相结合带来的巨大改变。尤其自2013年《纽约时报》的数据新闻作品《雪崩》之后,将大数据技术应用于新闻内容生产与分发逐渐成为媒体智能化的一种主流趋势。2020年12月30日,由新华社全媒编辑中心联合知乎共同推出的创意视频《2020,36亿数据绘出这条线》上线。该视频以上文提到的问答作为开篇,对2020年全网36亿条新闻基础数据和18,000条热搜榜单以及知乎全年近万条万赞问答进行分析,绘制出2020年人们共同的情感曲线,将新闻图片、视频与数据可视化效果完美融合。截至2021年1月1日,该视频全网浏览量突破2.7亿,并在多家电视台卫视频道新闻栏目播出。

其次,从信息需求的角度理解场景,其关键词是"契合"。结合用户画像,人工智能帮助我们更好地理解了用户在不同场景中的差异化需求。"情

---

① 喻国明,耿晓梦.算法即媒介:算法范式对媒介逻辑的重构[J].编辑之友,2020(7):45-51.

境匹配通过判断用户所在场景中的行为特征和外部环境，运用符合用户生活形态的设计，将产品服务的解决方案与用户的潜在需求匹配起来，以实现用户需求与服务满足的有效衔接。"[1] 简单来说，即便只是"喝咖啡"这样的行为，在不同的时间和地点，都会有不同的意义和目的，喝咖啡的人在不同场景对于信息和媒体的需求也存在差异，这就是认知场景的重要性。例如，申通德高基于户外大数据开发了 VIOOH 广告投放系统。该系统可以依据场景特点进行动态化的广告投放——独特的时间、天气、经纬度、人群画像等成为广告投放的触发条件。一个典型案例是为某防晒产品客户执行的广告投放活动：结合防晒产品的特殊性，只有当地面温度达到 38℃或者更高时，广告投放机制才会被触发并展示广告。其实，无论是传播还是营销，本质上强调的都是一种匹配，与大众传播时代的 5W 模型一致，想要解决的是人、时间、信息、方式的匹配。大数据和人工智能让我们能够更加有效地完成这种匹配。

这三个层面的认知理解，让媒体智能化向前迈进了一步，为下一步的决策和创造打下坚实的基础。

二、智能媒体的进阶：从"理解力"到"决策力"

相对来说，理解内容、理解用户、理解场景，还是一种静态的、孤立的理解，在实际的媒体运营中，这种静态与孤立的理解会给业务的发展、技术的升级带来诸多限制与瓶颈，因此需要完成下一步的进阶与突破——从单一理解，进化到关系理解与动态理解。我们曾经撰文探讨互联网与互联网思维的本质：互联网带来的是三个"无限"，即无限的需求、无限的服务、无限的传输，在一个双向互动的平台上完成资源的配置。[2] 事实上，"无限"和"互动"也是媒体智能化进阶的两个关键，在这种"无限"和"互动"中，媒体的智能化程度逐渐提升，完成了从"理解力"向"决策力"的过渡。

---

[1] 高丽华，吕清远．数字场景时代的匹配营销策略探析［J］．新闻界，2016（24）：42-46．
[2] 黄升民，刘珊．"互联网思维"之思维［J］．现代传播（中国传媒大学学报），2015（2）：1-6．

（一）无限的网络+无限的数据，从事实辨析到关系理解

目前，互联网的发展已经从"网页的链接"阶段过渡到"数据的链接"阶段，并朝着"语义网络"的阶段发展。在这个过程中，从海量的数据中提取有用的知识，既是大数据分析的关键，也是人工智能获得知识、构建理解力的关键。知识图谱技术应运而生，它能采用一系列自动或半自动的技术手段，从原始数据中提取出知识要素（即事实），并将其存入知识库的数据层和模式层。这是一个迭代更新的过程，根据知识获取的逻辑，每一轮迭代包含三个阶段：信息抽取、知识融合以及知识加工。知识图谱不仅可以将互联网的信息表达成更接近人类认知世界的形式，而且它提供了一种更好的组织、管理和利用海量信息的方式。①

2020年12月，在Data Fun Talk年终大会知识图谱论坛中，来自百度、阿里巴巴、美团等机构的行业专家分享了各自对于知识图谱技术及其应用的理解，让我们看到了行业机构对这一技术的现实应用。其中，百度资深研发工程师王泉提道："直观来说，知识图谱就是以图的形式来展示知识，节点用来描述客观世界中一些实体或者概念，边用来描述实体和实体之间的关系或者实体的一些属性。通过这种结构化的知识表示形式，知识图谱将存在于客观世界的丰富知识表达成机器能够处理和理解的形式，从而使机器能够像人类一样去认知世界并且作出合理的决策，进而为人类提供更加广泛的智能化服务。"② 与谷歌一致，百度知识图谱技术同样始于其搜索引擎业务，但目前已经广泛赋能搜索之外的业务和产品线。近两年，百度知识图谱技术建设的重点在多元图谱的异构互联；图谱的主动收录与自学习；多媒体知识、复杂知识以及行业知识的理解构建。从数据量级来看，百度知识图谱覆盖了十亿级实体、千亿级事实，涉及类目40多个，已形成当前规模最大的中文知识图谱，覆盖人物、影视、音乐、文学、商品、餐饮、旅游、出行等垂直领域。对于媒体机构而言，一个覆盖了"十亿级实体、千亿级事实"的知识图谱，

---

① 刘峤，李杨，段宏，等.知识图谱构建技术综述［J］.计算机研究与发展，2016（3）：582-600.
② 百度知识图谱技术及应用［EB/OL］.(2021-03-27). https://mp.weixin.qq.com/s/wmPnW8N6NvuQCNzEAUJ4PQ.

就是一个辨析事实真伪的基础工具，巨量的冠有"新闻"的报道都必须经过严密的数据比对与筛查。

然而，仅仅辨析事实真伪还不够，还需要进一步理解事实与事实之间的关系。对于媒体的理解力提升来说，知识图谱相当于一个巨大的关系网络：计算机能够在数据库中建立概念间的链接关系，从而以最小的代价将互联网中积累的信息组织起来，使其成为可以被利用的知识。简单来说，我们可以从一张庞大而复杂的关系网络中去认识单一概念，对其形成更加立体的认知。虽然知识图谱的源点是谷歌对自身搜索引擎技术的优化，但其反映的当然也是计算机对于搜索需求以及检索数据库中所有数据的理解能力。于是，无限的网络催生无限的数据，这些数据在各类互动平台中建立起联结，同时又在互动过程中产生、消亡、新生、替代、融合，为计算机的理解力提供一个从点到线、从线到面的进化过程。在这样一张巨大的关系型数据网络中，标记、辨别、比对、认知，都有了更加丰富的价值和意义，计算机也得以实现从单一理解向关系理解的转变。

（二）无限的情节 + 无限的场景，实现对时间与空间的动态理解

笛卡尔认为一无所有的空间是不存在的；牛顿建立了绝对空间和绝对时间的概念；爱因斯坦的广义相对论认为空间充满了场和物质，场作为时空的结构性质而存在；大爆炸理论认为，宇宙由一个"奇点"而来，时间和空间作为物质的存在方式随着"奇点"的爆炸出现了……从理解力的角度来看时间和空间，相当于为我们认知人、事、物提供了基本的维度和坐标，其重要性是不言而喻的。简单来说，时间维度上形成了"情节"，空间维度上形成了"场景"，只有在具备时间线的场景中去进行独特性的匹配与校正，才能在理解的基础上作出预判与预测——显然，这对于媒体实现对人、事、物的动态理解来说，是无比重要的。更重要的是，预判趋势正是数据挖掘分析的重要意义，也是人工智能能力的重要表现。

目前，时间序列数据（Time Series Data）在趋势预测任务中扮演了十分重要的角色。时间序列分析不仅可以从数量上揭示某一现象的发展变化规律或从动态的角度刻画某一现象与其他现象之间的内在数量关系及其变化规律性，达到认识客观世界之目的，而且运用时序模型还可以预测和控制现象的未来行为。①也就是说，当我们将大量观测对象用时间线串联起来之后，就可以实现分析过去、监测当下、预测未来的目标。同时，由于各行各业所处的情境不同，其对趋势预测发挥的作用也有所不同。在追求预测准确性、稳定性和可解释性的过程中，我们往往还需要对影响预测目标的多方面因素以及因素背后的多元关系——元素所处情境进行考虑，从而更好地完成对于"变化"的理解。数据挖掘与趋势分析并不是新鲜概念，时间序列分析与研究也是统计学的经典问题，但是搭载机器学习与深度学习，时序数据挖掘，尤其是融合情境的时序数据挖掘可实现的预测能力正得到极大的提升，并在零售、金融、医疗与媒体等多个领域有了更加广泛的应用。

2016年，百度云在天工平台上正式发布了国内首个云端时序数据库产品TSDB（Time Series Database）；2017年2月，Facebook开源了Beringei时序数据库；2018年3月，腾讯云推出了云上时序数据库CTSDB（Cloud Time Series Database）；2018年10月，阿里云发布了时序数据库TSDB（Lindorm Time Series Database）；2020年10月，亚马逊云服务（AWS）宣布Amazon Timestream正式可用；谷歌的Monarch被公认为当今全球最大规模的时序数据库，不过并未开源。在与媒体强相关的业务领域，推荐系统可能是能够直接检验"预测"分析准确性的场景。在加入"时间"和"场景"所组成的"环境"坐标之前，"推荐"是一种静态的行为，无法契合现实生活中用户的"动态"现实。因此，研究者试图让计算机理解和建模连续的用户行为、用户和条目之间的交互，以及用户偏好和条目受欢迎程度随时间的变化，以更精确地描述用户环境、意图和目标、物品消费趋势等，产生更准确、定制化和动态的推荐。例如，百度在2021年1月上线的EasyDL时序预测模型可以充分利用协变量，提升模型精度：在进行门店销量预测时，除了涉及时间因素，

---

① 王振龙. 应用时间序列分析 [M]. 北京：中国统计出版社，2000.

还会与当日天气状况、门店周边环境等因素有关，而这些变量都可以被加入 EasyDL 模型中用以提升预测的准确度。

自动驾驶的重要目标是让机器能够理解具象的空间，但在媒体领域，空间的概念却远大于此。只有实现从单一理解到关系理解，再到时空交织下的动态理解，才能为下一步的预测和决策做好准备。

（三）无限的链接 + 无限的互动，完成理解到决策的进阶

人工智能的目标就是让计算机能够模拟人类进行感知、决策并执行。在 DIKW 模型（Data-to-Information-to-Knowledge-to-Wisdom Model）中，数据、信息、知识、智慧层层递进，而智慧又可以被简单地归纳为作出正确判断和决定的能力，是对知识的最佳使用。从这个角度而言，数据是学习的基础，学习是提升理解力的渠道，理解力则是决策的前提。事实上，人工智能领域始终致力于提升计算机的学习、理解与决策能力。从 2006 年杰弗里·辛顿提出无监督深度置信网络的训练方法到 2017 年 AlphaGo Zero 问世，折射的也是研究者对于"学习"方式的探讨，对于"决策"智慧的重视——通过建立、模拟人脑的信息处理神经结构来实现对外部输入的数据进行从低级到高级的特征提取，从而使机器学习、理解数据；而深度强化学习则将深度学习和强化学习技术结合起来，其最大特点是计算机在与环境的互动中学习，根据交互获得的奖惩获得知识、更新策略以更加适应环境。在从互联网到物联网的发展过程中，万物互联形成链接加上无限的互动，为机器的学习带来无限广袤的平台。

本质上，AlphaGo Zero 是在不断"推演"和"复盘"中学习围棋的，并寻求最佳"落子"，即决策。这个决策过程，需要有真实的"反馈"来帮助计算机学习和修正。在 2020 年 9 月召开的"首届智能决策论坛"上，中国科学院自动化研究所所长徐波在致辞中表示，决策智能基于对不确定环境的探索，需要根据所获取的环境信息和自身的状态来进行自主决策，并使得由环境反馈的收益最大化。这一由反馈形成的系统闭环，将使人工智能拥有更完整的表现形式。他认为，智能是能够在一种不确定的环境中产生合适的行动，或者作出合适的选择和决定的能力，也就是决策智能。这正是我们认为互联网与大数据的发展会真正实现理解力进阶的原因。无限的网络带来了无限的数据，形成了无限的关系，在无限的时空场景中彼此交织，形成无限的链接和无限的互动，从而帮助计算机实时调整、不断迭代，无限接近人类的决策过程，却又比人类具有更大的智慧潜能，因而极有可能作出相对的"最优"决策。

在媒体产业中，小到内容策划、推荐分发、流量分配这样的"算法"级别，大到产品开发、商业变现、策略制定这样的"战略"级别，其实都是"决策"。因此，媒体领域的人工智能探索与应用，始终与最优解判断、智能决策相关联。当下无论新旧、无论大小、无论国内还是国外，媒体机构都在朝着智能化的方向转型和发展，并将数据、云、AI作为所有业务的底层架构，赋能自身的业务与产品。当然，由于当前的人工智能个体还处于"弱"阶段，为了避免盲从算法、偏信数据，媒体机构普遍采用"人脑+人工"的方式来保障决策的正确性。媒体产业在完成数字化、融合化、数据化的过程中，正成为人工智能演练与进步的主战场。而媒体的智能化变革，正是在利用数据、网络、学习和互动提升理解力，实现对用户的理解、内容的理解、场景的理解后，逐步实现智能决策，并向着智能的终极目标迈进。

至此，媒体的智能化发展可以说实现了基本的成功，拥有了更有深度和广度的理解力，也拥有了基于理解和知识进行判断、预测的能力，从而帮助人类寻找多元复杂环境中的最优解，实现智能决策。但是，决策力的下一步，是真正智能皇冠上的明珠——创造力。

三、智能媒体的突破：从"决策力"到"创造力"

默里·沙纳汉在《技术奇点》中有两个颇为重要的观点。其一："只有拥有了学习能力，才能获得和维持新技能。事实上，学习的能力，不管是什么形式的学习，都是建立智能的基础。"其二："让机器拥有普通智力的最基本要求是拥有常识和创造力。这种创造力不是艺术家、作曲家或者数学家的创造力，而是普通人也有的创造力，儿童特别富于这种创造力。这种创造力指的是创造新的行为方式、发明新事物或者用新方法使用旧东西的能力。"① 正如著名的莫拉维克悖论所描述的那样："要让电脑如成人般地下棋是相对容易的，但是要让电脑有如一岁小孩般的感知和行动能力却是相当困难甚至是不可能的。"事实上，关于真正的智能究竟是什么，其实并没有统一的标准答案。我们认为，真正的机器智能，至少要实现从"决策力"到"创造力"的飞跃。这种飞跃，还需要实现两个层面的突破。

（一）从"专用"到"通用"的突破

当前的人工智能正处于弱人工智能阶段，计算机程序可以在某一个方面达到非常领先甚至远超人类的水平，但却也只能局限在这个领域当中——这是目前阶段人工智能与真正智慧生命体最大的区别之一。"一个深度学习系统一般是以特定任务为指向的，它无法同时胜任另一个领域的工作，迁移能力非常受限；而一个智力正常的人常常能在一个不熟悉的领域举一反三，变通适应。"② 而所谓的"通用智能"，"我们指的是在各种环境下解决问题、学习、采取类似人类的有效行为的能力"③。这种能力，不光要求智力水平，还要求常识水平，而后者对开发者来说显然是极具挑战的。目前，还没有任何一个通用智能系统能够接近人类水平：具有协同多种不同的认知能力；对复杂环境具备极强的自适应能力；对新事物、新环境具备自主学习的能力。④ 因此，人工智能领域的一个重要分支就是"类脑智能研究"，即借鉴脑神经机制和认知行为机制来发展人工智能。

2020年10月，张悠慧、施路平等人在研究中提出了"神经形态完备性"

---

① 沙纳汉.技术奇点[M].北京：中信出版社，2016.
② 胡珉琦.做主流人工智能的"反叛者"[N].中国科学报，2021-10-21（6）.
③ 巴拉特.我们最后的发明：人工智能与人类时代的终结[M].北京：电子工业出版社，2016.
④ 曾毅，刘成林，谭铁牛.类脑智能研究的回顾与展望[J].计算机学报，2016（1）：212-222.

的概念,这是一种更具适应性、更广泛的类脑计算完备性的定义,它降低了系统对神经形态硬件的完备性要求,提高了不同硬件和软件设计之间的兼容性,并通过引入一个新的维度——近似粒度(the approximation granularity)来扩大设计空间。相关研究成果以论文的形式发表在了 Nature 2020 年第 586 卷上。同时,文章的作者之一施路平教授还曾在 2019 年北京智源大会"智能体系架构与芯片专题论坛"上演讲表示,"基于碳基已经发展出现有的人类智能,基于硅芯片已经发展出强大的机器智能,一旦实现人类的全脑解析,采用类脑计算构建通用人工智能是完全没有障碍的"。可以看到,在仿造和模拟人脑的道路上,人工智能还在持续发展,其本质都是为了更好地提升机器的理解、学习、决策及执行能力。

从 1960 年赛博格(Cyborg)概念诞生,到今天元宇宙(Metaverse)概念流行,超沉浸和强互动的数字化虚拟现实始终未曾远离人类的想象和探索。而人工智能一旦从专用进入通用阶段,无疑将在最大限度上促成这种人类与技术的深度耦合,给人类社会带来全方位的颠覆性变革。媒介作为人的延伸,显然会是这种耦合的起跳板与演练场:一方面会因为"人工智能 +"而迎来全面变革,一方面也会因为"信息 +"给人类社会带来彻底的颠覆。2021 年 10 月 28 日,Facebook 公司更名为 Meta,将致力于实现一种最大限度的、直接来自科幻的、游戏般的连接体验,绘制一幅更大、更有能力的社交图谱,并代表新的计算平台和新的参与平台。这也再次让我们确信:人类也许无法预知人工智能在多久之后真正进入通用智能的阶段,但这个阶段一定会与传媒产业紧密捆绑。

(二)从"学习"到"创造"的突破

机器是可以学习的。机器学习的发展历史,其实就是人工智能的发展史。一直以来,我们希望计算机能够模拟或实现人类的学习行为,以获取新知识或技能,重新组织已有的知识结构使之不断改善自身的性能。但是,学习不等于创造。詹姆斯·巴拉特在《我们最后的发明:人工智能与人类时代的终结》一书中指出:"技术奇点本身会带来智能(也即造就初始技术的、独一无二的人类超强实力上的变化），这就是它跟其他所有革命不同的原因。"① 数学家斯蒂芬·奥莫德罗曾经预测，人工智能足够强大之后，其自我意识、自我改进系统会发展出类似人类生物动力的四种主要动力：效率、自我保护、资源获取和创造力。而 AI 的创造力动机会让系统生成新的方法来更有效地达成目标，或者避免目标无法以最满意的形式达成结果。这意味着系统的可预测性很低，因为创造性的设想是原创的。系统越是智能，达成目标的路径就越是新颖，系统也就越是超越我们的见识范围。

弱人工智能阶段，计算机似乎也可以具有一定的创造力。例如，2021 年 9 月 22 日，微软旗下的小冰公司举行了第九代"小冰"发布会，宣布了多项框架升级，并推出了 AR 内容生成领域的最新进展，包括社交 App 小冰岛、第三版诗歌与绘画创作模型、AI 歌声合成技术 X Studio 2.0、艺术家创作动机辅助技术和 AI "人类观察者" Merror 等。设计师、画家、主持人、歌手、诗人，这些都是微软小冰的身份。每一个身份，都与人类最具创造力的工作相关。在文学和艺术领域的创作上，AI 已经取得了一些较好的尝试。但这些创作事实上还是基于其程序背后的算法。

事实上，按照当前的人工智能研究思路来看，其实很难让机器拥有真正"创造"的能力。人们往往希望人工智能做到"最优"，希望人工智能不要"出错"，但我们认为的"出错"可能反而是通往创造的一条道路。如，通用人工智能可以自我进化。运用达尔文的进化论发展起来的 Evolutionary Computation 算法正是借用以上生物进化的规律，通过不断迭代改进当前解，逐步逼近复杂工程技术问题的最优解。但是，亚利桑那大学的生物学家们发现：进化的一个重要驱动力是细胞所犯的错误以及生命体如何应对这种错误。② 再如，起初熵在热力学中用来描述一个系统"内在的混乱程度"。香农在定义信息熵的时候借用了这个概念，使人类第一次对信息有了数学的认

---

① 巴拉特. 我们最后的发明：人工智能与人类时代的终结 [M]. 闫佳, 译. 北京：电子工业出版社, 2016.
② "Digital Alchemist" seeks rules of emergence [EB/OL]. (2017-03-08). https: //www. quantamagazine. org/digital-alchemist-sharon-glotzer-seeks-rules-of-emergence- 20170308/.

识：信源编码的极限是信源的熵，信道编码的极限则是信道容量。信源编码的目的是尽可能高效地表示信息源，即数据压缩；信道编码的目的则是尽可能高效地让数据可靠无误地通过信道。2009年，密歇根大学的化学工程教授莎伦·格罗泽则在实验中发现了熵在复杂性与秩序的出现之间所能起到的强大而又矛盾的作用。① 从这个角度来看，正确和错误、稳定和混乱，彼此之间是一种复杂的辩证关系，是一体两面的现实存在。在我们探讨大数据和人工智能时，始终需要记住的是大数据本身的特质——拥抱混杂，挖掘价值。因此，人工智能真正的突破，很可能不是追求永恒的"正确"，而是在混杂中寻找机会，在错误中寻找创新，这才是创造。那么，按照当下人工智能发展的资源配置来看，媒体领域恰好是拥有最大量混杂数据、最先进网络联结、最强大算力支持的板块，因而成为最有可能推动创造性进化的领域之一。

认知和理解、理解并决策、学习中创造，这是智能媒体实现的三条底层逻辑。基于这三条逻辑，我们得以明确智能媒体的真正内涵，也探寻到了其未来的发展方向。

结语：重新定义智能媒体

综上所述，我们可以看到：第一，传媒产业作为一个以传播为核心，通过与人沟通完成产品和服务的领域，其智能化发展的第一阶段是让计算机拥有更强的理解力；第二，这种智能化的发展，是以数据、算力、算法作为基础与支撑来推动实现的；第三，这种智能化的实现，既要面临弱人工智能向强人工智能飞跃的通用难题，也要面对传媒产业特殊性带来的独特挑战。人工智能已经走过了近70年的发展历程，几经曲折终于站在了离真正智能最近的位置。在传媒产业中，媒体智能化发展的终极目标，是打造出智能的媒体。结合此前的论述，我们对智能媒体作出如下界定：智能媒体是具备较高的识

---

① Nelson P, Masel J. Unicellular survival precludes Parrondo's paradox [J]. Proceedings of the National Academy of Sciences of the United States of America, 2018: 5260.

别与理解能力，能够在营销传播场景中进行最优决策，并具备通用性进化与自我创造潜力的媒体。而媒体智能化，正是对媒体朝着这个目标发展的过程概括。

从当下我国传媒产业的发展速度来看，对于传媒与媒体的研究，应当具有较强的实践性与应用性，能够真正指导产业的发展、回应产业的痛点、解决产业的问题。因此，对智能媒体的概念界定，也应当能够有效地从理论转化为实践，从框架变成模型。在近两年展开的关于新型主流媒体建设的研究中，我们针对当前传媒产业的实际发展态势，提出了"全媒巨人"的模型，其本质也是智能媒体概念的一种衍生与具体应用。此外，通过与业界机构的探讨与碰撞，我们也初步验证了这一模型框架的可行性。

在勾画"全媒巨人"即智能媒体的模型时，我们将智能算法视为"大脑"与"中枢神经"，将智能化内容运营视为"心脏"，将智能化经营视为"肺部"，将智能化网络与终端视为"筋骨"，将数据与网络视为"血液"。利用这样的架构设置，算法大脑充分决策，内容心脏健康有序地跳动，经营资源高效适配，肺部呼吸自如，网络融合一体且安全可靠，血液顺畅流动，机体充满生机活力。[①] 这一模型的建构，是以大数据与人工智能技术的应用为目标，通过对当下媒体机构的核心要素进行归纳之后完成的，可以很好地实现当下媒体对于数据化、融合化、智能化发展的需求，囊括了内容、经营、服务、传播等方面的功能。但是，衡量其"智能化"的程度，恰好需要结合本文所讨论的几个要点来进行，即理解力、决策力、通用性进化力与自我创造力——概念与方向虽然是正确的，但模型的真正实现，还需要长久探索与实践。

理解力与决策力的实现在今天的传媒产业中，已经成为基本事实并持续优化，但是通用性进化与自我创造的能力实现却很困难，且涉及众多伦理与法规问题，将是今后很长一段时间内媒体智能化发展乃至整个人工智能领域研究的重要方向。

---

① 王薇，黄升民.全媒巨人：新型主流媒体构想［J］.国际品牌观察·媒介，2021（9）：20-25.

逻辑与场域：透视信息传播新秩序*

互联网和数字技术的崛起，逐渐瓦解了由传者、受者、渠道和信息四要素组成的稳定的、线性的传统"传播公式"，驱使原本由于渠道稀缺性、传播专业性等原因生成的可控的信息传播秩序走向离心、碎片。无处不信息，处处皆传播的社会表象中，信息传播的主体、模式、规则均被颠覆，似乎开始陷入一个混沌、失控状态。但其中，隐性的信息控制原理却依然在运作，即技术和传播工具如何控制信息的形式、数量、速度、分布和方向，以及信息的结构和偏向如何影响人们的观念、价值和态度[①]。因此，基于技术和工具路线，我们或许可以从信息传播旧秩序颠覆中寻求建设新秩序的可能性，分析其建设逻辑与运行场域。这也是本文力图回应的问题。

一、缘起：信息传播失序表象与秩序再造

追根溯源，技术更迭总是引发信息传播新革命。如今，数字信息技术颠覆了长期以来由印刷技术、电波技术等技术体系形成的线性、稳定的信息传播秩序，在凯文凯利界定的"失控"环境中推动信息传播新格局的生成。其中，"碎片化""去中心化"等特征形容词层出不穷，呈现出信息传播复杂的失序性。这基于要素的属性、功能可划分为因果互联的三点。

---

* 本文原载于《现代出版》2023 年第 3 期，与刘晓合作，收入本书时有改动。
① 刘永谋. 媒介技术与文化变迁：尼尔·波兹曼论技术[J]. 天津社会科学，2010（6）：29–34.

一是信息传播渠道的多元分支性、互通性。数字信息技术崛起的首要影响在于打破信息传播渠道的稀缺性，基于互联网创造了多元信息传播窗口。作为渠道介质的各种数字媒体形态层出不穷，并依赖于技术接口的开发创新增添新功能分支，致使信息传播渠道无限膨胀。其中，交互技术和双向网络支持渠道传输的方向性由单向转为双向、多向互通，实现功能优化。这种质变同步引发了其他信息传播要素的一系列连锁反应。

二是信息传受节点的身份交叠与规模扩张。由于渠道变革，原本由传者流向受者的线性传播转变为不同信息节点之间的交互传播。大众传播时代泾渭分明的传、受界限呈现交融趋势，普通大众拥有了各种发声渠道，突破了"受者"的身份限定。与此同时，物联网普及下，信息节点的主体范畴甚至从"人"拓展至"物"，通过各式技术体系接收、回传信息。信息传受节点无限丰裕，致使"人人可发声，处处皆传播"的局面正在成形。

三是信息的指数级增长和秩序失衡。丰裕的信息渠道和节点开辟了"泽字节（ZB）时代"，图文、视音频等各类信息元素交融呈现，爆炸式增长。但是，信息过载削弱了把关人机制的有效性，错误信息、虚假信息与恶意信息形成了以危害性和虚假性为维度、从强到强为序的流动的信息失序图谱[①]。特别是智能推荐机制主导信息分发的当下，机器审核的漏洞叠加茧房效应更是会加大失序信息的传播范围，干扰信息秩序。多点信息源真假难辨，非黑即白的评判标准难以适用，信息鸿沟与理解深浅又会造成用户的认知偏差，影响信息传播的秩序性。

种种迹象均表现出，技术驱动下，原本已串联成线性链条的各传播要素在数字洪流中被瓦解并增溢为离散的多点，无数未经提炼的信息碎片不断被创造出来，形成了信息传播失序表象，彰显出信息传播前所未有的变局。学界研究者、业界实践者等各方从各自立场出发尝试概括信息传播发展新规律，对离散各点的特征性、关联性进行较为清晰的认知、理解和判断，形成

---

① WARDLE C. The need for smarter definitions and practical, timely empirical research on information disorder [J]. Digital Journalism, 2018（8）: 951-963.

了诸如网络传播、意见领袖、媒介融合、信息平台等多种传播理论。不同观点、理论各有依据又相互交叉,在发展更新中衍生出分支理论,层层剖析各信息节点之间的连接状态和规则。其中形成了建设信息传播新秩序的一条清晰目标线,即实现离散多点之间的连接,遏制信息传播失控。这成为信息传播要素离散后再聚合的现实特征。那么,"如何实现各离散信息节点之间的连接?"成为解读信息传播新秩序的关键问题。

二、信息传播新秩序的逻辑建构

我们明确数字技术是引爆信息传播失序的催化剂,并以此为起点抽象建设出失序表象背后隐含的新秩序发展逻辑,解答出信息传播因何离散,如何重聚。

(一)基础条件:信息数据化解构引发的融合潮

旧秩序解构而成的离散的信息传播主体要素成为新秩序生成的基础,并在信息时代被赋予了新的数字形态的统一表达方式。尼古拉斯·尼葛洛庞帝将这个数字化过程视为比特和原子的交换,并一再笃定信息时代的基本粒子是"比特"[①]。这一观念的本质逻辑在于信息传播向数字虚拟世界迁移,各样现实实体通过数字技术被解构为"1"与"0"为单位的比特代码。不同比特粒子排列组合,形成了新的单元,即数据。

然而,此数据非彼数据。传统意义上的数据,是在静态抽样统计范围内有前提假设的结构化数据,是发挥统计、测量作用的计算数值。而数字技术视角下的数据,以自由排列的比特代码为基本元素,本身就是承载信息的物理符号和介质,自动承担信息记录功能。参照麦克卢汉"媒介即讯息"的观点,数据之于信息的物质载体性,促使数据与信息也能有条件性地意义等同。因此,信息可以视为基于某种需求进行加工处理的数据。从此定义来看,无论何种数字信息,均能够通过数据离散化被"切片"为细颗粒的比特粒子,

---

① 尼葛洛庞帝. 数字化生存[M]. 胡泳,等,译. 海口:海南出版社,1997:2.

再排列组合成数据流形成新的信息。因此，信息传播科学体系的重新构建被视为一个"数据化"的过程[①]，其基本单元从现实世界的文字、图片等原子物质替换为了数字虚拟世界的比特数据。"0"与"1"自由排列的比特世界，混杂着各式各样源头各异的数据，信息无序、离散也就凸显出来。

因此，数字化程度越为深入，数据化范围就越为广泛。原本泾渭分明的信息传播分支体系拥有了数据这一统一的基本单元，并首先体现于图文、音视频等不同信息形态的交融。海量比特数据粒子流动，代表了多点离散的信息传播主体要素实现了数字形态对等，网络、终端、产品等均由此进行转型革新，架构于数字底座之上走向融合，并继而引发了产业、制度的调整。这也解释了我们曾经提到的"融合由慢到快由小到大，引爆于技术产品，碰撞于产业组织，结果于政策制度，最终触动社会文化的转型"[②]。因此，由于数字化或者说数据化引发的层层深入且影响广泛的融合潮，整个信息传播系统中的信息资源、生产要素被解构为比特数据并逐渐走向整合，成为信息传播新秩序建设的基础。

（二）运行动能：信息平台的智能决策机制

信息流通壁垒被打破，数据量无限增长，信息传播前所未有的丰裕性、流动性超越任何个体的把控能力。因此，必须有新的效率和管控运行动能，来支持信息传播新秩序的建设。开放、共享的数字网络环境下，平台作为建立在海量端点和通用介质基础上的交互空间[③]，成为问题解决的关键工具。其动摇了传统信息传播体系中稀缺资源最优配置的经济学逻辑，满足多点离散主体要素的连接，支持无限信息生产和需求的匹配对接。而基于传播主体、信息类型等要素不同，信息平台被划分为技术平台、内容平台、用户平台等不同的类型层级，通过账号体系和技术接口实现与信息传播主体或不同信息平台之间的连接，去支持无序信息传播的有序化。以数据为基本单元的海量信息资源向不同

---

① 刘珊，黄升民.人工智能：营销传播"数算力"时代的到来[J].现代传播（中国传媒大学学报），2019（1）：7-15.
② 黄升民.关于"融合"不得不说的五个问题[J].广告大观（媒介版），2014（12）：1.
③ 谷虹.信息平台论[M].北京：清华大学出版社，2012：62.

平台汇聚，再经由平台进行组织、管控，并实现其价值转换与流通。由此，平台拥有了信息聚合、拦截、去重的权利，成为信息传播新秩序中的"把关人"。

那么，平台管控如何具体实现？既然平台运行的价值单元统一为比特数据，其流通、分配应该依赖于技术体系，毕竟人力无法满足如此丰裕的资源调配。但相似的是，计算机基于特定函数、算法进行数据计算并反馈结果的程序被类比为人类等生命体对外界环境信息的接受、处理和决策的思维过程，因此也被赋予了"人工智能"的界定。并且，这套程序并不是单纯地遵循和执行一组预先安排的程序和规定，而是要自主从任务中学习并持续调整其行为来优化结果[①]。其中，平台的开放性所吸纳的越来越丰富的数据资源，是机器进行学习训练、优化算法模型的基础。平台通过机器智能来对汇聚于其上的海量比特数据进行分析、处理，通过高速的数据流动性计算，进行供需精准匹配的智能决策，实现信息管控。但是，这种管控机制背后也存在一种"决策黑箱"，即平台可以在不同时机和场景下，通过算法模型修改，调整相应数据与权重的运算，从而演算出不同的决策结果。可以说，信息平台的智能决策机制宛如一个可以全方位调整的机械齿轮，在决定信息传播速率的同时，也影响着信息传播的内容和方向。这也直接体现了，信息平台的智能决策机制成为信息传播新秩序的运行动能，其在系统性量级运算方面正在超越人类智慧，主导信息传播新秩序的形成与演化方向。

三、以"人"为本的逻辑中心演变

从上述论断中我们可以得知，数字浪潮中看似失序的信息传播，却存在隐藏其中的底层逻辑，即多点离散的信息传播要素经由数字技术解构为比特数据，让真实世界中的万物拥有了数字虚拟世界统一的表达形态而走向融合，并通过拥有智能决策机制的信息平台吸纳、承载、管理和分配。这回应了信

---

① CHAN-OLMSTED S M. A review of artificial intelligence adoptions in the media industry [J]. International Journal on Media Management, 2019（3-4）: 23.

息传播多点离散的连接问题，促成了数字时代的信息传播新秩序的逐渐成形。但是，信息传播本质上仍要服务于人类社会，其秩序逻辑也围绕"人"来展开。在新秩序的生成与发展过程中，作为逻辑中心的"人"的意义划定发生了变化，促使信息传播主体要素的关系变化。

（一）人的数字化解析：数据塑造的单体人

思想家阿伦特指出："人是被处境规定的存在者，因为任何东西一经他们接触，就立刻变成了他们下一步存在的处境。"[①] 基于处境的变化，人会不断地认识世界，改造世界，继而影响人类，形成关联闭环。哲学家普罗泰戈拉曾对此提出著名的"人是万物的尺度"的论断，将人的判断和取舍作为标准。这种信息匮乏时代形成的主观唯心主义论断在工业化、信息化时代被构建于理性之上的科技和制度取代。新的处境下，"人"的主体性认知也在发生变化。

作为重要的哲学社会学问题，"认识人"在数字浪潮中获取了新的解决途径。数字技术搭建了现实世界与虚拟世界的连接窗口，同时也赋予了现实中的人迈向数字虚拟世界的契机。通过各种数字平台，人作为平台信息节点，以各种行为轨迹为基本要素被解析为各种细颗粒的数据，并组合为虚拟世界中的数字形象，也被称为"用户画像"，以该形象接收数字信息。平台所掌握的用户数据越多，所刻画的用户画像就越为精准。社会学家克里斯多夫·库克里克曾指出："在这个世界中人是一个分散的存在，分散在很多事物、状态、感觉上。"[②] 信息时代，人的分散性被数据化放大，细颗粒的数据，让个体之间的数字形象高度区分化，其差异性被定量地凸显。对此，库克里克提出了"单体人"的概念，并将其定义为"因数字化技术测量而呈现出极端差异与独特性的个体"[③]，解释了数字浪潮中人的高度个性化。

因此，人便具有了双重身份：一个是现实世界的由原子构成的实体人；

[①] 阿伦特.人的境况[M].王寅丽，译.上海：上海人民出版社，2009：3.
[②] 库克里克.微粒社会：数字化时代的社会模式[M].黄昆，等，译.北京：中信出版社，2017：Ⅵ.
[③] 库克里克.微粒社会：数字化时代的社会模式[M].黄昆，等，译.北京：中信出版社，2017：7.

一个是虚拟世界的由数据组成的单体人。两者之间经由数字技术实现转化，但可能由于人在现实和虚拟世界的行为差异，且受到比特数据量和维度的限制，两者身份并不对等，也因此形成了自我或他人认知偏差，塑造了更为复杂的人的形象。而在信息传播新秩序中，数字技术支撑形成的虚拟世界信息传播明显占据较为主导的地位，也经常被称作"互联网主阵地"。这意味着，作为信息传播逻辑中心的"人"在新秩序建设中将会转向数据塑造的单体人身份，重塑了信息与人的关系。

（二）人与信息、平台之间建立松散耦合关系

在信息传播新秩序中，数字虚拟世界的单体人形象经常具象为各个数字平台上的个人账号，也被视为平台信息节点。人与平台达成契约协议进行信息价值共谋，通过账号体系免费或有偿获取平台各项信息服务，而平台圈定权限范围并要求人让渡部分数据权限进行数据采集处理，并基于此通过智能决策机制在人与人、信息与人之间构建起连接网络。由此，人与信息、平台之间形成一种耦合关系，相互之间产生影响。特别是在信息传播新秩序中，信息平台是重要的"把关人"。具体表现在，一方面，平台控制着人进入虚拟世界的技术窗口，掌握着平台账号所有权，可以进行账号审核、封禁等举措，直接影响人在虚拟世界数字形象的正常塑造、展示，并决定着其所承载信息的类型、内容。另一方面，平台凭借智能决策机制，基于数据形成的单体人形象进行精准的信息分发，控制着人与信息流动方向性、连接精准性。从某种意义上来说，平台通过对信息生产、分发链条的管控，影响并引导着人对自我、对世界的认知，掌握着舆论走向。但是平台并不是占据绝对主导地位的，其运行和生存依赖着人和信息，并为提高两者的量级和附着性不断完善平台规则，包括倾斜给人一定的利益分配机制并提供优质信息内容、一体化综合服务等，吸纳人的快速入驻，引导其生产、传播、消费其平台上的某类内容。

但是这种连接网络形成的耦合关系又具备很强的不稳定性和易变性，主要是由于平台上形态、类型海量的信息内容，导致释放个性偏好的人在海量

信息中的漂移、流转，在多方连接过程中出现立场失稳，从而打破同类信息偏好形成的小圈层，游离至其他类型的信息甚至其他平台的连接链条中。因此，人的主体性和自主性在信息传播新秩序中的充分释放，导致了人与信息、平台之间耦合关系的松散。一般意义上，此三者之间既相互呼应，又在一定程度上会保持自身身份和逻辑的分离。这种松散耦合关系成为达成认知经济性和秩序的一种途径[①]，在支持了信息传播秩序性、结构性的同时，又可以实现各传播主体要素或分支链条可因具体情景随时变化调整。因此，人的主体性和自主性在信息传播新秩序中的重要性尤为显著，在松散耦合关系中处于较为核心的位置，也成了信息传播新秩序的逻辑中心。

四、虚拟与现实双重信息场域重构与融合

德国哲学家海德格尔曾解释："人在'世界之中'的存在方式决定了人生活的世界的存在。"[②] 在信息传播新秩序中，人基于双重身份的互换，以单体人身份决定了与现实世界平行运行的虚拟世界的存在，并生成了此世界的信息场域。特别是不同场域的力量竞争推动数字技术深入发展和平台生态持续完善的趋势下，现实信息场域不断改造，虚拟信息场域的范围不断扩大，与现实信息场域的对接也逐渐频繁和紧密。

（一）虚拟升级：场域力量竞争驱动网络空间革新

信息传播新秩序的生成起步于互联网的崛起，人通过计算机系统进入以比特数据为基本单元的虚拟网络空间。网络空间哲学家迈克尔·海姆提出"网络空间是一种由计算机生成的维度，一个由我们的系统产生的信息和我们反馈到系统中的信息所构成的世界……网络行者摆脱了肉体牢笼，在虚拟空间中存储和再现的数据层中航行……这种柏拉图主体完全是现代意义的，他们并非出现在一种无感情的纯概念世界中，而是游荡在一种特殊意义下形成

---

① WEICK K. Making sense of the organization [M]. Malden: Blackwell Publishing, 2001: 3.
② 海德格尔. 存在与时间 [M]. 陈嘉映, 王庆节, 译. 上海: 三联书店, 1987: 68.

的实体之间"①。那么，所谓的"特殊意义下形成的实体"是什么？从信息传播新秩序的逻辑构建来看，我们似乎可以认定为"平台"。但是在实际运行中，平台被拆解为多个层次，并通过技术体系和网络体系相连，才能构成网络空间中信息流动、传播的基础架构。其中，有三个层次尤为关键：一是后台基础设施层，包括底层服务器设施、芯片硬件和运行于其上的云网络、大数据技术体系、智能技术体系等，发挥基础的网络、技术支撑作用；二是中台智能决策引擎层，包括数据中台、算法中台，基于后台的各项数据、技术体系，进行数据智能处理，推动数据流动，提供决策依据；三是前台业务应用界面层，包括系统软件、智能终端，将画面展示给人、信息传递给人，并接收人所回传的信息数据。

现实中，这些基础架构的正常运行需要实体机构负责，比如谷歌、腾讯等互联网公司，华为、百度等科技公司，由此形成了重要的信息产业，成为虚拟信息场域中的关键力量。社会学家皮埃尔·布迪厄曾提出："场域的确定充满着不同力量关系的对抗……在场域中活跃的力量是那些用来定义各种'资本'的东西。"②他认为，资本是场域力量竞争的目标，也是用以竞争的手段。对于虚拟信息场域中的信息产业各方而言，"资本"就是数据和技术。信息产业围绕数据和技术展开竞争，将会持续推动个体机构所运行的基础架构升级，并继而带动整个信息产业的数据、技术研发动力，驱动整个虚拟网络空间革新。例如，字节跳动通过"今日头条"这款应用产品搭建起了以智能分发体系为核心的信息架构，引发信息产业在业务应用界面层的平台革命，创新了虚拟信息场域的信息流转方式。同样，百度的 AI 芯片和百度大脑、华为的 5G 技术和鸿蒙系统、阿里巴巴的中台战略等都在不断从各个层面推动虚拟网络空间的基础架构升级。总结来看，规模扩容和算力提升是两大重要的升级方向。其中规模扩容包括连接范围、数据量级、传输体积等，算力提升包括数据计算速率、性

---

① 海姆. 从界面到网络空间：虚拟实在的形而上学 [M]. 金吾伦，等，译. 上海：上海科学普及出版社，2000：78-90.

② BOURDIEU P，WACQUANT L. An invitation to reflexive sociology [M]. Chicago：The University of Chicago Press，1992：98.

能、精确性等。由此，信息在虚拟网络空间的传播将会实现大规模、低延时、高精准，实现虚拟信息场域进一步发展。

（二）现实再造：数字跃迁中的社会生活与产业

虚拟信息场域的快速发展也影响到了现实信息场域。哲学人类学教授约斯·德·穆尔从技术与人类关系变化的角度解读了虚拟信息场域的渗透，认为人类世界的一部分转变成为虚拟环境，日常生活的世界也日益与虚拟空间和虚拟时间交织在一起，人类在"移居赛博空间"（Cyberspace，也被译作网络空间）的同时，也接受着"赛博空间对日常生活的殖民化"[①]。这种现象拥有一个常规性表达，即数字化转型。作为一个改革过程，数字化转型强调通过信息、计算、通信和连接性技术的结合，触发实体（entity）属性的重大变化，从而改进实体。[②] 由此，传统的社会架构将向数字基础设施架构转移，具体落实在支持社会运行、与人类生活密切关联的各产业实体。

但是，现实信息场域中发展多年的传统产业实体通过人、财、物等现实要素已经形成了稳固的运作、流转机制，向数字基础设施架构迁移并非易事，尤其是绝大部分实体缺乏足够的技术基础，需要依靠于信息产业的"资本"支持。因此，各产业实体的数字化转型并非一蹴而就，而是渐进式推进。其中，关键性举措在于其将人、财、物等物质性生产要素转换为数据，并为数据的流动、处理搭建顺畅的连接网络和运行机制，改变其传统的思维惯性和发展范式。这要求，产业实体具备一定的数据采集和积累能力，主要分为两个方向：一是他方数据合作；二是自有链条数据化改造。例如，乳业集团伊利深谙数字化转型之道，一方面借助抖音、微信公众号等媒体平台和京东、淘宝等电商平台向线上营销迁移，获取第三方平台上消费者数据；另一方面也通过制造执行系统（Manufacturing Execution Systems，MES）、云商系统、

---

① 穆尔.赛博空间的奥德赛：走向虚拟本体论与人类学［M］.麦永雄，译.桂林：广西师范大学出版社，2007：2.
② 翟云，蒋敏娟，王伟玲.中国数字化转型的理论阐释与运行机制［J］.电子政务，2021（06）：67-84.

产品扫码等实现从工厂生产到经销商销售再到消费者购买环节的全流程数字化,实现数字基础设施建设和数据资产的沉淀。在此基础上,产业实体开始搭建数据资产管理平台或称数据中台等核心运营引擎,内嵌人工智能技术,对接各业务分支数字化平台,通过智能算法重构生产、销售等业务运营和组织管理体系。

产业实体对人、场、货的数据化以及数字化连接,逐步实现了社会生活与产业向虚拟世界迁移。由此,现代信息场域的运行也开始遵循信息传播新秩序,以数据为基本要素展开广泛连接。尤其是在人工智能与物联网等技术的支持下,现实信息场域的数字化转型逐渐深刻,与虚拟信息场域的捆绑也日益趋紧。

(三)虚实一体:元宇宙催生新的信息场域

虚拟世界的拓展和现实世界的改造并行,呈现出不可阻挡的发展趋势:万物皆比特(It from bit)。这个由物理学家约翰·阿奇巴尔德·惠勒在1989年提出的论断正在趋向真实。通过数据,现实世界的每一个粒子的位置、速度、形态均能被感知,虚拟世界信息流转的模拟环境逐渐成形。在这种趋势下,世界的存在认知方式发生改变。物理学家斯蒂芬·沃尔夫勒姆曾直接表示:"宇宙的本质都是数字……我们的世界就是计算,就是一套简单的规则生成的复杂现象。"① 而哲学家尼克·博斯特伦更是推演出现实处于后人类文明基于足够的计算能力来构建的计算机模拟世界中的论断。而当现实人类掌握了足够的可以证明与物理定律一致的技术能力,就能够搭建堪比真实的虚拟环境。这种虚拟环境在当下科技发展背景下被赋予了新的概念,即"元宇宙"。

元宇宙本就是科幻概念,其是在人工智能、云计算、虚拟现实和区块链等前沿技术等基础上创造、孵化出来的与现实世界映射与交互的虚拟世界,并没有具体的样板形态。但是其基本的运行逻辑就是遵循"万物皆比特"的规律,将数据作为基本单元,通过强大的计算能力实现数据高速流动,从而

---

① WOLFRAM S. A new kind of science[M]. Champaign:Wolfram Media Inc. 2002:51.

在虚拟网络空间构建起建筑、生物、自然等表现形态，并实现不同实体之间的数据交互。且基于世界观差异，可以分为数字孪生世界和数字原生世界两种。[①] 前者直接复刻了现实世界并采用其运行规则，后者则构建起架空世界并重新制定世界运行规则。其中，无论哪种世界观，均在时空维度方面平行于现实世界，但又在实际运行方面与现实世界紧密关联。因为元宇宙所构建的是一个开放、共享甚至自治的平台式规则架构，其所搭建的虚拟场景需要现实世界的人或机构的实际运营。一般情况下，机构通过资本投入"置办"元宇宙虚拟业务生态，而人通过可穿戴设备等进入其中与虚拟"原住民"（类似游戏 NPC）工作、生活。元宇宙以数据为基础，通过底层的智慧合约体系构建起其中人、场、物之间的可信关系。

因此，理想状态下，元宇宙应该是综合各种信息传播技术，构建起一个人机协同、虚实一体的全新信息场域，也成为掌握数据和技术的信息产业巨头争相布局的焦点。但是目前，尽管 Roblox、Meta 已经尝试开发元宇宙产品，比如 Meta 推出了 Horizon Worlds，并在 2022 年 4 月允许创作者销售虚拟商品或服务。而由于现有的认知水准、技术普及度和相关法律制度还不足以完全支撑起元宇宙的大范围有序运行，其未来发展仍饱受质疑。不可否认，元宇宙若真的广泛落地，将深刻改变现有社会的组织与运作，实现信息传播的重大变革。

五、难以规避的矛盾点：人机博弈

无论何种信息场域，均在信息传播新秩序运行中将数据、算力的价值不断放大。信息加工、处理、分发的绝大部分工作交由计算机来完成，甚至在元宇宙的理想场域中，智能机器可以与人类同等对话。对此，社会学家、哲学家经常担忧未来"机器统治人类"的情况会发生，毕竟拥有海量数据运算能力的机器智能已经在很多方面超越了人类大脑。但是，在现阶段的人机博

[①] 张钦昱. 元宇宙的规则之治［J］. 东方法学，2022（2）：4-19.

弈问题中，机器智能的发展还面临许多问题。

首先，现阶段机器智能本身存在技术有限性。机器智能的实现依托于数据和算法，并强调其数理逻辑带来的客观性。然而，实践中的数据从来不是中立的，数据不会允许以客观的视角观察世界，而是将我们导入某种特定的关系。① 数据采集、存储和处理的各个环节，其实均存在或多或少的数据偏见，即基于某种特殊目的或某种特定框架对数据进行筛选。这就导致数据在诞生伊始，就可能是非客观的，继而影响后续的一系列决策。同样，基于数据形成的算法模型有明显的数理机械性，其在对现实的抽象和模拟过程中对人的行为进行了"量化"，但忽视了人的行为的复杂性和现实世界要素的多重关联。虽然机器可以经过对大量数据集的有监督学习或无监督学习训练来降低训练误差，优化算法效果，但是用于训练的数据集多为经过特征工程筛选的历史数据，也在一定程度上加大了算法模型的局限。

其次，现实社会的人性具备较高的复杂性。行为科学奠基人乔治·埃尔顿·梅奥曾言："尽管在物质和科技领域我们细致入微地发展了知识和技术，但是，在人和社会政治方面，我们只能知足于随意推测和机会主义探索。"② 人的思维、行动是高度复杂的，单纯的数据运算并不能与之比拟。断定"世界就是计算"的斯蒂芬·沃尔夫勒姆也明确提出了其中的"计算不可化约性"，即简单的世界底层规则生成的人类行为却极端复杂、无法化约，之间存在的计算鸿沟导致即使明确了一切规则，也无法预测未来走向。人性的复杂塑造了观点多元、包罗万象的信息社会，冲击了机器智能发展带来的工具理性。由此，信息茧房、价值算法等概念开始浮出水面，从经验、价值观指标性量化等维度去探寻工具理性和价值理性平衡的问题。但是，数理逻辑的直线思维仍然无法比拟人脑的复杂性。Space X 首席执行官埃隆·马斯克曾天马行空地表示，未来可以将人类意识上传至人形机器人，但是这项技术目前并不存在，而其背后存在的伦理道德问题也难以解决。

---

① 库克里克.微粒社会：数字化时代的社会模式［M］.黄昆，等，译.北京：中信出版社，2017：25.
② 梅奥.工业文明的人类问题［M］.陆小斌，译.北京：电子工业出版社，2013：1.

因为信息的无限、数据的海量，信息传播新秩序在任何信息场域的运作都需要机器智能的支持，也无法逃避人机博弈问题。我们无法预测未来技术的发展是否能够为解决该问题提供手段，但是当下或短暂的未来，人机博弈问题将会在信息传播秩序中持续存在。

结　语

实际上，当下信息传播秩序呈现出多种特点，可以从传播学、社会学、哲学等各种角度进行解读。而我们从技术和工具路线来解读信息传播新秩序的逻辑规则和运行场域，并不是陷入了技术决定论或数据中心主义，而是想抽离出最具革命性、影响力的发展趋势。我们清晰地认知到，互联网和数字技术正在从根本上改变未来数十年的社会生活、产业竞争方式，尤其是自2020年以来，现实世界的数字化进程加速，数据、算法的重要性日益突出，人、信息和平台的松散耦合关系持续深入。而元宇宙概念的火热，更是描绘了数字基础设施上，数据流动、智能运转、时空再造的未来趋势。以数据化为起点，信息传播新秩序正在成形，并影响广泛。未来，技术革新，信息场域进阶，人与信息、技术工具的关系将会持续发生怎样的变化？科幻作品经常给出两种答案：一种是人的意识以数据流形态上传至虚拟空间；另一种是数据算法精进赋予机器等同于人脑的智慧。但是科幻毕竟是科幻，我们承认数据、算法为基础的人工智能在信息传播新秩序中的辅助决策作用，但现阶段的技术水准还存在诸多不足。在信息传播秩序再造过程中，人类或许应当谨记物理学家霍金的警告：谨慎对待人工智能。